パブリッシング・スタディーズ

日本出版学会編

印刷学会出版部

はじめに

　日本出版学会は、創立以来節目ごとに研究対象や研究方法について議論がなされてきた。それは出版学という学問領域があるからできた学会ではなく、出版業界という業界の現象を研究するものの集まりとして、できあがった学会であるがゆえに生じてくる「揺らぎ」であった。しかし、昨今のデジタル化の時代においては、世の中全体の大変動がそのような議論の源であり、その影響はかつてのものの比ではない。かつては紙に印刷されていたものが、多様なコンテンツとなり受け手に届くようになった。もはや出版、放送、新聞等という分類は意味をなさなくなりつつある。いったいどのような研究対象を、どのように扱う、どのような人が対象の学会なのか、説明が極めて困難になってしまった。学術団体である以上、それでは存立自体が危ぶまれる。

　本書は、そのような危機的状況を日本出版学会らしく、刊行物で打開しようという主旨で立ち上げた「会長プロジェクト」によるものである。そこであえて学術団体の刊行物であるにもかかわらず、概説書として刊行することにした。日本出版学会の対象領域を概観するものを刊行したいがためである。そこでタイトルも『パブリッシング・スタディーズ』とした。日本出版学会の英文名称をカタカナにしただけだが、出版という言葉は、紙に印刷したものという意味から抜け出すことはできず、学会の対象領域を再検討するためには、弊害があると考えたからである。ただし、サブタイトルに出版を残しておいたのは、少なくとも、目下学会名称まで変更するつもりはないので、原点は何であるかを明確にするためで

ある。

　本書は4種の読者を想定している。第1に、日本出版学会の会員を中心とした出版に関する現象の研究者である。概説書といっておきながら、矛盾すると考える方もいると思うが、主旨から考えれば何ら矛盾しない。出版研究といわれていた領域が、今後どのような現象を対象にして、どのような方法論を駆使していくべきなのか、そうした点を基本的なところから考える切っ掛けにしていただきたいという主旨である。

　第2に、目下研究者というほどのことはしていないが、出版という現象がどのように展開していくのかを深く探りたいと考えている、出版業界人である。前者と同じく概説書の対象としておかしいと思われるかもしれないが、時代の最先端にいて、昨今の大変動をどのように捉えるべきか。そう考える人には是非、前者と同じ問題意識を持ってもらいたいと考える。その道標になれば、と考えるからである。

　第3に、本書で対象としたような領域を研究したいと考えている若手の研究者や、大学院等に進学を考えている人である。章末に「研究」を設けたのも、パブリッシング・スタディーズが、これからの研究者にとって、どれだけ開拓の余地を多く残した領域であるかを、感じ取ってもらうためである。提示した研究に取り組んでもらえば、本書を刊行した甲斐があるが、それをヒントにさらなる研究テーマを見出してもらえば、大きな喜びである。

　最後に、本書をテキストとして使う初学者である。概説書というからには、中心となる読者のはずだが、従来のテキストと違うことを強調するために、他の3種を先に挙げた。おそらく本書をテキストにする講義は、「出版論」というような名称だと思われるが、そのような領域がこの先大きく変化し、多様な可能性を秘めているものであることを念頭におい

　はじめに

て、本書に臨んでいただきたいと考える。章末にある「課題」は、初学者向けのものである。レポートの課題や定期試験の問題、あるいは演習やゼミナールの討論に使用できるものを考えて作成している。

　本書は内容がかなり重複している。線引きが難しくなっている領域見直しのため、執筆者には重複を余り気にせず書いてもらった。違和感をもつ読者もいるかも知れないが、本書は順番通りに読むだけではなく、対象が重なり合う部分を繋げて読んでいく、という読み方もできるのが特徴でもある。また、表記の不統一も少なくない。「出版学会のくせに」と思う読者もいるかも知れないが、各執筆者にできるだけ自由に書いてもらおうとした結果である。

　なお本書は、編集長役の森貴志会員による献身的な編集作業によって刊行となったが、編集に関する責任は、日本出版学会の会長塚本晴二朗であることを付記しておく。

　　2022 年 2 月

　　　　　　日本出版学会会長　　塚本晴二朗

目次

第3章　産業

第4章　書籍

第**5**章　　雑誌

第8章　読者へ届ける

序章

パブリッシング・スタディーズへの誘い

序.1 これまでの「出版」研究 [塚本晴二朗]

　これまで、「出版」研究とはどのように捉えられてきたのだろうか。日本出版学会の学会誌『出版研究』の 1970〔昭和 45〕年の No.1 から 2021〔令和 3〕年の No.51 を使って、「学史」的な考察をしてみたい。

序.1.1 第 1 期「出版学模索期」

　No.1 から 1982〔昭和 57〕年の No.13 までは、日本出版学会とはいかなる領域を対象とするのかを模索した時期であった。『出版研究』には「出版学とは何か」あるいは、「出版学方法論」といった出版学を模索する論文が多数掲載された。これに対して 1979〔昭和 54〕年の No.10 で山本武利は「出版研究の成果と問題点——近代日本の出版史研究文献を中心に」で「不毛の論議であった」（p.67）としていた。出版研究の学際的性格を考えれば、山本の指摘は間違っているとはいえず、「出版学論争」はさほど有益なものではなかった。唯一 No.13 の「言語過程としての出版——対象の設定」で吉田公彦が出版研究の対象としての出版現象について、丹念な考察を加えているのが目を引く程度である。

　そうした中にあって，歴史研究はいち早く研究領域として確立されたといえる。この時期でいうと、No.1 に掲載された彌吉光長「出版史の研究法」、1971〔昭和 46〕年の No.2 に掲載された箕輪成男「アメリカの学術出版——大学出版部の歴史によせて」、1972〔昭和 47〕年の No.3 に掲載された今田洋三「江戸出版業の展開とその特質」、1973〔昭和 48〕年の No.4 に掲載された山本武利「出版広告と民衆の購読行動」、1975〔昭和 50〕年の No.6 に掲載された彌吉光長「京都書林仲間の講組織の変遷」と福島鑄郎「接収公文書返還の周辺」、1978〔昭和 53〕

年の No.9 に掲載された彌吉光長「江戸時代出版資本の独占過程——須原屋茂兵衛と出雲寺和泉の対抗」と有山輝雄「広告取引きからみた戦前期出版広告——朝日新聞社と博報堂の取引き例」、1981〔昭和56〕年の No.12 に掲載された矢作勝美「近代における揺籃期の出版流通——明治初年—明治二十年代へ」、No.13 に掲載された香内信子「出版統制下の『読書運動』」等があげられる。

　この他には、哲学的な研究として No.1 に掲載された清水英夫「知的出版物の大衆化と専門化」や No.5 に掲載された道吉剛「『造本』——その現状をめぐる一省察」、法学的なものとして No.4 に掲載された内川芳美「出版物納付法案の問題と背景——近代日本の納本制度に関する一考察」や No.6 に掲載された美作太郎「設定出版権について」、経済学的なものとして No.5 に掲載された箕輪成男「在庫評価論」や 1977〔昭和52〕年の No.8 に掲載された川井良介「戦前期の即売ルート」等があげられる。

序.1.2　第2期「出版研究確立期」

　No.10 の箕輪成男「科学以前・科学以後——出版学方法序説」に「既刊九冊の『出版研究』に掲載された論文六十八編を分類してみると、解説ないし紹介が十四点、研究とまでいかないエッセイ的なもの十八点、以上三十二点は研究論文の範疇外である。残り三十六点は一応論文としたが、その中にはほとんど執筆の背後に、科学的研究とよばれるにふさわしい作業努力のあとを感じられないものが若干ある。規範的・思弁的論文は別として、科学的論文であれば、問題意識の提示・観察した事実についての報告と検証、そして最後にひき出された解釈が述べられるだろう。（略）そうした汗の臭いを伴っていないのである」（pp.35-36）という記述がある。1983〔昭和58〕年の No.14 から 1998〔平成10〕年の No.29 までは、箕輪が指摘するような「範疇外」や「作業努力のあとを感じられない」論文が、まだ顔をのぞかせている一方で、日本出版学会の対象領域がほぼ固まった時期といえる。

　研究領域としては、出版に関する歴史研究の「出版史」、出版業界に関する研究を中心とした「出版産業論」、出版関連法制を扱う「出版法」、読書論を含む受容過程を扱う「読者論」、印刷技術や書籍等の電子化またそれに伴う情報メディア論のような哲学的な考察をも含めた「出版技術論」の五つにほぼ分類

できるようである。

　第1期同様、出版史が主流の研究といえる。この時期では、1985〔昭和60〕年のNo.16に掲載された稲岡勝「明治前期教科書出版の実態とその位置」と山口順子「明治前期における新聞雑誌の売捌状況——巖々堂を中心にして」、1989〔平成元〕年のNo.20に掲載された木野主計「官報創刊と福沢諭吉の官報新聞発行の挫折——井上毅の画策を中心として」、1990〔平成2〕年のNo.21に掲載された香内信子「『日本古典全集』刊行周辺—— 一九二〇年代後半の出版『大衆化』と小出版社・印刷所の位置」、1992〔平成4〕年のNo.23に掲載された稲岡勝「金港堂の七大雑誌と帝国印刷」、1999〔平成9〕年のNo.28に掲載された吉田則昭「ジャーナリスト・笠信太郎の著作と思想——戦時経済論と戦後啓蒙を中心に」等があげられる。

　この時期に注目すべきなのは、出版産業論である。歴史的なアプローチもあるため、出版史とどちらにでも分類できそうなものも含まれるが、質量共に充実してきた。代表的なものとしては、1984〔昭和59〕年のNo.15に掲載された高橋正実「出版流通機構の変遷—— 一九四五〜一九四九」と藤本信彦「日・米間の雑誌の部数差とその背景（試論）」、No.20に掲載された牧野正久「ドイツ理工系出版界の構造分析——第一次大戦後の興隆期について」、No.21と1991〔平成3〕年のNo.22に掲載された中陣隆夫「日本の書籍出版受容——日米の時系列比較」と「学術出版の経済性——最大利益の印刷部数と定価の決定法」、1994〔平成6〕年のNo.25に掲載された宮崎継夫「日本の学術出版の国際化とその動向——自然科学系における現状と分析」と上西哲雄「文学市場の中の『ギャツビー』／『ギャツビー』の中の文学市場」、1997〔平成9〕年のNo.28に掲載された箕輪成男「インドネシアの出版流通における文化と文明——E. J. M. Kimman 理論の検証」等があげられる。

　出版法も注目すべき論文は増えたのだが、No.23に掲載された木野主計「出版法制定過程の研究」とNo.25に掲載された湯浅俊彦「出版の自由と書店——大阪府青少年健全育成条例を中心に」を除けば、原秀成のNo.25「明治初年における著作権法制の受容と変容」・No.26「文化の発展を促進させる米国著作権法上の納入制度——比較法と理念型からの考察」・1996〔平成8〕年のNo.27「近代日本における出版の自由と著作権」・No.28「戦後改革と納入制度——出版物

と電子情報の間隙」と原の存在が大きい。

　読者論も同様で、No.15 に掲載された有山輝雄「一九二、三〇年代のメディア普及状態——給料生活者、労働者を中心に」と 1986〔昭和 61〕年の No.17 に掲載された香内三郎「『読者層』（Reading Public）と『リテラシー』（Literacy）のあいだ——イギリス出版史研究点描」を除けば、永嶺重敏の No.17「初期『キング』の読者層とその意識——大衆読者への一アプローチ」・No.19「戦前の女性読書調査——女工・職業婦人・女学生を中心に」・No.21「明治期『太陽』の受容構造」・No.25「田舎教師の読者共同体」・1998〔平成 10〕年の No.29「大正期東京の『雑誌回読会』問題——雑誌のもうひとつの流通経路」と永嶺の研究が中心となっている。

　出版技術論では、No.16 に掲載された矢作勝美「明確になった活版印刷の源流——ウイリアム・ガンブルの来日について」、No.28 に掲載された遠藤千舟「情報の電子化と本の未来——電子図書館を中心として」、No.29 後藤嘉宏「資料としての本——電子情報における単位の問題との関連で」等があげられる。

序.1.3　第 3 期「出版研究成熟期」

　1999〔平成 11〕年の No.30 以降の時期に入ると、「投稿規定」により原稿の区分が明確に細分化されていることもあり、特集論文以外の投稿された研究論文の中に「範疇外」や「作業努力のあとを感じられない」ものはみられなくなる。研究対象は多様化し、第 2 期の五分類に収まり切らなくなるが、アプローチの仕方は、次節のアンケートの分類に従えば、「社会学 16、哲学 11、史学 10、法学 4、文学 3、教育学・情報学・経済学・地域研究各 1」のように多分野に別れはするが社会学・哲学・史学の三つにほぼ集約されている。

　紙幅の関係上、20 年余の間に掲載された論文を一つ一つあげることはしない。この時期の特徴をあげることにとどめる。特に目につくのが哲学の多さである。これは意外に感じるかもしれない。理由は二つある。後藤嘉宏が、1999〔平成 11〕年 No.30「中井正一の出版論——図書館論との対比において」、2000〔平成 12〕年 No.31「中井正一における記憶、体系と、本、図書館——メディウム概念の 2 重性に着目して」、2009〔平成 21〕年 No.40「三木清における編集者的構想力——天才についての言及に焦点を当てて」、2016〔平成 28〕年「中井正

一『委員会の論理』と『印刷される論理』の二価的側面について」と4本発表していることが何よりも大きな理由である。さらには、2011〔平成23〕年のNo.42に掲載された塚本晴二朗「プライバシー侵害に関する倫理学的考察――『逆転』事件を手懸かりとして」、2015〔平成27〕年のNo.46に掲載された阿部圭介「ベルトランの理論的枠組みから見た日本の出版界のメディア・アカウンタビリティー・システム――講談社の『僕はパパを殺すことに決めた』事件への対応を踏まえて」、2016〔平成28〕年のNo.47に掲載された栗山雅俊「『出版の自由』と『出版の倫理』に関する一考察――新しい『出版の倫理』再構築のために」とジャーナリズム倫理学の論文が、発表されるようになったことも一因となっている。研究対象が多様になっていることは、2017年から一年毎に授与されることとなった「清水英夫賞」の受賞論文とその審査結果報告からも窺うことができる。

第1回 2014〔平成26〕年 No.45 清水一彦「『若者の読書離れ』という“常識”の構成と受容」

本論文は、「知識人」により指摘され、「常識」的になりつつある「読書離れ」現象について、多数の先行研究成果の検討をもおこないつつ、歴史的視点も交え検証している。毎日新聞読書世論調査の統計情報などをも用いて詳細に分析検証し、言説としてどのように定着していったのか、その形成過程を探るとともに、実情についても考察している。同様の視点での研究成果は見られず、本邦人が書物や読書に対してどのようなイメージを抱いているか、読書心理解明への可能性も示している。読書について今後考察する上で必要な、分析的枠組みも提示しており、出版界の今後の動向を見極めていく上でも貴重な知見となるものである。（略）

第2回 2016〔平成28〕年 No.47 栗山雅俊「『出版の自由』と『出版の倫理』に関する一考察――新しい『出版の倫理』再構築のために」

（略）本論文は言論・出版の自由と報道の自由・倫理との関係について、ミ

ルトンやミルの古典に立ち返って検討し、言論・出版の自由の問題については、古典や20世紀初頭の議論を基礎に、現代的な課題を議論する重要性を指摘している。現代的な課題として、古典において既に触れられていた「何かのための自由（積極的自由）」について、個別の課題ごとに対応し、また検討すべきであるとする。このように、出版の自由・倫理について「今後のあるべき仕方の大枠」を示した点で評価したい。（略）

第3回 2019〔令和元〕年 No.50 張 賽帥「雑誌『東亜時論』（1898-1899）にみる東亜同文会の中国時局観」

（略）本論文で取り上げた東亜同文会は、日清戦争後の対外政策の機運の中で設立され、日本の対中国政策において大きな影響力を持ったとされる。その最初の機関誌が『東亜時論』であり、多くの新聞記者が会員となって、東南アジア情勢を伝え、有力新聞の論調をも左右しかねないような論説が展開された。本論文はこの『東亜時論』全26号を子細に読み込み、中国時局観についての論説を抽出して分析したものである。日本の中国進出に対する政策論争などについて、中央政府の統治権に対する二重的認識、地方有力者に対する肯定論と懐疑論など、決して一枚岩とは言えない言説を丁寧に分析している。（略）

　既述の通り学会創設当初、出版学とは何か、どのような方法論が考えられるのか等の議論が盛んであった。しかし必ずしも実りのある議論とは成らなかった。しかしながら、それだからこそ第3期の研究アプローチの多様化に結びついたのではないだろうか。日本出版学会は。学際的な研究が中心にならざるを得ないことと、対象領域が昨今のデジタル化による大変動に大きく影響されるということ、という二つの要素を考えれば、狭く限定された方法論などがあれば、かえって邪魔だっただろう。
　本節で概観してきた日本出版学会の歩みを踏まえつつ、出版という社会現象が迎えつつある革命的な変化に柔軟に対応していく。そうした姿勢が次節で検討する、これからの日本出版学会がとるべき姿勢なのではないだろうか。

序.2　これからのパブリッシング・スタディーズ　　[塚本晴二朗]

　本書を企画するにあたり、磯部敦、中川裕美、玉川博章の３会員と会長である筆者の４名で「会長プロジェクト・チーム」を結成し、日本出版学会の会員が「日本出版学会の対象領域は、どのようなものである」と考えているか、次のようなアンケート調査を全会員対象に行った。

日本出版学会会長プロジェクト・アンケート調査

Q1　日本出版学会の対象領域は、どのようなものであるとお考えですか。下記の中から当てはまると考えるものを全て選択してください。回答は回答欄に○を記入して下さい。

回答	選択肢
	①　紙の出版物とそれにかかわる事業者・流通・受容
	②　紙の出版物を主業とする出版社の電子書籍・コミック等とそれにかかわる事業者・流通・受容
	③　雑誌事業にかかわる広告・ブランド業務
	④　プリントメディアとしての新聞とそれにかかわる事業者・流通・受容
	⑤　テレビ・ラジオ等の放送にかかわる事業者・受容
	⑥　商業出版流通を経由しない紙の同人誌とそれにかかわる事業者・流通・受容
	⑦　紙の出版物を主業とする出版社が関与しない電子コミックサービスとそれにかかわる事業者・流通・受容
	⑧　インターネットメディア・ポータルサイトとそれにかかわる事業者・受容
	⑨　SNSなどでの個人を含む情報発信行為とそれにかかわる事業者・受容
	⑩　その他（①〜⑨に含まれないものを以下に自由にお書きください） （　　　　　　　　　　　　　　　　　　　　　）

Q2　ご自身の研究アプローチとして該当すると考えるものを下の一覧から三つまで選択してください。回答は番号でお願いします。

　　　Q2の回答（　　　　　　　　　　　　）

Q3　下の一覧で、現在の出版学会において、積極的に研究が行われていると考えるアプローチを三つ選択してください。回答は番号でお願いします。

　　　Q3 の回答（　　　　　　　　　　　　）

Q4　下の一覧の中で、今後の出版学会において、積極的に研究が行われていくべきと考えるアプローチを三つ選択してください。回答は番号でお願いします。

　　　Q4 の回答（　　　　　　　　　　　　）

Q2-Q4 選択肢：学問分野一覧

①語学	②哲学	③芸術学	④文学	⑤言語学
⑥史学	⑦考古学	⑧地理学	⑨地域研究	⑩心理学
⑪教育学	⑫法学	⑬政治学	⑭経済学	⑮商学
⑯経営学	⑰会計学	⑱社会学	⑲情報学	⑳工学

　Q1 の結果は以下の図 序.1（図表の作成は、2020 年 10 月に行った。作成者は当時の日本大学大学院新聞学研究科所属の院生山田尚武・鯉淵拓也・本多祥大の 3 名である）のようなものである。

　圧倒的に紙の印刷物に関わるものが多いのは当然のことであろう。注目すべきは、出版社が関与していない、インターネット・メディア等を対象とすべきと考えている会員が 4 割以上いることである。個人の情報発信に関しても 2 割以上いる。これを多いと考えるか少ないと考えるかは、難しい問題だが、対象を出版業界に絞る必要はないと考える会員が一定数存在することは確かである。Q2 〜 Q4 は研究アプローチに関する質問である。Q2 は「①社会学 46.9%②情報学 29.6% ③史学 28.6% ④文学 22.4%」で Q3 は「①史学 49% ②社会学 37.8% ③文学 27.6% ④情報学 24.5%」となっている。

　これからのパブリッシング・スタディーズのあり方を考える上では、Q4 を中心にみていく必要があるだろう。現在の会員や現在の学会の主流のアプローチが、史学・社会学・文学・情報学で、これは将来に向けても重視されるべきと考えられていることはすぐにわかる。ただし、前節でみたように、文学や情報学の論文はあまり発表されておらず、むしろ哲学的なアプローチが多い。こ

の点は会員諸氏の感覚と現実とのギャップであるが、文学や情報学への期待ということもできるだろう。現在この領域を専門としている会員に期待すると共に、この領域の会員が増えるように、学会の広報活動を進めていく必要があるかもしれない。しかし、図 序.2 だけに注目するならば、地域研究・教育学・

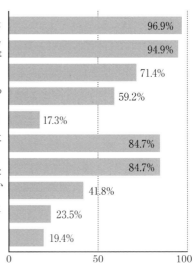

①紙の出版物とそれにかかわる事業者・流通・受容　96.9%
②紙の出版物を主業とする出版社の電子書籍・コミック等とそれにかかわる事業者・流通・受容　94.9%
③雑誌事業にかかわる広告・ブランド業務　71.4%
④プリントメディアとしての新聞とそれにかかわる事業者・流通・受容　59.2%
⑤テレビ・ラジオ等の放送にかかわる事業者・受容　17.3%
⑥商業出版流通を経由しない紙の同人誌とそれにかかわる事業者・流通・受容　84.7%
⑦紙の出版物を主業とする出版社が関与しない電子コミックサービスとそれにかかわる事業者・流通・受容　84.7%
⑧インターネットメディア・ポータルサイトとそれにかかわる事業者・受容　41.8%
⑨SNSなどでの個人を含む情報発信行為とそれにかかわる事業者・受容容　23.5%
⑩その他　19.4%

図 序.1　日本出版学会の対象領域（MA）

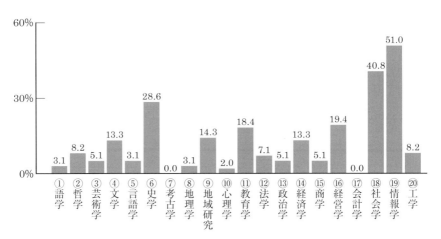

①語学 3.1
②哲学 8.2
③芸術学 5.1
④文学 13.3
⑤言語学 3.1
⑥史学 28.6
⑦考古学 0.0
⑧地理学 3.1
⑨地域研究 14.3
⑩心理学 2.0
⑪教育学 18.4
⑫法学 7.1
⑬政治学 5.1
⑭経済学 13.3
⑮商学 5.1
⑯経営学 19.4
⑰会計学 0.0
⑱社会学 40.8
⑲情報学 51.0
⑳工学 8.2

図 序.2　今後の日本出版学会において積極的に行われるべき研究アプローチ（MA）

経済学・経営学が伸びているといえるのではないだろうか。

　ここからはあくまでも推測の域を出ないが、地域研究が重要視されるということは、サイバースペースに研究領域が広がる、ということでグローバルな視点が必要という認識が持たれているのではないか、ということが考えられる。教育学に関しては、出版教育研究部会と MIE（Magazine in Education）研究部会という教育関係の部会が二つあるという本学会の特徴があげられる。また、デジタル教科書が採用されるようになり、この面から出版業界がデジタル・コンテンツ産業化していく可能性も考えられる。教育はこれからのパブリッシング・スタディーズのあり方に、大きく関わる可能性があると考えられているのではないだろうか。経済学・経営学に関しては、いうまでもないだろう。出版業界が現在の大変動にどう立ち向かっていくかは、最大の問題であり、そのためのアプローチは当然経済的な分野ということだろう。

　日本出版学会は創立して 50 年を超えた。これからのパブリッシング・スタディーズのあり方を考えるというのは、過去を否定するということではない。過去の蓄積は大切な財産としつつ、そこにどのようなものを新たに積み上げるか、を考えることである。サイバースペース、グローバル化、教育、経済、ここら辺がキーワードとなりそうな気配である。紙に印刷する出版という営みに根源を持つものに、このキーワードを加えていくのが、パブリッシング・スタディーズの方向性、といえるのではないだろうか。

　第 1 章以下は、デジタル時代の出版研究、すなわちパブリッシング・スタディーズの未来予想図のようなものである。必要のないものは含まれていないはずだが、足りないものはあるかもしれない。この予想図のどこをもっと掘り下げ、何を書き足すか。それは本書を手にした読者の創造力次第である。

　「さあ、新たなるフロンティアへ踏み込んでみましょうか」

文献

　［1］日本出版学会編『出版研究』No.1 ～ No.25、講談社、1970 ～ 1995 年
　［2］日本出版学会編『出版研究』No.26 ～ No.48、出版ニュース社、1996 ～ 2018 年
　［3］日本出版学会編『出版研究』No.49 ～ No.51、印刷学会出版部、2019 ～ 2021 年

第 **1** 章

出版史

1.1　西洋出版略史　　［駒橋恵子・石川徳幸］

1.1.1　印刷と出版物の誕生

(1)　グーテンベルクによる活版技術の発明 ─────

　まず、出版史の原点となる印刷技術の誕生を概観しよう。歴史を振り返ると、18 世紀の産業革命はイギリスで、20 世紀末の IT 技術はアメリカで始まっており、新しい技術革新は世界経済の中心地で生まれている。世界最初の木版印刷が誕生した唐（現・中国）も、東西貿易の中心地だった。活版印刷の発明も、15 世紀の大都市マインツ（現・ドイツ）で生まれた新技術である。

　1400 年頃には製紙技術が、中国からイスラム商人を経由して海洋国のアマルフィ（現・イタリア）に伝わっており、宣教師などからヨーロッパに元（現・中国）から版木がもたらされて木版印刷が始まっていた。グーテンベルクが活版印刷を発明したマインツは、ライン河畔の大都市で、15 世紀半ばには製紙工場が設立されており、印刷物が普及する下地があったといえる。しかもマインツの大司教は、神聖ローマ帝国のドイツにおける宗教界最高位であり、アルプス以北のローマ教皇の代理人として政治的権力を持っていた。

　そんな大都市マインツで生まれたグーテンベルクは、金貨鋳造職人としての技術と、ワインの産地として有名な地元産業を組み合わせ、新しい技術を発明して起業した。ワイン製造所の葡萄圧縮機器を改良し、金属活字を組み合わせて印刷技術を開発したのである。当時は鋳込みによる金属細工の技法が確立されていたので、それを応用して、まずアルファベットの鋳型を作成した。金属活字の材料は、鉛と錫、アンチモンを混ぜた合金だった。さらに葡萄の絞り機

を応用してネジ式で上から押圧するという仕組みの印刷機を開発した。平厚式の凸版印刷機である。インキの成分については諸説あるが、当時の油彩画家が用いていた油性顔料に、銅や鉛などの金属要素を含有した独自のインキを使用したという。

グーテンベルクが印刷したものは、ドイツ語の詩、ラテン語の文法書、教皇の書簡、カレンダー（暦はその後も中世の印刷物として人気を博す）、贖宥状（＝免罪符）、聖書などである。特に 1455 年に完成した「四十二行聖書」は、各ページ 42 行で二巻本のラテン語聖書で 180 部印刷され、ユネスコの歴史的記憶遺産に指定されている。1 冊の価格が当時の平均事務員の 3 年分の給与に相当したというが、それまでは修行僧が 1 年がかりで写本していたのだから、印刷物による発行は画期的な新メディアだった。印刷所では、共同経営者のほか 25 人の職人を雇っていたという。

印刷事業は順調にみえたが、グーテンベルクは不遇だった。まず共同経営者であるフストから訴訟を受ける。設備投資資金を貸与されたのに返済できていなかったためで、裁判所はフストの言い分を認め、印刷機や活字、印刷済みの聖書などは全てフストの手に渡った。グーテンベルクは再び資金を集めて聖書の印刷を開始するが、元共同経営者のフストとシェッファーの方が事業を順調に発展させ、1457 年 8 月 15 日に出版した『マインツ詩篇（英語版）』は世界で初めて奥付に印刷日と印刷者名を入れた書籍として歴史に名を残す。1462年、マインツは司教同士の争いに巻き込まれ、大司教の軍勢がマインツを略奪し、グーテンベルクは自宅と印刷所を失い破産した。1465 年にはアドルフ大司教の従者となったが、1468 年に世を去る。

1900 年にはグーテンベルク生誕 500 年を記念して、マインツにグーテンベルク博物館が設立された。また、1960 年代にマクルーハン [1] が、活版印刷の発明は新メディアとして人間の知覚と社会文化に革命的な変革をもたらした、と指摘したことで、グーテンベルクの評価が高まった。

---

1) H.M.マクルーハンはカナダの文明批評家で、メディア論の元祖として 1960 年代に脚光を浴びた。活字・ラジオ・映画をホットメディア、テレビをクールメディアと呼び、独自の主張を展開した。デジタルメディア時代の到来を予測していたとして、再度注目されている。

(2) 印刷技術と宗教革命 ──────

　15世紀後半から活版印刷技術は急速に普及し、ヴェネチアはヨーロッパの印刷の中心地となった。ギリシア語やラテン語の古典が大量に出版され、ルネサンスを後押ししていく。コロンブスは父から活版印刷の地理の本を買ってもらい、東方への夢を膨らませ、新大陸発見につながったという。活版印刷は、羅針盤や火薬とともに、ルネサンス期の三大発明といわれ、宗教改革において重要な役割を果たしていく。

　当時は識字率が低く、文字を読み書きするのは主に聖職者であり、印刷物の多くは、宗教画や教会の贖宥状だった。修行僧が手書きしていた贖宥状を印刷できるようになったことで、大量複製が可能になり、教会の寄付金集めが容易になった。このシステムを悪用したのがマクデブルグ（現・ドイツ）の司教だったアルブレヒトで、アウグスブルクの富豪フッガー家から借金をして、ローマ教皇庁に多額の献金をし、1515年に念願のマインツ大司教に就任した。彼は売上の半分をローマ教皇庁に収めるという条件で、ドイツでの贖宥状の販売権も得て、さらに贖宥状の売上をフッガー家からの借金返済にあてたという。当時のローマ教皇レオ10世は、聖ピエトロ寺院の再建やルネサンス文化のパトロンとして名高いが、稀代の浪費家でもあり、教皇庁は財政破綻したため、贖宥状を大量に印刷発行して大規模な寄付金集めを行っている。

　これにルターが異を唱えて、1517年に『95カ条の論題』を出版し、宗教改革が始まったことは有名であり、約2年間で30万部がヨーロッパに出回ったという。ルターはカトリック教会に破門されたが、1522年に新約聖書のドイツ語訳を印刷発行して、「聖書に書かれていないことは認められない」と主張し、農民を中心とした社会変革のリーダーとなった。中世ドイツ語は地方ごとの特徴が大きく、共通語としては騎士階級の書き言葉しかなかったが、ルターが現代語訳して出版した新約聖書は平易なドイツ語で書かれており、これが大量に印刷・出版されたことで、都市の市民階級に新しい思想を伝播し、ドイツ語共通化の基礎となっていく。また、贖宥状を批判する文書をブランケット判（現在の新聞紙のサイズ）の紙に印刷・出版したが、これが後の新聞の元になったといわれる。活字本は知識階級を啓発し、科学技術を発達させていく。

1.1.2　西洋における出版と社会

　印刷された出版物は、宗教的な用途以外に、噂話やニュースの伝達にも貢献し、西洋の社会に影響を与えた[2]。ここでは、イギリスの出版史をたどることで、自由な言論の場である印刷出版というメディアの役割を考えてみたい。なお、当時は印刷業者が出版を行い、完成した印刷物を販売する本屋も兼ねており、印刷・出版・本屋という概念は混在している。

（1）イギリス政府による印刷出版統制 ————

　イギリスでは、1586 年に「星室庁印刷条例」が制定され、印刷・書籍業者を限定し（国王から特許を得ていたロンドンの出版印刷業組合に属する印刷業者や、ケンブリッジ大学やオックスフォード大学が認可した学術的印刷のための業者等）、原則として新規の登録は認めないことにした。独占権を認める代わりに政府の出版統制に対しての協力を求め、許可のない出版を禁じたのである。

　1637 年に再び星室庁の印刷条例が発布される。新規業者の禁止、検閲の強化など、出版統制と営業規制が中心で、既得権益の保護と一体になったものである。しかし同年、英国国教会の大主教は、祈祷書をスコットランドに強制しようとして反乱を招き、1642 年には清教徒革命となる。国王チャールズ一世は逃亡し、議会派が政権を握り、印刷条例が廃止され、印刷業者は諸特権を失う。国家の統制力は低下し、中小規模の印刷所が全国に氾濫し、新聞や小冊子などの出版物が大量に販売され始めた。王党派と議会派の言論戦による宣伝文書が出版物として流通した結果、旧来の書籍業者は印刷業界の秩序維持と国家の治安などを理由として、権益保護を議会派に求める。こうして議会派政府は 1643 年に「印刷の規制に関する条例」を発布する。出版秩序の乱れや印刷物の海賊版による書籍業者や権利者の権利侵害を防ぐため、議会が指定する検閲官に事前許可を得ることや、書籍業者の幹部や貴族院・庶民院の議員らによる

---

2)　16 世紀には単発の「かわら版」のような印刷物が出ていたが、定期刊行物として、新聞のような形式になったのは 17 世紀に入ってからである。世界最初の週刊誌は、1609 年にアウグスブルグで発行された『リラチオン（関係）』であろうといわれる。1660 年に日刊紙『ライプチガー・ツァイトゥング（ライプチヒ新聞）』が創刊され、17 世紀中には多くの都市で新聞という日刊の印刷物が発行されるようになった。現在の雑誌の起源は、1665 年にフランスの法律家であるドニ・ド・サロが『ジュルナール・デ・サヴァン（学者新聞）』だとする説が有力である。新刊の書籍を要約抜粋したカタログ風の週刊誌だったという。

査察機関を規定することなどを定めた内容である。これに反対して詩人のミルトンは『アレオパギティカ（大法官の意のラテン語）』を非合法で出版し、言論の自由を主張するなど、混乱は続いた。

1649年にチャールズ一世が処刑されて清教徒革命は終わり、同年に「無許可あるいは抽象的な書籍および小冊子を抑制し、よりよい印刷業の統制を行うための法律」が発布される。政府の検閲の強化、違法書籍の流通販売の禁止などを明記したものである。1655年には護国卿のクロムウェルによって、違法な印刷を取り締まる法例が発布され、これが1662年の特許検閲法（印刷出版統制法）につながる。前述の星室庁布令の流れを汲みつつ、さらに違法印刷物の取り締まりを強化するためには書籍業者に任せず「印刷監督官」を置くことが記された。こうした状況の中で、政府の特権を受けた官報として1666年に『ロンドン・ガゼット』が発刊される。社告で「広告は一切本紙に掲載せず別刷りにする」と表明し、怪しげな広告を排除する宣言をした。

(2) コーヒーハウスでの回し読み ————

1695年に特許検閲法は廃止され、特許制と検閲制度が同時に廃止された。この後、多くの印刷物が新聞やニュースレターとして出版される。1712年、印紙法が施行されて新聞、暦書、パンフレット、広告に課税されるようになったが、多くの都市で、二大政党（トーリー党とホイッグ党）の政党新聞や、ゴシップを中心とした大衆紙の発行は続いた。当時は週刊新聞が中心で、有力執筆者には、『ロビンソンクルーソー』の作者（デフォー）、『ガリヴァー旅行記』の作者（スウィフト）、『イソップ物語』の翻訳者（レストレンジ）などの小説家がいて、記事というより物語的な解説や言論表明が重視されていた。

こうした新聞は発行部数が少なく、ロンドンの「コーヒーハウス」で回し読みされていた。17世紀末にエドワード・ロイドがコーヒーハウスを開き、船舶取引や保険等の事業を始め、船舶情報を載せた新聞を発行し、現在の世界最大級の保険会社「ロイズ」につながる基礎を築いた。他にも数百軒のコーヒーハウスがあり、備え付けの新聞を読み、情報を交換し、株式取引を行う場となった。市民の情報拠点であり、新聞の閲覧と取材の場でもあったのである。

当時はイギリス経済のバブル期で、1724年の南海会社の株価暴落などの問題がありながらも、新聞にはバブル景気に便乗した投資勧誘広告があふれてい

た。経済の活況とともに、多額の広告料を基盤として新聞産業の経済基盤が強化され、政府の支援を受けずに独立した視点で報道することが可能になっていく。1785年には『タイムズ』が創刊され、社告には「広告チャネルを通じて各地域間の商品取引を促進し、ビジネス世界のニュースを最重要視する」と書かれており、前述の『ロンドン・ガゼット』が広告を排除して官報的役割を重視したのと対照的である。1733年には初めて議会の取材記事が書かれ、その約100年後には、「記者席」が政党席や傍聴席と区別した独立の場所を割り当てられることになり、ジャーナリズムの力が強まっていく。同時に、産業革命で都市に資本家や工場労働者が集まり、娯楽等の「知的消費」としての読み物が需要されたことで、さまざまな出版物が発行されるようになっていく。

(3) 言論の自由を求めた出版物 ————

　17世紀はフランスでも、ブルボン絶対王政の中で国王の特認を受けた官報のような定期刊行物があるだけだった。18世紀後半になると、貴族や作家が宮廷から独立した「サロン」で語り合うようになり、議題は政治性を帯びて、「文芸上の公共圏の政治化」が進む。サロンに集まる知識層は自由主義貴族や富裕市民であり、国家財政を立て直すための貴族免税特権の廃止などの新しい経済政策に不満を持っていた。

　サロンで読まれた印刷物の多くは宮廷の許可を得ていない違法印刷物か、外国で印刷された出版物だった。代表例は、モンテスキューの『法の精神』やルソーの『社会契約論』『人間不平等起源論』で、人間の理性や平等性を重視して絶対王政を批判していた。こうした論文が、立憲君主派による革命の序章につながる理論となる。

　さらに、国王、貴族、愛妾たちのスキャンダルや暴露話が大衆向けの小冊子に書き立てられ、国王の神話は破壊され、宮廷が嫌悪すべき対象となり、1789年のバスティーユ襲撃へと至るのである。

　印刷された情報が、革命の準備段階となったことは、多くの歴史学者が指摘している。マクルーハン『メディア論』によると、ナポレオンは、フランス革命での印刷物の世論誘導機能を恐れており、「敵意に満ちた新聞が3種類あれば、1000の刀剣より怖い」と言ったという。彼は政権をとると、すぐに出版規制を行い、新聞やパンフレットの発行を100分の1まで減少させ、新創刊も

禁じている。

(4) 印刷物への課税撤廃と新聞の発達 ─────

　19 世紀に入り、イギリスで産業革命をリードした企業家などの中産階級は、労働者による史上初の政治運動を行う。その一つが、政府の言論統制に抵抗してコミュニケーションの自由を求める運動で、広告税、新聞税の撤廃を要求し、1833 年には広告税が、1836 年には新聞税が引き下げられ、さらには 1853 年に広告税が、1855 年に新聞税が撤廃された。同時期に印刷技術や交通通信網が進歩したこともあり、ヴィクトリア女王の在位期間（1837-1901 年）は、「新聞の時代」と言われるほどに安価な大衆紙の発行が相次いだ。印刷物の大衆化が進み、絵入りの週刊紙が発行されるようになる。

　ここでアメリカの印刷出版の歴史を概観しておきたい。アメリカでは 18 世紀初頭から定期刊行物が発刊され始めた。政府機関紙が多かったが、地元の郵便局長や印刷会社が地元民のためのリーフレットを創刊することもあった。印刷会社が出版社や本屋を兼ねていた時代である。例えばベンジャミン・フランクリンは雷の原理を解明した物理学者として知られるが、1729 年には新聞を創刊し、風刺漫画や随筆を書いていた。植民地の印刷局長や郵便局長も兼任し、政治家としても活躍したが、自社の新聞に論説を書いて世論を誘導することに長けていたという。

　1765 年、アメリカで印紙条例が発効され、新聞や印刷広告、パンフレット、認可状、賃貸契約書等に、収入印紙を貼付することが義務付けられた。印刷物は英国派か独立派かを明示させられ、親英的な新聞だけが紙を入手できた。植民地側は猛烈に反発し、翌年のボストン茶会事件を起こし、アメリカ独立戦争が始まる。前述のフランクリンは、フランスに植民地議会派の新聞を持参し、窮状を訴えて援助を求め、それが勝利につながったという。

(5) 印刷技術の発展と出版物の大衆化 ─────

　19 世紀は産業技術の進展とともに、輪転機が改良され、高速印刷や両面印刷が次々と可能になり、大部数の商業印刷物が発行されるようになる。まず 1814 年に英タイムズ社が平台型の円圧印刷機を稼働した。アメリカではアール・ホーが、1830 年にシリンダ式印刷機を開発、1846 年には湾曲鉛版とホー式輪転機で 1 時間に 2 万枚の印刷能力を達成した。同時期にウィリアム・ロバ

ックは自動折り機を製作している。1868年に英タイムズ社が巻取紙用凸版輪転機を完成させ、同時期にフランスの『ル・プティ・ジュルナール』でも巻取輪転機を完成する。こうした技術によって大部数の発行が可能になり、印刷物が娯楽読み物として普及していった。

　印刷技術の発展でカラー印刷が可能となると、二色刷りまたは三色刷りのセンセーショナルな定期刊行物が大量部数を発行して人気を博していく。特にピューリッツァーの『ニューヨーク・ワールド』とハーストの『ニューヨーク・ジャーナル』は過度な読者獲得競争を行い、黄色い服を着た少年の漫画とセンセーショナルな事件記事で人気を博したため、揶揄を込めて「イエロージャーナリズム」の時代と呼ばれる。

　大衆新聞の大量発行は欧州でも同時進行し、19世紀後半には絵入りの新聞や小説家による随筆が人気を博した。製本技術の進歩に伴い、書籍も大学の学問書だけでなく、煽情的な物語や冒険小説など、近代文学などの金字塔が続々と出版され、「読書」が娯楽として定着していくのである。

1.2　日本における出版の展開と社会　　　　　［磯部敦・中村健］

1.2.1　前近代

(1) 開版事業から商業出版へ ————

　商業出版以前の開版の歴史を駆け足でたどってみれば、古くは称徳天皇発願になる『百万塔陀羅尼』(770〔宝亀元〕年)、その後には興福寺開版の春日版など南都（奈良）の寺院で開版された南都版、中世に入っては禅宗五山を中心に開版された五山版などがあり、とりわけ五山版では詩文集なども開版されていった。応仁の乱後、たとえば堺では富裕商人や医者らによる開版（堺版・阿佐井野版）、周防や薩摩では有力大名による開版（大内版、薩摩版）がおこなわれていた。16世紀末にはイエズス会の布教とともに鉛活字印刷による開版（キリシタン版）、文禄の役等に起因する朝鮮の職工や技術による木活字印刷などもおこなわれている。後者には、後陽成天皇による文禄勅版や慶長勅版、後水

尾天皇による元和勅版、家康による伏見版などがある。家康には銅活字を用いた駿河版もあり、これらの事業は幕府の開版事業（官版）の礎ともなった。古活字版の多くが漢文や漢字カタカナ交じり文であったのは、一文字一駒という活字の特質に由来するが、その意味において、本阿弥光悦流の流麗な筆致による連綿体の木活字を並べた嵯峨本と呼称される一群は特異なものであった。

こうした開版事業が商売として成立するためには、書籍購買者や読者の拡大、印刷製本技術の拡散にともなう低コスト化などが考えられようが、世上の安定もまた大きな要因であった。

(2) 板と権利

商業出版の成立は、同時に権利意識の発生や同業組合の発足を促すことになる。都の錦による浮世草子『元禄太平記』巻6の一節に、「近年になって重版（重板）や類版（類板）は御制禁になったとはいえ、京で作成された版本（板本）を大阪で重版し、大阪で作られた版本の類版が江戸で作られたりなどしており、これまた悩みの一つである」といった記述がある。山本秀樹[33]は1698〔元禄11〕年12月の京阪における重版類版をめぐる動きをふまえ、京阪それぞれの地で重版類版が禁止となったために『元禄太平記』巻6で描かれるような事態が盛んになっていって両地の申し合わせへと展開していったと指摘する。また、市古夏生[4]に就いてみれば、寛永〜慶安年間頃には単独板行だったのが承応頃より相合版（相版・相板）が多く見られるようになっていくこと、そして天和貞享頃には重版類版防止を目的として西鶴本を中心に江戸を売捌とする二都版・三都版が増加すること、などが指摘されている。重版、類版、蔵版、絶版、版木など、書籍を根底で支える版（板）こそが財産の単位でもあった。

(3) 流通業者としての本屋

本替という商習慣がある。「本」を「替」えること、すなわち書物の物々交換のことで、本屋が小売のみならず、本を作り（生産）、卸（流通）もおこなうといった営業形態ゆえにおこなわれていた商習慣であった。本替とは本の移動、すなわち流通である。鈴木俊幸[16]は出版業の要としての流通を指摘したうえで、本替こそ商品を仕入れるための交易の一方法であり、新作開版はその交易を促す原動力であったとする。「出版」とは何らかの著作等を印刷複製・製本して売り出すだけでなく、その流通に大きく関与する、というよりむしろ

そこに積極的に関与し商品を動かさねば利が生まれない商売であった。

　商品の回転においては、自店の流通網拡大も重要だ。方々に置いた拠点は流通上の前線基地となろうし、その前線が暖簾分けや分家独立ならばルートの信頼性もあがるだろう。手もとの一書、六郷弘純編・島田実応校正『冠註挿画唐宋八家文読本字類大全』（1881〔明治14〕年）は東京書肆の和泉屋山中市兵衛（以下「泉市」）の刊行になるもので、その口絵に銅版刷りの「山中氏本店之図」が掲載されている。興味深いのは、同図に泉市の有する各地の支店も記されているところで、いま場所のみを列記すれば銀座三丁目、同四丁目、飯山、宮崎、足利、仙台、掛川、鹿児嶋、函館、那覇の十地。いずれも「山中支店」とのみあって店主名はないのだが、当地の本屋が泉市との何らかの申し合わせのうえで「山中支店」を名のっていたようだ。鈴木俊幸[15]は、泉市板往来物に顕著に見られる売捌一覧記事における地方書肆の多さ、それも年を追って次第に増加していく傾向をふまえ、地方への流通における前線基地とも言うべき売捌拠点を設置することで安定的かつ独占的な体制を築いたと指摘する。こうした広範の流通網は、なんの背景も持たない新規参入者にとっては魅力的であったはずで、たとえば明治10年代中頃、東京稗史出版社や東京同益出版社などは泉市の流通網と予約出版を武器に出版業に参入するのだった（磯部敦[3]）。

(4) 写本の時代 ―――

　商業出版と言ったときに前提としてあるのは、商品が板本であるということだ。板木に板下を貼りつけて彫り師が彫り、それに紙をあてがえて刷り師が刷り、それを袋綴じ状に折って前後に表紙を付けて綴じたものが商品となる。たとえば1722〔享保7〕年11月「新板書物之儀ニ付町触」[36]の一条に、「権現様之御儀者勿論惣而御当家之御事板行書キ本自今無用ニ可仕候」云々とある（意訳：家康公のことについてはもちろんのこと、徳川家のことは市場流通する板本のみならず写本で流通することも今後一切不可とする）。「新板」書物は「新」たに「板」（版木）を用いて刊行するところの版本であるが、「権現様」家康のことについては版本「板行」でも写本「書キ本」でも「自今無用」とするという。

　若尾政希[35]によれば、家康が駿府で語った話を松永道斎なる人物が聞き書きでまとめたという体裁の『東照宮御遺訓』諸本は大名や家臣、村役人らの蔵

書になっており、調査したいずれもが写本で出版されたものはないという。先の町触で「自今無用」とされた「書キ本」で書写流通しているのである。若尾は、版に起こされ流通した書物と同程度の写本が、版に起こすことのできなかった書物が各地で流通していたのだと指摘する。これは、写本がきわめてパーソナルな媒体であったことに起因していよう。

　写本のなかには板本を写したものもあるし、そもそも書写はもっとも身近な複製方法でもあるのだが、出版、商業出版という語の後ろで朧化してしまいがちな写本やすぐに解版可能な木活字本の存在を、書写で流通した異聞や風説などの存在を、若尾が言うように忘れてはならない。

(5) 板株から版権へ ————

　近世商業出版における出版権を「板株」という。『日本古典籍書誌学辞典』[37]によれば、「正規の手続きによって出版が許可されたのち、本屋仲間の「板木株帳」に登載されることによって」生じる「権利」のことをいう。

　明治前期の出版法令[39]を、この権利という視座から足早に見ていこう。1869〔明治2〕年5月の出版条例（行政官達第444号）でははやくも「図書ヲ出版スル者ハ官吏ヨリ之ヲ保護シテ専売ノ利ヲ収メシム」（意訳：図書を出版しようとする者についてはその専売権を政府が保証する）と規定されており、これは1872〔明治5〕年1月の出版条例（文部省達）第3条にも引き継がれている。特に1872年出版条例は学制発布にともなう教科書事業も見すえており、前年8月から文部省に出版事務が移管されたのだった（太政官布告第393号）。一方、重板等については「三都書肆中ノ人ヲ撰ヒ年行司ヲ置テ互ニ視察セシム」（意訳：東京・京・大阪の本屋仲間より年行司を選出し違反がないか管理させる）とされていたが、1875〔明治8〕年9月の出版条例（太政官布告第135号）において新たに「版権」が設定されることになった。「版権」とは「三十ヶ年間専売ノ権」で、それを願う場合は「版権願」を提出、不要なら出版届のみというもので、無版権書は翻刻自由という画期的な権利であった。ここにおいて「板株」は消滅、本屋仲間の権益擁護機能も消失することとなった。大阪書肆の三木佐助[31]が述懐するように、1875年の出版条例は板株の発生には本屋仲間らの相互認知が必要という大前提をゆるがす思いがけない新例なのであった。

　また、1875年出版条例から出版事務が内務省の管轄になったことも検閲等

と関わりで重要なことであろう。1875 年の出版条例は、出版史上の大きな画期あった。

(6) 新聞・雑誌 ────

　『バタビヤ新聞』など幕末頃から刊行され始めた新聞はその後、1870〔明治3〕年『横浜毎日新聞』、1872 年『東京日日新聞』『郵便報知新聞』、1874〔明治7〕年『朝野新聞』など政論主体の大新聞、1874 年『読売新聞』や 1879〔明治12〕年『朝日新聞』など雑報主体の小新聞などの創刊に展開していった。地方においても各県行政との関わりで石川県『開化新聞』（1871 年）や山梨県『峡中新聞』（1872 年）などが刊行されていった。行政刊行物である地方新聞は布達類とともに戸長経由で町村内へ回覧され、ときに解話会など新聞記事の読み聞かせや説明会が開催されたりした（磯部敦[2]）。

　その後、自由民権運動との関わりでさまざまな新聞や雑誌が生み出されたが、これらは 1875・1883〔明治16〕年の新聞紙条例に依拠して刊行された。出版条例に拠って発行し版権を取得することもできたが、出版条例と異なり新聞紙条例で版権は設定されていないため、雑誌連載記事をもとにした書籍を有版権で発行したとしても、もとの記事を使用すればいくらでも書籍を出版できたのであった。1887〔明治20〕年末に出版条例や版権条例などが制定されるが、そのなかの版権条例で、条件付きながらも雑誌における版権が認められるようになるのであった。

(7) 新規参入者と流通 ────

　福沢諭吉が自著を出版し流通させるにあたって本屋の空き株を購入して福沢屋諭吉とならねばならなかったことを想起すれば、1875 年出版条例第 1 条「図書ヲ著作シ又ハ外国ノ図書ヲ翻訳シテ出版セントスル者ハ出版ノ前ニ内務省ヘ届ケ出ヘシ」（意訳：新作書や翻訳書を出版しようとする者は事前に内務省に届け出ること）もまた本屋仲間の機能を大きくゆるがす条文であったと言えよう。この条例は、業界への新規参入を容易たらしめた。とはいえ、運転資金獲得のためには書籍が売れねばならず、そのためには書籍の流通が必須の要件となる。前述の和泉屋市兵衛がそうであったように、たとえば鶴声社のような新規参入者もまた各地に「支店」を設け、当地の本屋と提携しながら自店出版物の独占流通と他店出版物の排除を画策していく。その際、郵便をはじめとする

海陸流通網の整備はより広範に商品を流通させることになるのだった。そして、この書籍や雑誌の移動はそのまま言説の移動でもあるわけで、その後の投書熱や誌友交際（ある雑誌上における読者どうしの交流）、書籍や雑誌の寄贈交流など「知」を根底で支えるインフラストラクチャーであった。

1.2.2 近代

(1) 時代を作った出版社と企画 ————

　近代出版の特徴のひとつは、出版社が雑誌を活版印刷と洋装本で大量に出版し、取次と書店を流通させ全国の読者に届けるというシステムがあげられる。まずは、それぞれの画期を作った出版社とその代表的な企画をあげていこう。

　博文館は大橋佐平が 1887〔明治 20〕年に創業した。総合雑誌『太陽』、文芸誌『文芸倶楽部』『講談雑誌』、少年少女雑誌『少年世界』『少女世界』『譚海』、スポーツ雑誌『野球界』などセグメント別に雑誌を発刊した。また書籍をシリーズ化して販売したものに「戦争実記」もの、古典の『日本文学全書』『帝国文庫』がある。雑誌・書籍にとどまらず教科書、日記も発行した。出版業だけでなく、洋紙販売（博進社）、取次（東京堂）、印刷（のち共同印刷）、ニュース通信社（帝国通信社に譲渡）などをグループ内に備え、総合出版社の体裁を整えた。まさに近代出版の基礎を体現し「博文館王国」「明治大正時代の文部省」と呼ばれた。

　実業之日本社は 1897〔明治 30〕年に創業、1900 年に改組に伴い増田義一が社長となる。実業誌『実業之日本』、婦人雑誌『婦人世界』少年少女雑誌『日本少年』『幼年の友』『少女の友』と「五大雑誌」と呼ばれる雑誌を発行した。『婦人世界』の発売にあたって、買切制から委託・返本自由可能な委託販売制に変え、発行部数を大きく伸ばし、雑誌が地方まで流れるシステムを構築した。

　講談社は大日本雄弁会・講談社として野間清治が 1909〔明治 42〕年に創業した。『キング』『雄弁』『現代』『講談倶楽部』『面白倶楽部』（のち『富士』）『幼年倶楽部』『少年倶楽部』『少女倶楽部』『婦人倶楽部』と「九大雑誌」と呼ばれる雑誌を発行した。大規模な宣伝により日本全国に販路を広げ「私設文部省」と呼ばれた。1925〔大正 14〕年に創刊した『キング』は創刊時 50 万部、1927〔昭和 2〕年 1 月には 120 万部と 100 万部を突破し、世代を超えたマス・メ

ディア雑誌を生み出した。また『講談倶楽部』は新しい文芸ジャンルである新講談（のちの大衆文学）を生んだ。

　大阪朝日新聞と大阪毎日新聞は 1924〔大正 13〕年元日にともに本紙 100 万部発行した。出版事業にも進出し、1922〔大正 11〕年に週刊誌『週刊朝日』『サンデー毎日』を発刊、出版企画として週刊誌の発行に成功した。

　大阪朝日新聞と大阪毎日新聞の 100 万部突破は、新聞のマス・メディア化を示す出来事であった。

　改造社は 1919〔大正 8〕年に山本実彦が創業、総合誌『改造』で知られる。1926〔大正 15〕年に企画した『現代日本文学全集』は、菊判・300 頁（のち 500 頁）・三段組の体裁で、明治・大正の名作を 1 冊 1 円の廉価と予約制で販売した。一次予約者 23 万人を超える大ヒットとなり、円本と呼ばれ、新潮社など多くの出版社が続き一大ブームとなった。

　岩波書店は 1913〔大正 2〕年に岩波茂雄が創業、1927〔昭和 2〕年に岩波文庫を創刊した。ドイツの「レクラム文庫」を参考に、100 頁、20 銭を基本とした価格体系で、古今東西の名作を収録した。岩波文庫の成功に触発され円本同様、各社が文庫に参入した。なお、岩波書店は、1938〔昭和 13〕年に岩波新書をスタートさせ新書の先駆けとなった。

　今見てきたように、戦前期の出版社の主力商品は雑誌である。改造社の円本も岩波書店の文庫も雑誌ではないが、体裁を規格化し廉価で定期的に発行するという意味では、雑誌的な書籍といえる。

　円本と岩波文庫が発行され講談社の『キング』が 100 万部を突破した 1927年は、新聞のマス・メディア化につづき出版（書籍・雑誌）がマス・メディア化した年として見ることができる[11][34]。

(2) 編集の分業化と法整備 ───

　明治期の出版社の編集体制は、経営者が編集者、著者（執筆者）を兼任、もしくは編集者が著者も兼任した。このときの編集者の多くは雑誌編集者である。雑誌の企画や出版点数の増加に伴い、経営・編集・著者の分業化が進んでいく。『中央公論』の滝田樗陰は分業化した編集者の代表的な人物である。

　1920 年代（大正末～昭和初）に雑誌のマス・メディア化が進むと、編集者の需要が増え、各社で公募による採用が増えていった[32]。

また出版社は著者との間に印税契約を結んだ。鳳文館が小宮山天香と 1886〔明治 19〕年に『概世史談　断蓬奇縁』で交わしたのが最初とされている。古い書籍では奥付に著者の検印をみられるが、それは印税契約を結んだことを示すため、著者が書籍の奥付に検印をしたためである。

　日本で最初に著作権を規定したものとして 1869 年〔明治 2〕年の制定の出版条例がある。1899〔明治 32〕年、日本のベルヌ条約加盟にあわせ、著作権保護期間を著者の死後 30 年とする「著作権法」が制定された。なお、著作権法施行と同時に版権法などは廃止された。1934〔昭和 9〕年の著作権法改正時に出版社が出版権（設定出版権）を持つことが定められた。

　1893〔明治 26〕年公布の「出版法」は、出版条例に代わり、出版物を規定する法律であるが、新聞紙法とともに検閲や出版物を取り締まるための言論弾圧の法律としても知られる。時事をとりあげる雑誌は「新聞紙法」の対象となり発行にあたっては保証金が必要だった。検閲は、出版社では発禁になると非常に困るので、出版の前に、自己検閲を行い、怪しい箇所には○○○、×××といった記号を用いて伏字にした状態で発行した。

(3) 社会的な影響 ───

　出版は読者−本というパーソナルメディアの要素と、（1）でみたようにマス・メディアの要素がある。ここでは出版がマス・メディアとして社会に与えた影響を見たい。

(a) 出版メディアと他メディアとの提携 ───

　1920 年代になると出版は映画、演劇、ラジオ、レコードといった他のメディアと連携し、一般生活に影響を与えるようになる。わかりやすい例として雑誌の連載小説の演劇・映画化があげられる。「東京行進曲」は 1928〔昭和 3〕年に『キング』に菊池寛が連載し、映画化・舞台化され、映画の主題歌としてレコードとなった。関東大震災から復興した東京という社会情勢ともつながり大きなうねりとなった。この組み合わせは、戦時体制が進む中でプロパガンダでもたびたびみることになる。現代におけるメディアミックスや、歌のタイアップの原型のひとつとして理解できるだろう。

(b) 教育、研究の学術基盤（知のインフラ）として出版物 ───

　出版社は、娯楽、実用分野に限らず、教科書や学術書など教育・研究に関わ

る分野の出版物も発行した。『言海』『広辞苑』といった幅広く利用される辞書・辞典の編集がそうだろう。

　読者層の拡大は、委託配本による流通経路の拡大という面もあるが、学校教育の普及（小学校の義務教育と識字率の向上）と大きく関係している。日本の出版物の発行点数が急拡大した時期は1870〔明治3〕年からで、これを「出版離陸期」と呼ぶ。この急拡大は、富国強兵による工業化以前、つまり木版印刷による和装本の時代に起こっており、日本において出版物の普及は工業化による大量出版とは別の要因であったことを伺わせる[11][30]。出版物を読むことができる読者層が成立しており、教育と出版の強い関連を推定させる。従って、教育が進むたびに、読者層が拡大し、出版物も多様化していったといえよう。インテリ／大衆における出版文化の違いについて、出版社名を冠した「岩波文化」「講談社文化」という語も生まれた。

(4) 統制期から戦後へ　───

　出版物の発行点数は1930年代後半にピークを迎えた[3)]が、戦時体制へ移行したため用紙不足に陥り、統制がかかるようになった。1941〔昭和16〕年5月、東京堂、東海堂、北陸館、大東館の四大取次が統合し日本出版配給株式会社（日配）が設立され、書籍・雑誌の配給の一元化が図られた。また、情報局、商工省のもと日本出版文化協会（のち日本出版会に改組）が作られ出版社や雑誌の統合が進められた。敗戦（終戦）により統制は解除され、多くの出版社が立ち上がり多くの雑誌や出版物が発行された。しかし、検閲はGHQにより行われ、出版物の自主検閲が進んだ。戦後日本における書籍・雑誌の歴史的展開に関しては、第4章と第5章の第1節を参照してもらいたい。

---

3)　「デジタル版日本出版百年史年表」（日本書籍出版協会編の同年表1968年、をWEB公開したもの　http://www.shuppan-nenpyo.jp/　2021.8.20確認）では、出版図書数（納本数）が1936（昭和11）年に42,493と最多を記録する。これは内務省警保局納本受付数のうち普通出版物と官庁出版物の合計である。

1.3 印刷技術の発展と出版の高度化 [中西秀彦・藤井建人]

1.3.1 活版技術の成立と発展

　日本の活版技術は 16・7 世紀にキリシタン版や駿河版などが試みられるが、結局定着することはなく、江戸時代は木版で印刷が行われていた。日本語は漢字の字数が多く、また日本では鉛などの活字資材が手にはいりにくいためと考えられる。この状況が打破されるのは幕末の本木昌造を待たねばならない。本木昌造は長崎通詞（オランダとの通商上、翻訳や通訳を行う）であり、職務上、オランダ語の書籍に触れることが多く、その美しさに魅了され、日本語活版術の開発にいたった。

　ただし、日本語活版術は本木昌造の努力だけではなく、200 年にわたるキリスト教の中国布教とそのための活字開発の歴史があった。日本では幕末にあたる 19 世紀半ばには漢字活字はかなり開発されており、上海には印刷所も存在していた。そうした中、1869〔明治 2〕年上海で布教にあたっていたウィリアム・ガンブルが日本に電胎母型法をもたらす。それ以前の活字は母型を作るのにさらにその元となる父型を彫刻せねばならないが、画数の多い漢字活字ではその制作は困難を極めた。電胎母型法は電気メッキの技法を使って母型を製作するもので、漢字活字の製作が比較的容易であった。

　長崎からはじまった日本語活字は明治維新とともに書物制作に使われ出す。東京では築地活版所が本格的に活字生産をはじめ、明治 10 年頃までにはさまざまな書籍に応用されていく。しかし、明治 20 年頃までは木版と併用されることが多く、有名な福沢諭吉の『学問のすゝめ』も初期は活版だが、増刷を重ねるうち木版が使われるということもあった。製本形態も活版でありながら木版本に多く使われた和綴じであったり、活字も和本に使われた字と字がつながった連綿体が試みられるなど、試行錯誤の時期であった。

　この活版術は明治維新で数多く導入された西洋式の新技術のひとつであり、明治期には全国で多くの活版印刷会社が設立された。これらの会社は現在でも存続していることが多い。中でも秀英社はのち世界最大級の印刷会社の一つである大日本印刷となる。

また現在につながる新聞社も明治10年頃には出そろってくる。活版はそれ
までのかわら版で使われていた木版に比べて、早く紙面を製作することができ
き、また印刷も高速であったので、新聞は活版術を得て一気に普及する。新聞
印刷で特徴的なのは輪転機の採用である。1890〔明治23〕年大阪朝日新聞で採
用されたのを皮切りに各社で採用されていく。活字は一字ずつの金属の文字を
束ねて版としたものであるので、高速に動かすと崩壊してしまうという欠点が
あり、あまり高速では印刷できなかった。そこで組み上げられた活字を円筒形
の鉛版に写し取り、それを印刷機に巻き付けて印刷することで極めて高速の印
刷ができるようになった。

　大正期、初等教育が普及したこともあり、読書人口は増え続ける。読書は当
時最大の娯楽であった。まだ映画もラジオもない時代で、雑誌や本は待ち望ま
れていた。そのため印刷の需要は旺盛で、日本中の印刷会社が工員の大量採用
を続けた。ただし、活版は純粋に工業技術である印刷技術も必要ではあった
が、同時に極めて労働集約的な組み版作業を抱えていた。その中心は原稿に従
って、鉛活字を採字する文選、採字された活字をページ状に組み上げる植字と
いう工程である。

　1933〔昭和8〕年刊行の宮沢賢治『銀河鉄道の夜』冒頭に主人公のジョバンニ
が活字拾いのアルバイトをする場面がでてくる。ジョバンニは設定からして学
齢期の少年であり、その光景はまさに当時の活版工場の情景そのものと考えら
れる。日本の文字文化は末端の多くの労働力に支えられていた。

　活字は同じ活字たとえば「あ」なら「あ」ばかりが棚の一区画に収められ、
それを順次拾っていく。原稿を手に持ちながら、原稿の手描き文字に該当する
文字を棚から順次拾いあつめて、浅い木箱の中に並べていく。欧米では、字数
が少ないこともあって、手の届く範囲にアルファベットをすべて置いておくこ
ともできたが、日本語の場合、膨大な数の漢字が必要であり、床から天井近く
まで活字の棚は続いた。その採字作業は立ったり、しゃがんだりの重労働であ
った。反面、効率的に拾うために、よく使う活字は手許近くに、あまり使わな
い漢字は天井や床近く、または他の作業者と共同で使えるよう別箇所にまとめ
て置かれるなど、工場ごとにその配列にはさまざまな工夫がなされていた。

　また、活字が拾われるだけでは本にならず、1ページを作成するには行間を

入れたり、ノンブルをふったり、タイトル字を挿入したりする実際に頁を作成する作業が必要だった。この作業を植字といい、熟練の職人が担うことが多かった。

　いずれにしても非常な労働集約産業であって、第二次大戦後、書籍需要が増加していく中で、活版ではその膨大な需要をまかないきれなくなってくる。また活字は大きい活字、小さい活字をそれぞれ大きさごとに備えなければならず、いきおい書体の数は限られ、明朝とゴシック程度しか使えなかった。これでは戦後、爆発的に伸張していく商業出版印刷のデザインニーズを満たすことはできなかった。

1.3.2　手動写植から電算写植へ

　活版の合理化・機械化については欧米では、キーボードから文字入力し活字のかたちで鋳造出力するライノタイプやモノタイプが 20 世紀初頭から開発され実用に供されていた。しかしここでも膨大な文字数が必要な日本語組版の機械化は桁違いに困難で、実用化されるのはかなり遅かった。

　かわって、戦後、徐々に主流となってくるのが写真植字である。写真植字はひらがなや漢字などを一字ずつ並べた文字盤を一字文の幅ごとに写真に撮っていくという技法である。歯車を巧妙に使い、一字撮影すると一字分印画紙がずれる。その要領で次々に撮影していき、改行すると、横方向に一行分印画紙を動かす。それを繰り返して現像すると綺麗な文字が並んだ印画紙が得られるのである。これを何枚か揃えて、台紙に貼り込みページを形作る。貼り込まれた状態を版下と言い、活版の職人と似て、切り貼りの職人が誕生していく。

　これをやはり戦後、爆発的に発展していく平版印刷で印刷していくことになる。平版印刷は活版のように印字面が凸になっておらず、平面のままだが、水と油の反発の原理を利用して、油性の印刷インキが付着する画線部を印刷するというものである。写真との相性がよく、カラー印刷に多用され、活版から平版へと印刷技術の主流が交替することとなった。

　写植にとって普及のエポックメーキングだったのは、諸橋轍次の『大漢和辞典』の刊行だった。当時世界最大の字数を収録したこの辞書は、戦前活字で組み始められたが、あまり膨大な字数故に難航し、結局いったん組み始められた

ものの完成しないまま戦災で活版版は灰燼に帰す。戦後、もう一度造りなおすことはあきらめかけられていたが、写植を利用することで、1955年から1960年にかけて13巻が刊行された。実に戦前から戦後にかけて35年を要した大事業だったが、写植が最終的に刊行に貢献したことになる。

手動写植は文字盤がひとつあれば、撮影する距離を変えることで大きく印字したり、小さく印字したりすることが可能だった。膨大な各種の大きさの活字とそれをおさめる棚、または活字鋳造設備など大きな設備がなくても、写植機一台と何枚かの文字盤をそろえれば、事業をはじめることが可能だった。そのため急速に組版価格が安くなり、零細な写植業者が次々に誕生することとなった。

昭和30年代以後勃興してきた漫画では、吹き出しにこうした写植を貼るということが行われ、手書きだった吹き出し文字が読みやすいものとなっていく。「写植を貼る」というのは漫画制作工程で必須のものになっていき、漫画の隆盛を支えた。また商業印刷では、こうした切り貼りを行うことで、活版では不可能だったデザイン性の豊かな印刷物が可能となった。さらに文字盤を一枚そろえるだけという簡便さから、明朝ゴシックに限られていた日本にも書体デザインの可能性が開き、印刷文化がよりビジュアル志向なものへと変貌することとなる。

しかし写植には致命的な欠点があった。写真に撮って版下原稿を作るという特性から、訂正が困難なのである。原稿からの採字には活版にせよ、写植にせよ誤植がつきものである。原稿の文字が判読困難であったり、採字者が間違えたりもする。さらに組みあがってからでも著者が原稿そのものの訂正を行ってしまうのである。訂正するには、活版だと活字を差し替えればすむが、写植の場合、一字ずつ取り換えるには切り貼りを駆使するしかない。これは非常に難しい作業で、結局、訂正がでると段落ごと再度打ち直すようなことが行われた。これだと打ち直した段落にさらに誤植がはいる可能性があり、訂正は写植にとって難物だった。だからこそ、活版との併用時期が戦後しばらくの間は続いたのである。

しかし、1980年頃になると、コンピュータの技術が発展し、ワープロも普及するようになる。ワープロは文字訂正が極めて容易で、キーボードから入力し、画面で視認するだけでいくらでも文字訂正が可能だった。また、活版や手

動では不可能だった一括置換などの機能はコンピュータの優位性を際立たせた。1980年頃までは印字品質がそれほどよくなく、印刷物として活版や写植に匹敵するものではなかったが、1980年代に技術革新が進み、写植並みの品質のプリンタが登場してくる。このコンピュータによる組版と超高精細プリンタを組み合わせたのが電算写植と呼ばれる機械で、この機械の登場で活版の時代は終わりを迎えることとなった。

1.3.3　デジタルによる出版の発展と多様化

(1) DTP技術の開発と日本語の特性 ―――

　1990年代になると、電算写植よりはるかに安価で操作も容易、図版も自由に扱えるDTP（Desktop Publishing）が登場し、組版現場はコンピュータに置き換わっていく。1985年前後にパーソナルコンピュータ「Macintosh」とレイアウトソフト「PageMaker」が開発されて、いよいよ紙での切り貼りからデジタルへ移行する道筋が拓けたのである。

　当時、文字と図版を同一の画面上で同時に操作できるのは驚異的なことであった。しかし普及には時間を要することになる。Macintoshに搭載された5種類程度の日本語フォントでは多様な出版表現は無理だった。CPUの性能も低く多少複雑なレイアウトは難しかった。WYSIWIG（What You See Is What You Get）と呼ばれる、画面で見たレイアウトと印刷した出力を合致させることが難しい問題もあった。課題山積だったから特にベテランになるほどDTP懐疑派が多かった。

　日本ならではの事情もあった。日本語は文字組みや禁則処理が英語などと大きく異なるうえに、字種が多いのでフォント開発に時間がかかる。こうした対応から日本におけるDTPの導入と普及は欧米より5年程度遅れてしまう。しかしフォントメーカーのモリサワがオープン路線を採るなど技術的課題がクリアされていくのを待って徐々に普及する。

(2) DTP環境の整備と印刷の高速化 ―――

　DTP草創期に日本語による出版物のページレイアウトを担ったソフトは「PageMaker」。1990年代に入ると「QuarkXPress」が業界標準になった。1995年に「Windows95」が発売されると文書作成はワープロからパソコンへ

の置き換えが加速した。ペーパーレスは叫ばれたが出版発行部数は増え続けた。パソコンの普及によって爆発的に増えた情報量がかえって出版需要を生んだ。1995年には週刊『少年ジャンプ』（集英社）が今も世界記録の653万部を発行する。この時期、印刷機に取り付ける版の自動交換装置が開発された。さらにデジタルデータからフィルムを介さず版をダイレクトに制作するCTP（Computer To Plate）の開発と実装も進んで印刷の生産性と品質の向上に劇的な効果をもたらした。

　1997年には書籍と雑誌の総出版発行部数が史上最高の年間67億部に達し、出版販売額は2.7兆円と1980年の1.8倍に膨らむ。旺盛な出版需要に応えるべく印刷技術はさらなる合理化・高速化・鮮明化が目指された。こうして電算写植からDTPへ、活版印刷からオフセット印刷へ、フィルムからCTPへシフトして現代的な再現性の高いカラー印刷が可能になった。印刷の技術進歩は読者への可読性と経済性の提供となって出版文化の興隆につながる。手頃で美しい出版物が全国にあまねく行き渡り、文化や教育に貢献したのは印刷技術の絶え間ない進歩によるところが大きい。ともすると印刷生産が追い付かないような出版市場の活況と並行して、『世界大百科事典』（日立デジタル平凡社）のCD-ROM刊行などマルチメディア化が始まっていたことにも留意したい。

(3) DTPの普及とデジタル印刷の開発 ───

　1999年前後はインターネット環境の着実な整備が進み、出版社と印刷会社間のデータ受け渡しはディスクなどの記憶メディアからオンラインに移っていく。そして20年連続で拡大していた出版市場は一転して2003年まで7年連続縮小の「出版不況」に突入する。

　この転換期の1999年12月に発売されたのがベストセラーとなる『ハリー・ポッターと賢者の石』（静山社）であった。シリーズすべての組版と印刷は印刷会社の研文社が担当した。当時のDTP技術では、縦組でなおかつすべての漢字に子供向けのルビを振る誌面制作は難しかったため困難は多かった。やがて日本語の特殊性（縦組・ルビなど）への対応が充実した「InDesign 1.0J」が2001年にリリースされると支持を集めていく。DTPの全体的なレベルが上がり、出版物の誌面デザインはより豊かな表現が可能になった。「InDesign」は「Mac OS X（2001年）」への対応も大きく先行して現在に至る確固たる地位を

掴むことになる。

2003年に「Adobe CS3」がリリースされるとフォントエラー問題の大幅改善が進み始める。それまではパソコン側での入力フォントを、PostScriptを介して印刷機側の出力フォントと対応させていたが、不一致によるエラー出力が多く悩みの種だった。しかし入力側での一元制御が可能になったことを期に商業出版でのDTP移行が加速する。Microsoft・Apple・IBMなどがコンソーシアムで協議した文字の国際標準規格「Unicode」が整備されたことも後押しした。それまでは日本・韓国・中国・台湾それぞれの漢字にそれぞれの国・メーカーが独自コードを設定したためフォント規格が乱立していたのである。

(4) 印刷の合理化と電子書籍の本格普及 ────

2005年前後から製本にPUR（Poly Urethane Reactive）系ホットメルト接着剤を使う製法が普及し始める。製本強度が増し、温度変化にも強く、本の開きが良くなって読書しやすくなった。2006年に現像レスCTPプレートが開発されると、版の制作時における現像工程がなくなり薬品使用量が大幅に減った。2007年には世界初の「LED-UV印刷」技術がリリースされた。インキ成分は水分が多く、オフセット印刷はインキが紙に定着するまでの乾燥に半日以上を要する。しかしUVに反応する顔料を含むインキに紫外線を照射する重合反応を印刷に応用して瞬時の硬化を実現した。乾燥工程なく裏面の印刷に入れるようになり、出版物の生産期間は大幅に短縮された。のち2015年には錦明印刷が世界初となる輪転機でのLED-UV印刷に成功している。

出版市場の縮小に伴って次第に印刷技術開発の主眼が高速大量生産から多品種・少量・短納期生産に移ると、1990年代前半に開発の始まったデジタル印刷はまさに時代の求める次世代方式として目された。2000年代に入ると各メーカーはデジタル印刷機の開発を競ったが、技術的に成熟したオフセット印刷方式に比べれば、品質等の課題が目についた。技術開発の間にオフセット印刷もさらに進歩するので品質要求の高い商業出版におけるデジタル印刷の実用化はまだ先になる。

デジタル印刷の方式はトナー式とインクジェット式に大別される。トナー式は、感光体ドラムにコロナ放電と露光により形成した画像にトナーを付着させて紙に転写する電子写真方式である。相対的に高品質だが印刷速度は遅く高コ

ストになりやすい。一方、インクジェット式は小さなノズルから微細な液滴を吐出して紙に直接に着弾させる。画像と紙が非接触のノンインパクト方式であり、小さな点（ドット）の集合体から画像を表現する。相対的に品質は高くないが印刷速度は早くコストも低い。

　2010年に「iPad」がリリースされると、既に発売されていた「Kindle」、日本語に対応した電子書籍規格「EPUB3.0」の整備と合わせて電子書籍時代の到来が現実となった。過去にも幾度か電子書籍ブームはあったが、本格的なビジネスが成立し始めたのである。2020年代になると電子書籍は総出版販売額の3割弱を占めるまでになったが、その8割強はコミックであり、いわゆる文字物の多くはサイマル出版と呼ばれる印刷と電子の同時刊行になって共存している。

(5) デジタル印刷の実用化と第3の出版 ───

　課題だったデジタル印刷による本格的な商業出版の量産は、講談社ふじみ野工場がデジタル印刷機「WebPress」を軸に生産ラインを構築したことによって幕を開けた（2013年）。同時に生産技術以外の課題が多いことも明らかになった。例えば文庫本は出版社ごとにサイズ（縦・幅・奥行き）がミリ単位で微妙に異なる。さらに同じ出版社内でもシリーズごとに微妙なサイズと紙質の差異があったりする。標準化なくして多品種少量のシームレスな連続生産は成り立ちにくい。従来は個性とされてきたことがデジタル印刷への移行では障壁になったりした。最適化の取り組みは規格の標準化や商慣行の見直しなど構造改革の分野にまで及び、解決の模索は今なお続いている。

　開発の先行したデジタル印刷に製本技術が追い付いたのは2015年前後である。印刷した紙を本にするには、折り → 綴じ → 糊付け → 表紙綴じ → 断裁の5工程を必要とする。つまり多品種少量出版の実現には1冊ごとに異なる本の仕様に、逐一機械を止めて設定し直すことなく5工程を連続的にこなす自動の製本ラインが望ましい。これは生産ラインの1冊ごとに異なる仕様をセンサーが自動計測して、個別に最適な加工を施すデジタル製本の開発によって解決された。こうしてデジタル印刷による出版の一貫生産体制は実用期を迎えた。2017年にデジタル印刷機「KM-1」で生産された高級美術書『運慶大全』（小学館）は、販売も好調でデジタル印刷がカラーの商業出版にまで領域を広げたことを示すエポックメイクな作品となった。

オフセット印刷は大量生産によってコスト優位性が発揮される。これは裏を返せば出版界が高返品率に喘ぐ要因の一つにもなってきた。しかしデジタル印刷で必要時に少部数ずつ作れば多少割高でも在庫ロスが少なく包括的な採算性評価なら優位性がある。こうしてデジタル印刷で本を作ることを POD（Print On Demand）出版といい、作られる本を「POD 書籍」という。デジタルデータから紙の本を作るわけで、POD 書籍は印刷書籍と電子書籍の中間的な出版形態に位置付けられよう。

　オフセット印刷とデジタル印刷を組み合わせれば、より多様な出版活動が可能になる。そしてデジタル印刷の特性は、出版が読者を多く持つ選ばれた人だけのものではなく、よりパーソナルな、よりローカルな活動になっていく可能性を示唆している。第3節を通して見たように、印刷技術と言われる領域はとても広範で多岐にわたり、しかも常に進歩している。出版文化を見えない部分で支えていることを知っておきたい。

課題と研究

課題 1-1 初期の活版技術は、主に何を印刷するために使用されていましたか。また、どのような目的でその印刷が行われましたか。

課題 1-2 書物の奥付に作者名や本屋名を明記することが義務づけられたのは、いつ、何に拠ってでしょうか。また、奥付記述はどのように変遷してきたでしょうか。

課題 1-3 明治〜昭和に、みなさんが住んでいる地域でどのような雑誌や新聞が流通していましたか。また、その雑誌や新聞は、大学図書館や近くの公共図書館に所蔵されていますか。

研究 1-1 印刷技術の普及によって、社会にどのような変革が起きましたか。

研究 1-2 明治〜昭和の印刷技術の発展は、書籍文化にどのような影響を与えましたか。

研究 1-3 デジタル化は出版文化にどのような影響を与えてきましたか。これから印刷書籍・POD 書籍・電子書籍の棲み分けはどうなると考えますか。

文献

[1] 荒井政治『広告の社会経済史 ── イギリスの経験』東洋経済新報社、1994 年

[2] 磯部敦「明治期甲州新聞解話会」『書物・出版と社会変容』2、「書物・出版と社会変容」研究会、2007 年

[3] 磯部敦『出版文化の明治前期 ── 東京稗史出版社とその周辺』ぺりかん社、2012 年

[4] 市古夏生『近世初期文学と出版文化』若草書房、1998 年

[5] 稲岡勝『明治出版史上の金港堂 ── 社史のない出版社「史」の試み』皓星社、2019 年

[6] 植田康夫『知の創生と編集者の冒険 ── 植田康夫の最終講義「出版の過去・現在・未来」』出版メディアパル、2018 年

[7] 落合教幸・阪本博志・藤井淑禎・渡辺憲司編『江戸川乱歩大事典』勉誠出版、2021 年

[8] 樺山紘一『図説 本の歴史』河出書房新社（ふくろうの本）、2011 年

［9］　小林章夫『コーヒーハウス──18 世紀ロンドン、都市の生活史』講談社（講談社学術文庫）、2000 年

［10］　齋藤嘉博『メディアの技術史──洞窟画からインターネットへ』東京電機大学出版局、1999 年

［11］　佐藤卓己『現代メディア史　新版』岩波書店、2018 年

［12］　芝田正夫『新聞の社会史──イギリス初期新聞史研究』晃洋書房、2000 年

［13］　シャルチエ，ロジェ『フランス革命の文化的起源』松浦義弘訳、岩波書店、1999 年

［14］　シャルティエ，ロジェ・カヴァッロ，グリエルモ編『読むことの歴史──ヨーロッパ読書史』田村毅・片山英男・月村辰雄・大野英二郎・浦一章・平野隆文・横山安由美訳、大修館書店、2000 年

［15］　鈴木俊幸「和泉屋山中市兵衛の流通機構」『江戸文学』21 号、ぺりかん社、1999 年

［16］　鈴木俊幸『書籍流通史料論 序説』勉誠出版、2012 年

［17］　高桑末秀『広告の世界史』日経広告研究所、1994 年

［18］　ダーントン，ロバート『革命前夜の地下出版』関根素子・二宮宏之訳、岩波書店、2000 年

［19］　中西秀彦『学術印刷の技術変遷論考』印刷学会出版部、2011 年

［20］　中西秀彦「00 年代の出版印刷技術研究」日本出版学会編『出版研究』No.45、2014 年

［21］　日本印刷技術協会編『みんなの印刷入門』日本印刷技術協会、2020 年

［22］　日本出版学会関西部会編『出版史研究へのアプローチ──書物・雑誌・新聞をめぐる 5 章』出版メディアパル、2019 年

［23］　深田一弘「新聞におけるカラー印刷の進展と現状」『紙パ技協誌』第 53 巻第 7 号、紙パルプ技術協会、1999 年

［24］　藤井建人「デジタル印刷が起こす出版の革新と拡張──ライト出版誕生から本のまちづくりまで」『専門図書館』第 305 号、専門図書館協議会

［25］　藤本幸夫編『書物・印刷・本屋──日中韓をめぐる本の文化史』勉誠出版、2021 年

［26］　牧義之『伏字の文化史──検閲・文学・出版』森話社、2014 年

［27］　マクルーハン，マーシャル『グーテンベルクの銀河系──活字人間の形成』森常治訳、みすず書房、1986 年

［28］　マクルーハン，マーシャル『メディア論──人間の拡張の諸相』栗原裕、河本仲聖訳、みすず書房、1987 年

［29］　マン，ジョン『グーテンベルクの時代──印刷術が変えた世界』田村勝省訳、原書房、2006 年

［30］　箕輪成男『歴史としての出版』弓立社、1983 年

［31］　三木佐助『玉淵叢話』（私家版）1902 年、『明治出版史話　書誌書目シリーズ 4』ゆまに書房、1978 年

［32］　文嬋珠『編集者の誕生と変遷──プロフェッションとしての編集者論』出版メディアパル、2016 年

［33］　山本秀樹『江戸時代三都出版法大概──文学史・出版史のために』岡山大学文学部研究叢書 29、岡山大学文学部、2010 年

［34］　吉田則昭「出版メディアの歴史」川井良介編『出版メディア入門　第 2 版』日本評論社、2012 年

［35］　若尾政希「日本近世における自己語りの諸相──「我」と天道の間で」長谷川貴彦編『エゴ・ドキュメントの歴史学』岩波書店、2020 年

［36］　『徳川禁令考』前集 5、創文社、1990 年

［37］　『日本古典籍書誌学辞典』岩波書店、1999 年

［38］　国立国会図書館リサーチ・ナビ https://rnavi.ndl.go.jp/rnavi/（2021.8.20 確認）の出版研究資料の紹介　リサーチ・ナビ＞調べ方案内＞全般＞出版・ジャーナリズム・図書館情報学＞出版

［39］　『法規分類大全』21・文書門 1、内閣記録局、1891 年

第**2**章

制度

2.1　出版の自由と法 ［田上雄大］

2.1.1　表現の自由の概要

（1）出版の自由 ────

　表現の自由は、我が国では日本国憲法によって保障されており、次のように規定されている。

> 第21条　集会、結社及び言論、出版その他一切の表現の自由は、これを保障する。
> 　　２　検閲は、これをしてはならない。通信の秘密は、これを侵してはならない。

　表現の自由で保障されている行為とは、すなわち心のなかで形成されたものを、他者が認識できるように外部に表出させたものである。表現は自らを含めた誰かしらに認識されることでようやく表現として成り立つのである。

　このうち出版は、表現の自由として憲法に保障されるものの一態様として列挙されているにすぎない。ここにおける出版とは、さまざまな方法によって文書や図画を作成して発表することを意味している。

（2）表現規制 ────

　表現の自由は憲法によって保障されているものである。しかし、だからといって表現者は無制約の完全な自由を享受できるわけではない。このことは日本国憲法のみならず、諸外国の憲法や明治憲法においても相違はない。

表現行為に対して何らかの規制をする場合には、おおよそ次のふたつの態様がある。ひとつは表現内容規制、もうひとつは表現内容中立規制である。

　表現内容規制は、表現の内容に基づいた規制のことである。これには猥褻規制などがその例にあげられる。

　表現内容中立規制は、表現の内容いかんにかかわらず、表現行為がいつ、どこで、どのように行われるかをもとになされる規制のことである。この種の規制は、選挙におけるルールや都市の景観の維持、他者の権利・自由を守るためなどに用いられている。

(3) 明確性の理論 ─────

　表現行為とは、人間が生きていくにあたって、必要不可欠のものである。それゆえに法律によって表現の自由が制約される場合には、その制約対象が明確である必要がある。なぜなら、もし制約対象が明確でなかった場合、何が制約対象であるのかを行為者がわからないため、問題とならないために表現することに対して不必要に萎縮する可能性があるからである。

　このことは罰則規定を含むのであれば、憲法31条にある罪刑法定主義の観点からもなおさら求められる。この点で問題のあった例としては、人権侵害救済法案をあげることができる。この法案の2条では、「人権侵害」の定義を「不当な差別、虐待その他の人権を侵害する行為」としており、人権侵害の定義を人権侵害とするトートロジーに陥ってしまっているのである。

(4) 検閲の禁止 ─────

　検閲の禁止は、憲法21条2項前段において規定されている。ここでいうところの検閲とは、ⅰ）行政権が主体となって、ⅱ）思想内容等の表現物を対象とし、ⅲ）その全部又は一部の発表の禁止を目的として、ⅳ）対象とされる一定の表現物につき網羅的一般的に、ⅴ）発表前にその内容を審査した上、ⅵ）不適当と認めるものの発表を禁止することを、その特質として備えるものを指している。

　なおこの検閲には、裁判所による事前抑制や税関検査による輸入禁止・部分削除などは含まれない。また教科書検定制度は、教科書として不適格になったとしても一般図書として発行することができることから、同様に検閲に該当しない。

2.1.2　名誉毀損

(1)　名誉毀損的表現 ―――――

　名誉を毀損するような表現は、制約の対象となることがある。名誉毀損が問題となっているときは、毀損された個人の名誉を保護することと表現者による表現の自由を保障することが衝突した状態になっている。そのため、この衝突状態が調整される必要が生じてくるのである。

　通常、名誉毀損と認められる場合には、刑法230条の名誉毀損罪に問われる可能性がある。しかし、刑法230条の2には「公共の利害に関する場合の特例」というものがある。これに該当する場合、名誉毀損であっても処罰を免れるのである。この特例に該当するのは、ⅰ）公共の利害に関する事実に係り、かつ、ⅱ）その目的が専ら公益を図ることであり、ⅲ）事実の真否が真実であることの証明がなされた場合である。なお、事実でなくてもそのように思っていた場合であっても免れることがある。

(2)　ヘイトスピーチ ―――――

　ヘイトスピーチとは、端的にいえば特定の属性に基づいたいわれもない差別的な表現のことを指す。我が国においては「本邦外出身者に対する不当な差別的言動」が法律において規定されているヘイトスピーチに相当するものである。

　我が国におけるヘイトスピーチに対する法整備は、2016年施行のヘイトスピーチ解消法（本邦外出身者に対する不当な差別的言動の解消に向けた取組の推進に関する法律）によってなされている。ただ、もともとヘイトスピーチという語の定義がはっきりしていないことから、表現の自由の保障との関係で理念法というかたちに納まっている。

2.1.3　プライバシー

(1)　プライバシー権 ―――――

　プライバシー権は、より正確にいえばプライバシーへの権利（right to privacy）である。このプライバシー権は、私生活をみだりにさらされない権利や自らの情報を自らがコントロールできる権利などとしてとらえられている。プライバシーにかかわる行為には報道だけでなく、小説などの創作物での

取扱いなども含まれる。

　また、かつては雑誌などに普通に掲載されていた住所といったような個人情報の取扱いも、気を付けなければならないものである。このようなプライバシーを積極的に保護するために個人情報保護法（個人情報の保護に関する法律）が2005年から施行されている。

(2) 少年法 ───

　プライバシーと報道との関係が問題となるもののひとつとして、少年犯罪の実名報道がある。少年犯罪の実名報道については、少年法61条において「氏名、年齢、職業、住居、容ぼう」といった本人推知情報の出版物への掲載禁止が規定されているのである。ただ社会的に正当な関心事であれば、実名報道が許容されることもありうると裁判所によって判示されている。

　なお2022年に施行される改正により、18及び19歳が「特定少年」とされることとなった。この改正の結果、従前より少年法61条による報道の制約が緩和されるかたちになっている。

2.1.4　性表現

(1) 猥褻表現 ───

　猥褻表現に対する制約は、明治時代に制定された旧刑法259条においてすでにみられる。現在では刑法175条が同様の役割を担っている。

　しかし刑法自体には、実は猥褻とは何かという明確な基準が存在していない。あくまで「猥褻」に対する制約の規定のみである。そのため、文書や画像などを猥褻文書や猥褻画像と判断するにあたっては、主として判決による先例をもとになされるのである。またここでいうところの「猥褻」は、法的意味での「猥褻」である。そのため、法的価値判断ということから、ここでいうところの「猥褻」か否かの判断は裁判所の専権事項とされている。

　なおはじめて漫画の猥褻性が争われた松文館事件の判決では、漫画本であっても猥褻に該当しうると判示されている。ただ漫画と実写の違いとして、描き方次第で性的刺激が緩和される可能性についても触れられている。

(2) 青少年保護条例 ───

　青少年保護条例は、自治体レベルで出されているものであり、その名称はさ

まざまである。都条例での「非実在青少年」問題も比較的記憶に新しい。この種の条例では、青少年が見るのにふさわしくないものに対して「有害図書」や「不健全図書」などといったかたちで認定を行っている。これに認定された図書は、青少年（18歳未満）が入手しないように対処されなければならなくなる。なお青少年に有害なものとしては、性的な表現を含むものだけでなく、暴力的な表現や残虐な表現を含むものも対象とされている。

　こういった青少年保護が正当化される根拠には、青少年が精神的に未熟であり、情報の選別能力が不完全であるため、影響を受けやすいということがあげられる。この考えにはパターナリズムがその根底にある。父権主義や温情主義とも訳されるパターナリズムは、つまるところ相手のためであるとして善を強制するものである。そのため、行き過ぎた場合には「誤る自由」すら認められなくなるという指摘がなされる。

(3) 児童ポルノ ————

　児童ポルノとは、児童ポルノ法2条3項に掲げられた児童（18歳未満）の性的姿態を含む表現物のことである。児童ポルノの場合、製造や頒布だけでなく単純所持も禁止されている。

　国によっては実在しない創作物上の児童の描写についても児童ポルノに含まれることがあるが、我が国においてはこれらは児童ポルノに含まれない。そこには被害児童が存在しないことが理由のひとつにあげられる。ただ創作物であったとしても、児童ポルノをもとにこれを描写したようなものであれば、これは児童ポルノとみなされうるのである。

2.1.5　営利的言論

　営利的言論は商業的言論ともよばれ、経済活動に付随する表現のことを指している。これについて典型的なものとしては広告があげられる。広告は消費者にさまざまな情報を提供する重要な媒体である。そのため、消費者の消費行動と少なからず結びついており、経済活動のなかで欠かせない存在である。しかし営利的言論はあくまで経済活動のためのものであるため、非営利のものに比べると表現の自由の保障の程度は低いものとされている。

2.1.6 知る権利

(1) 知る権利 ───────

　知る権利として知られているものは、その実、「知る自由」である。もしこれが実態も「知る権利」であったならば問題が生じうる。なぜなら、他者の自由を制約してまで知る権利が優先されることになってしまうからである。極端な例では、知られたくないことであっても、誰かに要求されたらそれを教えなければならなくなってしまうのである。当然、前述のように知る権利の実体は「知る自由」であるため、そのようなことは許されえない。

　この知る権利は、憲法で保障されているさまざまな権利・自由を行使するにあたって不可欠のものである。それゆえに、これらを行使する前提として一般的に近づくことのできる情報源に接近する自由が知る権利として保障されているのである。逆にいえば誰もが知ることのできない情報を要求する権利ではないため、国家に対する作為請求権というかたちでの保障は、知る権利には含まれていないのである。

(2) 取材の自由 ───────

　知る権利と大きくかかわっているのが報道機関による取材の自由である。民主制における報道機関というのは一般的に重要な役割を担っている。そのため裁判所も、取材の自由は憲法の精神から尊重に値するものとしている。しかしだからといって、他者に情報提供を強要する権利を有しているわけではない。また、いくら有意義な報道のためであるからといって、他者の人権を侵害するような方法での取材は認められるものではないのである。逆に公務員に対して秘密の漏洩を唆すことであっても、その手段が法秩序のもとで社会観念上許容されるようなものであれば正当な業務行為になりうる。

　たとえば、公務員による情報漏洩の防止のために情報漏洩に対する処罰を強化した特定秘密保護法（特定秘密の保護に関する法律）では、同法22条において取材・報道の自由に対して配慮をしている規定がある。

2.1.7 再販制

　再販制とは、出版業界を支える重要な制度のひとつである。再販制は、再販売価格維持制度ともいわれる。この制度は、出版社が発行物の定価を決定し、

小売店に対して定価の拘束をするものである。通常、このような定価の拘束
は、独占禁止法（私的独占の禁止及び公正取引の確保に関する法律）によって
禁止された行為となっている。しかし、再販制度は同法 23 条において例外的
に認められているものである。これによって多様な本を広く全国に一律の値段
で販売することが実現していることから、再販制度は日本の出版物流通におい
て大きな役割を果たしているものであるといえる。

2.2　出版の自由とアカウンタビリティー・システム　［阿部圭介］

　「説明責任」「アカウンタビリティー」という言葉をニュースなどで耳にする
機会があるだろう。例えば企業の不祥事があった場合、政治や行政で不可解な
動きがあった場合に「説明責任が求められる」という形で使われる。

　メディアに関しては、「説明責任」「アカウンタビリティー」という言葉は、
表現の自由と法的規制との関係で別な色彩を帯びる。日本では、表現の自由は
憲法 21 条で保障されている。新聞や出版などの活字メディアは、事業が電波
法や放送法による法的規制を受けている放送とは異なり、原則としてどのよう
な内容、意見でも自由にパブリッシング（出版）できる。

　実際には、刑法や民法の名誉毀損、わいせつに関する条項や、著作権法、
「医薬品、医療機器等の品質、有効性及び安全性の確保等に関する法律（薬機
法）」などによって法的制約を受ける表現もある。しかし、こうした規制を除
けば、幅広い内容・表現が許容されることは、出版の特色であり、醍醐味でも
ある。

　一方で、猥褻表現への規制や名誉毀損を足がかりに法的規制を強化する動き
や、民事の名誉毀損訴訟で賠償額の高額化という流れもある。こうした規制等
を回避するためにも、送り手自身による取り組みが必要とされる。

　メディア・アカウンタビリティー・システム（MAS）は、このような法的
規制にはよらない、メディア自身や、権力側ではない第三者による品質管理の
取り組みをいう。

　本稿では、まず MAS とはどのようなものであるか、その提唱者であるフラ

ンスのメディア研究者、ベルトランの枠組みに沿って概観する。そして、日本の出版界の MAS の実例を挙げ、成立の経緯を検証し、ベルトランの枠組みに沿ってその意義を検討したい。

2.2.1 ベルトランの MAS

ベルトランによると、MAS は国家制度によらないメディアの規律維持のための組織・制度・方法で、80 を超す手法があるとする[12]。代表的なものは、「メディア評議会制度」と「ジャーナリズム評論誌」で、ベルトランはこの 2 つを「特別な MAS」としている。ほかに「社内メモ」、や、「訂正欄」、「『編集長の手紙』（投書欄）」「社内批評家」、「倫理委員会」、「倫理問題コーチ」、「メディア専門記者」、「消費者レポーター」、「オンブズマン」などが挙げられている。

ベルトランは日本の製造業で行われている品質管理を念頭に置き、MAS は品質管理であるとしている。何か問題が起きた時に対処するだけでなく、日ごろから問題の兆候を察知し、改善を図っていく MAS の特徴を表している。

これらを見て分かる通り、法的規制などではない、メディアの品質を管理し規律を維持するありとあらゆる手段が MAS と言えるのである。

ベルトランは、これらの MAS をさまざまな観点から分析・分類し、その価値や役割を検討した。この中から、重要なものを挙げておく[2]。

一つは「参加者」、つまりその MAS にかかわるのは誰かという点である。送り手側か受け手側か、また送り手側でもどのような形で関わっているかによって、「メディアのオーナー」、「編集長およびニュース管理者」、「記者」、「メディア利用者」が挙げられている。

もう一つは「基本的手段」である。「教育」、「評価（批評）」、「モニター」、「フィードバック」が挙げられている。

この観点から、特別な MAS として挙げられている「メディア評議会制度」を見ると、参加者としてメディアのオーナー、ジャーナリスト（編集者・記者）、メディア利用者が全て含まれると想定される。ベルトランはメディア評議会制度の活動や役割を、（1）苦情の受け付け、裁定、（2）政府・行政寄りの規制立法などへの意見表明、（3）所有の集中化、商業的利害の影響の検証、

（4）教育と研究、と整理しており、「教育」、「評価（批評）」、「モニター」、「フィードバック」が含まれている。こうしたことが、メディア評議会制度を最も有効な可能性を持つ MAS と評価できる理由だと考えられる。

　ベルトランはなぜ MAS という考え方を提唱し、その重要性を主張したのだろうか。その理由としてベルトランは、MAS は民主的であり、メディアのオーナーやジャーナリストにとって危険をもたらさないとしている。改正に手間と時間がかかる法に比べ MAS は修正が容易であり、多様な手段がそれぞれを補完し合う「多様性・柔軟性・協調性」があること、他の方法が機能しない場合に効用があること、訴訟に比べ負担が軽いこと、MAS の導入によって信頼性が高まれば収益につながるとともに社会的名声が得られること、といった利点があるいう。

　実際に、名誉毀損訴訟での高額な損害賠償が現場の萎縮を招いていることは、『週刊文春』の元編集長・鈴木洋嗣の回顧でもうかがわれる（柳澤健『2016年の週刊文春』）。

　「（前略）弁護士も張り切って週刊誌を次々に名誉棄損やプライバシー侵害で訴えるようになり、実際に高額賠償の判決が数多く出された。どれほど一生懸命に取材して書いても、敗訴すれば多大なコストがかかる。だから『週刊ポスト』や『週刊現代』は、裁判沙汰になりそうな記事をだんだん避けるようになった」

　法的規制や訴訟による解決は費用がかかりしかも出版される内容にも影響を与えてしまう。こうした事態を防ぐためにも、MAS が重要なのである。

2.2.2　日本の出版界の MAS

　日本の出版界においては、どのような MAS が設けられているのか、法的規制などへの対応という成立過程とともに見ていきたい。

（1）出版倫理協議会、出版ゾーニング委員会 ————

　出版倫理協議会は、1963 年に設置された自主規制機関である。日本雑誌協会、日本書籍出版協会、日本出版取次協会、日本書店商業組合連合会（当時は日本出版物小売業組合全国連合会）の出版 4 団体で構成する。主な活動として、青少年保護条例等で「不健全図書」（東京都）または有害図書と呼ばれる

雑誌類などに対する「帯紙措置」が挙げられる。

帯紙措置とは、東京都の青少年健全育成審議会で不健全図書に連続 3 回または年通算 5 回指定された雑誌類について、出版倫理協議会が出版社に、次号から 18 歳未満には販売できない旨を印刷した帯紙を、その雑誌の全部数に付けるよう通知することをいう。

出版倫理協議会は、1991 年からは「成年コミック」の表示、1995 年からは「成年向け雑誌」の表示、2004 年からは購入前に中が読めないシール止めといった自主規制を行っている。

出版ゾーニング委員会は、出版倫理協議会が 2001 年に設置した。委員は、出版倫理協議会を構成する 4 団体から 1 人ずつ、成人向けの出版物を出版社で構成する出版倫理懇話会から 1 人、学識経験者から 3 人、出版倫理協議会議長、となっている。ゾーニングマークの表示が必要とされる雑誌類に表示を要請し、区分陳列を推進することが主な任務である。

出版倫理協議会と出版ゾーニング委員会が、不健全図書、有害図書に関する自主規制を主な取り組みとしている背景には、出版を巡る法的規制をめぐる動きが、猥褻表現などの問題に端を発していることがある。

1950 年には岡山県で有害図書を規制する条例が制定された。1955 年には「悪書追放運動」が起こり、規制立法や条例制定に向けた動きが活発化した[11]。1964 年には、東京都の条例が制定された。現在では、長野県を除く各都道府県で、不健全図書、有害図書を規制する条例が制定されている。

国レベルの法規制の動きを 2000 年代以降で見てみると[13]、自民党は 2002 年、性表現や暴力表現など「有害情報」を規制する「青少年有害社会環境対策基本法案」を取りまとめた。同法案は国会提出されなかったが、同時期に国会提出された個人情報保護法案、人権擁護法案と合わせて「メディア規制三法」と呼ばれた。自民党は 2004 年に「青少年健全育成基本法案」を国会提出（廃案）、2007 年にも同様の法案作成の動きを示した。

(2) 雑誌人権ボックス ———

雑誌人権ボックスは、2002 年に日本雑誌協会が設置した。雑誌協会加盟各社の雑誌記事に人権上の問題があった場合、雑誌協会が窓口となり異議や苦情を受け付ける。申立人は、本人か直接の利害関係者に限られている。意義・苦

情を受け付けると、雑誌協会から同協会加盟出版社に報告し、2週間以内に当該の編集部か責任者から連絡することになっている。受け手側から送り手側へのフィードバックの MAS だと捉えることができる。

　雑誌人権ボックスの設置は、前述のメディア規制三法の動きとともに、名誉毀損訴訟の動向に呼応している。1984 年に週刊文春が報じた「ロス疑惑」で犯人視された三浦和義氏は、報道に対して多数の名誉毀損の民事訴訟を起こした。読売新聞社編『「人権」報道——書かれる立場　書く立場——』では「『ロス疑惑』報道めぐる一連の民事訴訟」という節が設けられ、三浦氏が起こした訴訟は 500 件以上に上ると指摘した。独立した節が設けられていることでも、この件に関するメディア側の受け止め方の大きさが理解できるだろう。

　2000 年代に入ると、名誉毀損訴訟で賠償額の高額化が進んだ。2001 年には東京地裁が、小学館に対し清原和博氏へ 1000 万円の賠償金を支払うよう命じる判決を出した。2009 年には東京地裁が、講談社に対し日本相撲協会と力士ら 30 人に計 4290 万円を支払うよう命じる判決を出した。

(3) その他の MAS

　このほかの出版分野の MAS と呼べる組織や取り組みを見てみたい。

　日本出版学会は 1969 年に設立された。初代会長は講談社から出ており、現在でも多くの出版社が賛助会員として加入している。元会長の清水英夫によると学会の成立が、現場の編集者による研究や教育と関わっているという（清水英夫『出版学と出版の自由』）。参加者として送り手と受け手の両方が含まれ、「教育」、「評価（批評）」、「モニター」、「フィードバック」という基本的手段を含んでいる MAS と捉えることができるだろう。

　日本エディタースクールは、1964 年に創立された編集者や校正者の教育機関である。出版実務に役立つ出版物を刊行する出版部もある。「教育」という基本的手段を含んだ MAS といえる。

　次に、出版社内部の取り組み例を見てみよう。

　講談社が 2007 年 5 月に発行した『僕はパパを殺すことに決めた』（草薙厚子著）は、少年事件の供述調書をそのまま引用する記述が多数を占め、事件を担当した鑑定医が秘密漏示罪で逮捕された。講談社は逮捕を重く受け止め、第三者のみで構成される調査委員会を設け、委員会は 2008 年 4 月に報告書をまと

めた。報告書は「編集オンブズマン制度」の導入を提言したが、講談社は実際には社内人物で構成される「出版倫理委員会」を設置した[2]。

一方で、前述の鈴木洋嗣によると週刊文春では、「どういう書き方をすれば訴訟になっても負けないか。危なそうな記事は顧問弁護士にリーガルチェックをお願いした」という。リーガルチェックは企業コンプライアンス上問題となりそうな記事を抑制する効果を持つのではないかと考えられていたが[7]、方法によっては出版活動の萎縮を防ぐ可能性も示している。

出版を対象としたメディアも、出版の MAS と捉えることができる。専門紙として『文化通信』『新文化』がある。雑誌『出版ニュース』もあったが、2019 年に事業を停止した。また、出版活動全体の批評ではなく書籍の内容について評論を主体とする書評紙『図書新聞』『読書人』もあり、雑誌や新聞の書評欄も健在である。

最後に、出版に限った MAS ではないが、マスコミ倫理懇談会を挙げておく。マスコミ倫理懇談会は、1958 年に設けられ、出版界だけでなく、新聞・放送・映画などの関係者が倫理全般問題について定期的に意見交換などをする場となっている。

出版の売上高、雑誌広告費等が減少傾向をたどっている。そうなると、独立した第三者による評論誌の存立や、第三者を交えた MAS を作り、存続していくことが難しくなっていくと考えられる。その中でも、あらゆる表現・内容を許容するという出版の特色を維持するための MAS の在り方を検討していくことは、課題となっていくであろう。

2.3 著作権 [宮下義樹]

2.3.1 著作権法と出版

著作権法と出版は関係が深い。グーテンベルク（Johannes Gutenberg）による活版印刷の発明により出版市場の規模は格段に広がったが、この拡大した市場は法が未整備であった。世界初の近代著作権法は 1710 年、英国のアン女

王法といわれているが、これは書籍の無断出版による被害を受けた書籍商達の要請を受けて制定され、著者に書籍の複写を独占させる権利を付与するものであり、これが後の copyright となった。福沢諭吉は日本にこの概念を輸入し導入を強く求めたが、これも福沢の啓蒙思想だけではなく自身が福沢屋諭吉として自著の出版事業を行っていたこととも関係があるといわれている。法的にも日本著作権法の源泉は明治2年の出版条例であり、著作権概念は出版の保護から誕生してきたといえる。

　その後の改正を経て現在の著作権法は「文化の発展」を目的として、出版のみでない著作物全般を保護するように制定されている。

2.3.2　著作物

　現代の著作権法が保護するものは「著作物」である。著作物とは「思想又は感情を創作的に表現したものであつて、文芸、学術、美術又は音楽の範囲に属するもの」をいう（著作権法2条1項1号）。

　思想又は感情が必要なことから、単なる事実は含まれず、また動物や人工知能が作成した作品も対象とはならない。

　創作的な表現とは模倣ではなく著作者自身が創作したことを意味する。さらにありふれた表現も創作的とはいえず保護対象ではないが、他にない独創的な表現のレベルまでは要求せず、著作者の個性が現れていれば足りるとされる。

　著作権法が保護するのは表現であり、アイデアは保護しない。テレビドラマと漫画の類似性が問題となった「先生、僕ですよ事件」（東京地判平成10年8月29日裁判所サイト）は、実験動物を残虐に扱っていた人物に対してネズミが人間のような姿になって手術をするという話は「それ自体としては、アイデアに過ぎない」として著作権侵害とならないと判断している。

　特殊な著作物として編集著作物（12条）とデータベースの著作物（12条の2）がある。編集著作物は素材の選択又は配列、データベースの著作物なら情報の選択又は体系的な構成に創作性がある場合の著作物で、新聞の紙面構成や記事選択に創作性を認めた「ウォールストリートジャーナル事件控訴審」（東京高判平成6年10月27日判時1524号118頁）や、悪魔や魔法使い等の幻想世界の用語を多国語で記載したネーミング辞典の見出し語や項目分けに創作性

を認めた「幻想ネーミング辞典事件」（東京地判平成 27 年 3 月 26 日裁判所サイト）がある。

2.3.3 著作者

　著作物を創作した者が著作者となり、著作者の権利を与えられるのが原則である。そのため、創作に関与しても創作をしていない者は著作者とはならない。インタビューの回答そのままではなく、回答を取りまとめて記事にした場合、回答は素材に過ぎないとし回答者ではなく記事執筆者を著作者とした「スマップインタビュー事件」（東京地判平成 10 年 10 月 29 日判時 1658 号 166 頁）がある。

　著作者の例外として職務著作がある。職務著作とは法人等の団体がその従業員等にある著作物の創作を①法人等が発意して②職務上の命令をし、③法人等の名義で公表をした場合に、実際に創作した者ではなく法人等が著作者になるものである（15 条）。新聞記者達が執筆し新聞社から出版された書籍（後に絶版）を新聞記者の許諾で復刻出版したときに職務著作が成り立つとして新聞社による差し止め請求を認めた「復刊書籍事件控訴審」（知財高判平成 27 年 5 月 28 日裁判所サイト）がある。

　2 人以上の者が共同して創作して、それぞれの寄与分を分離できない著作物は共同著作物といい各人が著作者の権利を得ることになる（2 条 1 項 12 号）。基本の翻訳をした者と訳文のぎこちなさや堅苦しい表現の校訂をした両者が共同著作者となった「英訳平家物語事件控訴審」（大阪高判昭和 55 年 6 月 2 日無体集 12 巻 1 号 26 頁）がある。

2.3.4 著作者の権利

(1) 総論

　著作者の権利は著作者人格権と著作権に分けることができ、さらにそれぞれの権利も細分化される。このことから権利全体を権利の束として捉え、各権利ひとつひとつのことを支分権という（表 2.1 参照）。

表 2.1

著作者の権利			
著作者人格権	著作権		
公表権	複製権	口述権	貸与権
氏名表示権	上演、演奏権	展示権	翻訳、翻案権等
同一性保持権	上映権	頒布権	二次的著作物の利用に
	公衆送信権等	譲渡権	関する原著作者の権利

(2) 著作者人格権 ————

　著作者人格権とは著作物が持つ人格的価値に視点を持った考え方で、著作者が著作物に対して持つ思い入れやこだわり、名誉といったものを保護するものである。そのため著作者人格権は一身専属であり、著作者しか権利を持ちえずに、譲渡ができないものとなっている。

　著作者人格権の内容は著作物の公表の時期や方法を権利者が決めることができる公表権（18条）、著作物の公表時に実名やペンネームの表示を求める、あるいは表示を拒否することができる氏名表示権（19条）、著作物及びその題号に対し、著作者の意に反した改変を拒むことができる同一性保持権（20条）がある。ただし、同一性保持権は教育目的ややむを得ない場合等には改変が認められるため、教科書の教材で学習年度に応じた形で漢字をひらがなにしたり、旧仮名遣いを現代仮名遣いに直したりすること、また、書籍のモノクロページに元がカラーの絵画をモノクロ化して掲載することは権利侵害とはならないだろう。その他、名誉または声望を害する形で著作物を利用する行為も著作者人格権侵害とみなされる（113条）。漫画家が、漫画の購入者に指定された似顔絵を色紙に描いて提供するサービスをしたところ、昭和天皇の似顔絵を指定され、政治的主張と共に色紙を利用された結果、あたかも漫画家が政治的主張を支持しているような形になったことにつき名誉棄損と共に著作者人格権侵害が認められた「漫画家似顔絵事件」（知財高判平成25年12月11日裁判所サイト）がある。

(3) 著作権 ————

　著作権は著作物の持つ財産的価値に権利を付与したものである。財産権としての性質を持つため譲渡が可能で相続の対象ともなる。

出版に大きく関わる権利として複製権（21 条）がある。これは著作物の有形的再製を対象としているが、再製部は著作物の本質的特徴が表れた創作性のある部分となる。創作性のない部分が使われても権利侵害とはならず、本質的特徴を直接感得できれば全く同一の表現でなくても実質的同一性があればよい。翻案権（27 条）の事案であるが、ノンフィクション書籍と TV 番組のナレーションの類似性が争われた「江差追分事件上告審」（最小一判平成 18 年 6 月 28 日民集 55 巻 4 号 837 頁）は、同一性のある表現が存在しても、創作性のない部分であると判断して著作権侵害を否定している。実質的同一性の裁判例として漫画の登場人物をバスの車体に描いた際、当該漫画を元にして表現したことさえわかればどのコマから複製したかは必要としないとする「サザエさんバス事件」（東京地判昭和 51 年 5 月 26 日無体集 8 巻 1 号 219 頁）がある。

　複製権で問われる本質的特徴の直接感得性に加えて創作性を追加すると、翻訳権や翻案権等の問題となる。脚本からの映画、演劇化も翻案となる。元々の著作物を原著作物、原著作物を翻案した著作物を二次的著作物というが、二次的著作物の著作権は原著作物の著作者（原著作者）も同様に得る（28 条）。原作者と作画者に分かれた漫画で、漫画が二次的著作物、原作が原著作物と判断され、原著作者である原作者の許諾を得ずに二次的著作物の著作者たる作画者のみの許諾で漫画グッズの販売を行ったことが原著作者の権利侵害となった「キャンディキャンディ事件上告審」（最小一判平成 13 年 10 月 25 日判時 1767 号 115 頁）が存在する。

　近年の電子書籍の発達と共に公衆送信権（23 条）侵害も大きな問題となっている。これは公衆によって直接受信されることを目的として著作物の送信を行うことの権利であるが、典型的にはインターネットへのアップロード行為が公衆送信行為と判断される。この場合の公衆は不特定者を意味するのではなく特定多数でも公衆となり、社内の電子掲示板に新聞や雑誌の記事を掲載していたことが公衆送信権侵害と判断された「社保庁 LAN システム事件」（東京地判平成 20 年 2 月 26 日裁判所サイト）がある。

(4) 出版権

　出版者の権利として出版権が存在する。ただしこの権利は著作者の権利のように無方式で発生するものではなく、著作権者が出版を引き受ける者に対して

出版権の設定を行うことが必要である（79条）。著作物の流通者に対し権利設定を行わずに、自動的に権利与えられるものとして、著作隣接権があるが、これは実演家や放送事業者等の権利であり、音楽や劇等を対象とし、出版は対象となっていない。

　出版権の内容は、出版権者が著作物を原作のまま複製、公衆送信する権利を専有することである（80条）。海賊版書籍が蔓延していた場合、出版権を設定していないときに著作者だけでは時間や費用等の面で対処しにくく、さらに出版者は権利許諾を受けているのみであるため何等の権利を持ちえず法的対処ができない。出版権を設定することで、出版者側が直接海賊版への対応をすることができるようになるという利点が考えられる。

　出版権は、出版権者に著作物を出版等し、出版等を継続し続ける義務を負い、その義務を果たさない場合に著作権者は出版権を消滅させることが可能である（81、84条）。

2.3.5　権利制限規定

（1）総論　————

　著作権は排他的独占権として、権利者あるいは権利者の許諾範囲外での著作物利用を拒むが、あまりに権利が強すぎると他の権利とのバランスを崩したり、文化の発展を阻害したりすることになる。その他、被害が些少で権利行使するまでもないような場合も権利制限規定として著作権が制限される。

（2）私的使用　————

　著作物を自分又は家庭内その他これに準ずる範囲で複製することは複製権の侵害とはならない（30条）。例えば、紙の書籍をスキャンし電子書籍化する、いわゆる自炊も自分で複製する分には権利侵害とはならない。しかし私的使用は著作物を使用する者が複製することが求められるため、自炊代行業のような第三者に複製を依頼することは私的使用が成立せず複製権侵害となる（「自炊代行事件控訴審」知財高判平成26年10月22日判タ1414号227頁）。現在も自炊代行業は存在しているが、拒否の意思表示を自炊業者に示している著作者の著作物を複製しないことで違法とはならないという形式で営業を行っていると考えられる。

その他、私的使用が成立しない場合として、コピーガードやアクセスガード機能を外しての複製や、違法にアップロードされた著作物であることを知りつつダウンロードするような行為を上げることができる。

(3) 図書館

　著作物を貸与する行為は貸与権が関与し、原則として著作者の許諾が必要である（26条の3）。しかし、映画の著作物を除く著作物は、営利を目的とせず借主から料金を受けない場合には著作者の許諾を必要とせずに無償で公衆に貸与をすることができる（38条）。そのために図書館は権利許諾に関わるコストを払うことなく成立する。

　図書館が複写サービスを提供していることもあるが、これも著作権法に準じている（31条）。複写が認められるのは研究調査目的の場合に図書館資料の一部、または発行後相当期間を経過した定期刊行物の場合は全部を一部提供する場合である。一部複写の分量は法で明示してはいないが概ね半分以下とされている。また論文集や百科事典のように一冊の資料に複数の著作物がまとまっている場合、各著作物の一部と判断される。全部複写が認められるのは次号が発行された雑誌のような場合で、現品販売中に複写を認めると複写で満足してしまい雑誌の売り上げに悪影響を及ぼすが、バックナンバーになれば複写を認めてもそれほど影響がないと考えられるからであろう。絶版等による入手困難資料をある図書館が別の図書館から複写物を取り寄せることや国会図書館から送信したデータを図書館内で閲覧することも認められている。

　これらの入手手段に加え、新型コロナウィルスの影響で図書館が休館になることや開館していても行くことが難しい事態が多く発生したため、2021年5月にデータを利用者がメールやFAXで直接受信できるように著作権法の改正がされた（施行日は2022年1月1日）。従前の制度と比べ、著作者に与える影響が大きいと考えられ、補償金支払いも必要となっている。

(4) 引用

　適正な引用であれば公表された著作物を無許諾で利用することができる（32条）。適正な引用とは「公正な慣行に合致するものであり、かつ、報道、批評、研究その他の引用の目的上正当な範囲内で行なわれる」ことを意味する。

　適法引用の判断手法として段落分け等で本文と引用部の違いがはっきりと分

かる「明瞭区別性」、本文が主で引用部が従となる「主従関係」をみることがある。その他、詩人についてのモデル小説について詩人の詩を無断利用等したところ提訴された「XO醬男と杏仁女事件控訴審」（東京高判 H16.12.9 判タ1175号265頁）において小説内に詩を利用する必然性がないことと詩の利用量が最低限とはいえないことから適正引用とはならないとして、引用の必要性と必要最低限の分量であることを求めている。

またどの著作物から引用したかを表記する「出所明示」義務も課せられている（48条）。

(5) 教育目的 ————

教科書用図書では補償金を支払う必要はあるものの、著作物の利用許諾が必要なく利用することができる（33条）。著作権法の目的上、著作物を広く利用して教育を行うことの方が著作者の権利を守ることよりも文化の発展のためになるからと捉えられる。教育目的での権利制限は他に、教育機関での教育目的での著作物の複製、公衆送信（35条）や試験問題での著作物利用（36条）が規定されている。

ただしこうした行為はあくまでも目的の範囲内での利用に限定され、目的外での利用は権利侵害となる（49条）。教科書用の副教材での著作物利用は教育目的での複製や試験での利用とは判断されずに著作権侵害とされた「国語副教材事件」（東京地判 H15.3.28 判時1834号95頁）がある。

(6) 障碍者支援 ————

日本も批准する「障害者のアクセス権と著作権の調和をはかるマラケシュ条約」等が存在するように、障碍者は著作物に当然にアクセスする権利を保持している。しかし、例えば文字データのみである小説の場合に視覚障碍者は著作物にアクセスすることが困難となる。そのため、文字の点字化（37条）や音声化（37条の2）での複製等を認めることで、障碍に関わらず著作物にアクセスすることが可能となっている。

2.3.6 保護期間

(1) 権利の発生と保護期間 ————

古来、出版は国による検閲等の規制があり、内容を国で確認して、登録する

代わりに法的保護を与えるというシステムも存在したが、現在は条約の要請もあり無方式主義といい、何らかの手続を取らずとも、創作と同時に権利が自動的に発生する。

　著作権の保護期間は永遠ではなく、保護期間がある（表2.2参照）。期間満了の著作物はパブリックドメインとして自由に使用することができる。日本では国立国会図書館デジタルコレクション（https://dl.ndl.go.jp/）や青空文庫（https://www.aozora.gr.jp/）が著名だが、海外でもプロジェクトグーテンベルク（https://www.gutenberg.org/）や等のパブリックドメインを収集したサイトが存在する。

表 2.2

通常	無名・変名	職務著作	映画
著作者の死後 70 年	公表後 70 年	公表後 70 年	公表後 70 年

(2) 戦時加算 ────

　日本は第二次世界大戦中に連合国側の著作権を保護していないとされ、大戦中に著作権が存続していた連合国側の著作物について適切な法的保護を与えていなかった期間分、つまり、日本の参戦からサンフランシスコ平和条約の批准日までの日数分、著作権を延長しなくてはならない。これを戦時加算という。

(3) 著作者人格権の保護期間 ────

　著作者人格権は一身専属であるため著作者の死亡と共に消滅するが、死後の人格的利益の保護として、仮に著作者が生きていたならば著作者人格権侵害となるようなことはしてはならないとしている（101条の3）。その場合、侵害行為に対する請求をすることができるのは遺族か、遺言によって定められた者となっている。死亡した小説家の私信を小説に利用したことが仮に小説家が生きていれば公表権の侵害となったとして小説家の遺族が提訴し、裁判所がそれを肯定した「剣と寒梅事件」（東京高判 H12.5.23 判時 1725 号 165 頁）がある。

2.3.7　権利侵害

(1) 総論 ────

　著作者の権利を侵害すると、民事上と刑事上の責任を負うこととなる。民事

的効果としては損害賠償（民法709条）や侵害行為の差止（112条）として出荷停止や在庫廃棄等が典型的で、場合によっては謝罪広告が認められることもある。

　刑事罰は懲役と罰金となるが（119〜124条）、警察が犯罪捜査を自動的にせず権利者が告訴しなくてはならない親告罪の規定が多い。これは著作者の意思を重視したものである。例えば、ある著作物のファンが高じて二次的著作物を創作すると外形的には翻案権侵害等に該当しうるが、著作者は処罰感情を持たずに却ってファンがいることを嬉しく思うこともあり得、そのような場合にまで刑罰を科すのは不適切であろう。

(2) 出版者の責任 ───────

　著作権侵害の責任は侵害者が負うのが原則であるが、出版物のように侵害著作物を作成する者と伝播する出版者の二者が存在するような場合、両者が責任を問われることが起こる。出版者は出版により利益を得て出版により広く侵害行為が拡大するということもあり、著作権侵害等の権利侵害作品でないことを確認する義務があると捉えられているためであり、持ち込み原稿で原稿内容をチェックしていない等、例外的な場合に出版者の責任を認めないこともあるが、原則として出版者の責任も認められる。

　また、差止請求の実効性や損害賠償が認められた場合に資力の大きさから個人よりも出版者を相手にした方が損害賠償金を確保しやすいという実務上の利点もある。

課題 2-1 出版物の表現の自由が争われた事例にはどのようなものがあります
か。

課題 2-2 実際の出版社の具体的な組織や編集過程に MAS と呼べるものがあ
りますか。また、それはどのようなものですか。

課題 2-3 著作権による保護が拡大しすぎて却って社会全体にとっての悪影響
となっているのではないかという意見があります。具体的にどのよ
うな悪影響か、考察してみよう。

研究 2-1 出版物の表現の自由が争われた事例を使って、保障と制約のどちら
が優先されるべきかについて考察してみよう。

研究 2-2 日本の出版界の MAS で足りない部分を考察してみよう。

研究 2-3 人工知能（AI）による作成物を法的に保護すべきか、という議論
があります。保護する必要はあるか、また保護するならどのような
保護が必要か、考察してみよう。

文献

[1] 青山武憲『新訂 憲法』啓正社、2000 年
[2] 阿部圭介「ベルトランの理論的枠組みから見た日本の出版界のメディア・アカウンタビリティー・
システム──講談社の『僕はパパを殺すことに決めた』事件への対応を踏まえて」『出版研究』、
2016 年。
[3] 池田実『憲法 第 2 版』嵯峨野書院、2016 年
[4] 岡村久道『著作権法 第 5 版』民事法研究会、2021 年
[5] 加戸守行『著作権法逐条講義 六訂新版』著作権情報センター、2013
[6] 齋藤康輝・高畑英一郎編『憲法 第 2 版』弘文堂、2017 年
[7] 清水英夫『表現の自由と第三者機関──透明性と説明責任のために』小学館（小学館 101 新書）、
2009 年
[8] 下條芳明・東裕編著『新・テキストブック 日本国憲法』嵯峨野書院、2015 年
[9] 初宿正典『憲法 2 基本権』成文堂、2010 年

[10] 中山信弘『著作権法 第 3 版』有斐閣、2020 年

[11] 橋本健午『有害図書と青少年問題――大人のオモチャだった " 青少年 "』明石書店、2002 年

[12] Bertrand, Claude-Jean, *LA DEONTOLOGIE DES MEDIA*, Paris: Presses Universitaires de France,1999（ベルトラン，クロード・ジャン『メディアの倫理と説明責任制度』前澤猛訳、明石書店、2005 年）

[13] 山了吉『表現の自由と出版規制――ドキュメント「時の政権と出版メディアの攻防」』出版メディアパル、2015 年

[14] 山田健太『言論の自由――拡大するメディアと縮むジャーナリズム』ミネルヴァ書房、2012 年

[15] 一般社団法人日本書籍出版協会「再販制度」https://www.jbpa.or.jp/resale/

第 **3** 章

産業

3.1 日本の出版産業の構造 [本間理絵]

3.1.1 日本の出版産業の足取り

　日本の出版業界は、「不況に強い業種」であると言われてきた。実際、戦後の高度成長期から 1990 年代半ばまでは、オイルショックや円高不況、バブル経済崩壊を乗り越えて一貫して右肩上がりの成長を遂げてきた。だが 1996 年の 2 兆 6,563 億円をピークとして、取次ルート経由の販売金額はそれ以降、長

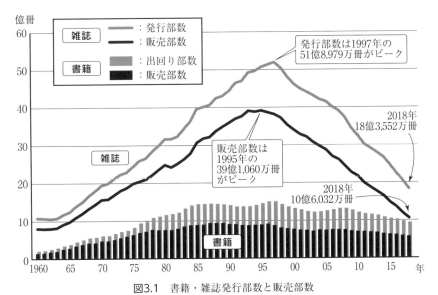

図3.1　書籍・雑誌発行部数と販売部数

出典：全国出版協会編『全国出版協会70年史 (1949 ~2019)』全国出版協会・出版科学研究所、2020 年

期低落の一途を辿っている（図3.1）。

　出版販売額は1980年以前の規模まで縮小している。2020年の紙の市場と電子出版を合計した出版販売額は、1兆6,168億円である。その内訳は取次ルート経由の出版販売額が1兆2,237億円（書籍6,661億円＋雑誌5,575億円）、電子出版が3,931億円であった。とくに雑誌の需要の落ち込みが激しく、ピーク時の1997年の約3分の1に縮小した。雑誌の落ち込みに比べれば書籍の減少幅はなだらかであり、長く「雑高書低」であった雑誌と書籍の売上比率は、2016年には、「書高雑低」に逆転した。

　出版物の総発行部数も、ピーク時の1997年の67億冊から2020年の24億冊へと最盛期の4割弱の水準まで落ち込んでいる。とくに雑誌は97年に比べて27％まで低下した。出版業の市場規模が縮小した原因としては、インターネットやスマホの浸透、若者の活字離れ、少子化、娯楽や情報収集手段の多様化・無料化などが挙げられる。

　一方、電子出版市場は2014年からの6年間で3.4倍に成長、2020年には前年比28％増となり4千億円に迫る勢いである（図3.2）。いまや電子出版は紙と電子を合計した出版物販売額の約4分の1を占めており、紙市場の落ち込みを補完する役割を担っている。とくに電子コミックの成長は目覚ましく、電子出版市場全体の87％を占めている。

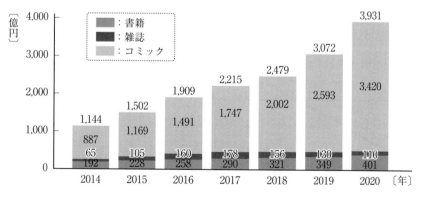

図3.2　電子出版市場規模の推移
出典：『出版指標 年報 2021年版』

3.1.2　日本の出版産業の規模と構成

　日本の出版産業は、書籍や雑誌を発行・販売する「出版業」、流通を担う「取次業」、小売を担う「書店業」の３者が中心となって構成されている。これに「著作権者」を加えて４者とする場合もある。その周辺にあるさまざまな関連業種や事業体——印刷業、製本業、用紙販売業、デザイン業、編集プロダクション、翻訳業、翻訳権代理店、広告代理店、新聞業、放送業、映画・ビデオ製作業、ゲームソフト製造業、銀行、クレジットカード業、図書館、情報処理サービス業、集配運送業、倉庫業など——を加えたものが、日本の出版業界の構成員であると考えられる（図3.3）。

　日本の出版産業は、この「著作権者－出版業－取次業－小売業」の４者に「読者」を加えた緊密な垂直統合を中心として、それらの周辺関連業種との緊密な協業体制によって形成されている。それゆえ出版産業は「情報メディア産業」や「知識産業」「知識集約型産業」という性質を帯びている。

　日本全国の出版社数は、2020年の時点で3,102社である。中小零細出版社が多いのが特徴で、年間売上高１億円未満の企業が全体の７割を占めている。年間の売上高が100億円以上の企業は1.1％（35社）しかないが、この1.1％の企業が全体の売上高の51.1％を稼ぎ出している。本社の所在地は東京に集中していること、戦前に創立した歴史のある老舗出版社が284社もあることも日本

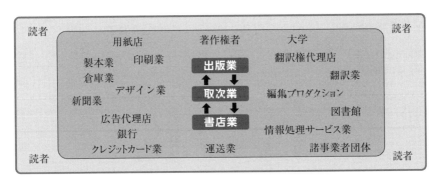

図3.3　出版産業の構成員

出典：木下修「出版産業の構造」、日本出版学会編『白書出版産業2010——データとチャートで読む出版の現在』文化通信社、2010年

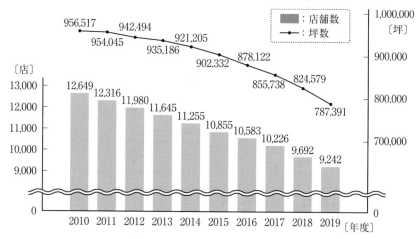

図3.4　書店店舗数・坪数10年推移

出典：『出版物販売額の実態2020』日本出版販売株式会社、2020年

の出版社の特徴といえよう。

　出版産業が抱える深刻な問題の一つは、紙の出版物の主な販売の担い手である書店の急激な減少である。かつてはどの街の駅前にも必ず書店があり、地域の文化発信の場としての機能を担っていた。だが今では市町村に書店が一店舗もない「書店ゼロ自治体」が全国の市町村数の2割強を占めている。2010年度には1万2,649店あった書店店舗数は、2019年度に9,242店に減少した（図3.4）。書店数の減少原因は複数あり、紙媒体の書籍や雑誌の売上減少、アマゾンなどのネット書店の急成長、低率の粗利益率、書店の注文に基づかない配本制度（自動配本）、書店の後継者不足などが挙げられる。

3.1.3　本や雑誌が読者に届くまで

　本や雑誌は、前項で見てきた「出版」「取次」「書店」の三つのルートを通過して読者の手に届く。この項ではその基本的な流れを見ていきたい。

　まず出版社や編集プロダクションなどの出版業者は、編集・営業の生産部門と総務・経理などの後方支援部門で構成されている。編集部門は、メーカーでいえば生産工場の役割を担っている。編集部員は著者と直接かかわって原稿を

集めたり、本や雑誌の企画立案やページ制作に携わる。こうして編集部が制作したコンテンツを印刷会社が印刷し、製本会社が製本して、出版物が完成する。出来上がった本や雑誌は、出版社の倉庫から取次（卸売り業者）に送られる。取次は契約を交わしている全国の書店に本や雑誌を届ける。そして最終的に本や雑誌が書店から読者の手元にわたるのである。

3.1.4　デジタルシフトによる編集と営業の連携強化

　近年では、紙と電子の出版物の営業を横断的に展開するために、従来の広告部・宣伝部・販売部といった縦割り組織をやめて、「マーケティング局」や「クロスメディア事業部」などに組織名を変更する出版社も少なくない。デジタルシフトに対応するためにデジタル事業部を新設し、編集局に紙とデジタル（ウェブ）の両方を統括するマネージャーを置く出版社も出始めている。デジタルにシフトするとメディア収入において広告の比率が高くなるため、従来よりも営業と編集の連携が求められる。このため講談社のように、コンテンツジャンル別の事業局制に組織再編して、広告営業部門と編集部門の連携を強化した例もある。

　また自社の本や雑誌を原作として、放送局や映画会社、ゲーム会社などと連携してテレビやラジオドラマ、映画やビデオ作品、ゲーム、キャラクターグッズなどのメディアミックス展開を仕掛けたり、国内外で著作権ビジネスを展開することも出版社の仕事の一つである

3.1.5　日本の出版産業の動向

　次に、近年の日本の出版産業の動向を「書籍」と「雑誌」に分けてみていきたい。

(1) 書籍 ───

　書籍は、ベストセラー商品の有無によって年間の販売実績の振幅が大きいという特徴を持つ。書籍販売額は長期低落傾向にあるが、近年はウェブ小説やウェブマンガ、YouTube の人気コンテンツの書籍化も活発化している。川村元気『世界から猫が消えたなら』（マガジンハウス、2012）は LINE 上で連載された小説であり、住野よる『君の膵臓をたべたい』（双葉社、2015）は投稿サイ

ト「小説家になろう」への投稿作品が書籍化されてミリオンセラーになった。

　少子化が進む中、2020年の児童書市場は前年比5.7％の930億円に伸長し、3年連続で前年を上回った。2000年代に『ハリーポッター』シリーズが爆発的に売れてファンタジーブームを巻き起こし、2015年以降も『ざんねんないきもの事典』（高橋書店）や『おしりたんてい』シリーズなどが話題を呼んだ。2020年には新型コロナウイルス感染症拡大による一斉休校や巣ごもり需要が高まり、学参書や児童書の売上が大幅に伸びた。

　一方、文庫本はかつて通勤電車の「すきま時間」の主役であったが、今はその座をスマホに奪われてしまった。2020年の文庫市場の推定販売金額は867億円で、ここ数年5～6％の減少が続いており、2010年以降の10年間で6割強も縮小している。文庫本は値段の安さから1970年代後半から80年代にかけて文庫本ブームが起き、新規の文庫参入が相次いだ。同時期に、角川文庫が映画と出版のメディアミックスを大々的に仕掛けたことが話題となった。近年は映像化作品が売れる傾向にあり、売れる文庫と売れない文庫の二極化が進んでいる。

(2) 雑誌 ———

　雑誌の発売部数のピークは1995年の39億1,060万冊である。この年『週刊少年ジャンプ』の発行部数が600万部を超えた。その2年後の1997年が雑誌の発行部数のピークで51億8,979万冊に上ったが、その後は発行部数・発売部数ともにマイナス成長を更新している。2017年には雑誌の販売額が6,548億円と書籍の7,152億円を下回り、最盛期の3分の1に縮小するなど読者の雑誌離れに歯止めがかからなかったが、2020年には『鬼滅の刃』の爆発的ヒットにより、前年比24％増に回復した。

　かつては「時代を映す鏡」ともてはやされた創刊誌は、近年減少が著しい。2006年に創刊と休刊の点数が逆転し、2020年には創刊が43点に対して休刊が98点に上っている。

　雑誌の発行部数は、月刊などの定期誌、週刊誌は1997年以降下降傾向にあり、コミックとムックはほぼ横ばいで下げ幅は緩やかである（図3.5）。速報性を重視した週刊誌がインターネットやスマホに押されて苦戦している一方で、「アエラ・ドット」「文春オンライン」「東洋経済オンライン」「NEWSポスト

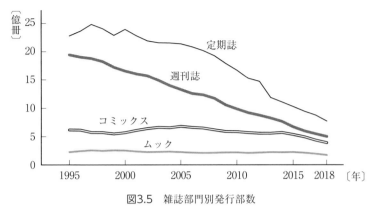

図3.5　雑誌部門別発行部数

出典：『全国出版協会70年史（1949〜2019）』全国出版協会・出版科学研究所、2020年

セブン」「現代ビジネス」などの出版社系のウェブサイトはウェブ広告収益が軒並み伸びており、紙の週刊誌の広告収益の落ち込みを補っている。定期誌は『Sweet』（宝島社）などの有名ブランドのポーチやバッグなどの付録付き女性誌や、人気アイドルが登場する号が単号売れする傾向がある。一方、電子雑誌は、NTT ドコモの定額制読み放題サービス「d マガジン」の会員数が減少した影響もあり、2018 年から 3 年連続のマイナスとなった。

　コミック分野では、2017 年に電子市場が紙の市場の売上を初めて上回った。18 年に違法海賊版サイト「漫画村」が閉鎖された影響もあり、電子コミックの読者の裾野が広がり、電子出版における電子コミックの占有率は 8 割強に上る。

　コミックス（雑誌連載や書き下ろしのマンガを一冊にまとめたもの）の売上は、2005 年にコミック誌を逆転した。これは読者が自分の好きなコミックスだけを購入する傾向が強いことを示している。コミック誌は 23 年連続のマイナスだが、コミックスは 2020 年の『鬼滅の刃』の大ヒットにより 14 年以来のプラス成長となった。

　一方、雑誌（Magazine）と書籍（Book）の両方の性質を併せ持つムック（Mook）は、70 年代に登場して以来、シリーズもののロングセラーを数多く生み出してきた。雑誌的な編集で単行本のように長期的に販売できるメリットがあり、定期刊行物の不振を補う役割を果たしてきたが、1995 年以降は点数

増加と反比例して販売金額は下降の一途を辿っている。

　近年の出版業界は「紙の雑誌が売れない」「売上が長期低落傾向にある」など、ネガティブな話題ばかりが目につきがちだが、一方でデジタルシフト戦略によって収益増を模索する動きも出ている。約 40 のプリントメディアと約 20 のデジタルメディアをハニカム構造（蜂の巣型）に隣り合わせて組織再編した講談社、「雑誌も発行するデジタル・パブリッシャー」への転身を宣言したハースト婦人画報の「360°戦略」、KADOKAWA による自社直営の電子書籍ストア「BOOK ☆ WALKER」などがその例である。デジタルへの積極的な取り組みによって活路を切り拓くという動きは、今後も増えていくであろう。

3.2　流通 ［牛口順二］

3.2.1　概要

　日本の出版流通を形成しているのは多くの出版社と多くの書店を少数の取次が仲介する垂直構造であり、「業界三者」と呼ばれ三位一体に例えられる相互互恵的な関係を作り上げてきた。全出版物のおよそ 6 割がこのルートを経由して読者に届けられている。コンビニエンスストア（CVS）ルートが一時雑誌を

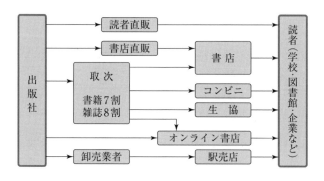

図3.6　主な出版流通経路
出典：湯浅正敏編著『メディア産業論』ミネルヴァ書房、2020年

中心に増加したが、雑誌の売り上げ低迷により減少傾向にあり、現在は9%程度のシェアを占める。オンライン書店は増加傾向が顕著で、推定値ながら2,000億円を超え、15%以上のシェアを占めている。ほかに専門ルートとして、教科書・教材ルート、新聞販売店、生協、図書館ルートなどがあるほかに、出版社の直販ルートもある。

日本の出版流通の特徴として、以下を挙げることができる。

① 書籍と雑誌、コミックが同じ流通経路、流通システムの下で販売されていること。

② 取次が流通の中心を担い、多くのシェアを占めていること。

③ 再販制度による定価販売が一般的であること。

④ 新刊書が主に委託販売において流通していること

⑤ 一般的に新刊書と古書やバーゲンブックなどが分離されていること

3.2.2　取次

出版流通の中核的役割を果たしているのが、取次である。取次とは出版業界で使われている用語で、一般的には「本の問屋」と説明されるが、通常の卸売業以上の役割を果たしており、取次会社自身も自らを「出版販売会社」「情報流通ネットワーク企業」などと定義している。一般社団法人日本取次協会（取協）の加盟社は18社（2021年2月時点）。他に神田村と呼ばれる東京出版物卸業組合の専門取次などもあるが、いずれも数は減少している。

これらは、8割程度のシェアを占める上位3社（日本出版販売、トーハン、楽天ブックスネットワーク）のような全分野を扱う総合取次、特定地域を対象とする地域取次、特定のジャンルを主に扱う専門取次に分類できる。取引先は書店以外に、インターネット通販企業、CVS、生協、その他業種の店舗（家電、玩具、楽器店など）がある。

取次の機能は、以下の4つがあげられる。

（1）商流 ─────

出版社から本を仕入れ、それを書店に配本する。新刊書の仕入部数を決め、配本については主に自動送品システムにより書店の立地条件、客層、販売実績などにより決定される。一部は出版社が個別に書店と交渉した部数や事前注文

に基づく指定配本も行われる。

(2) 物流 ———

　出版社から届けられた本を書店毎に振り分け、配送する。また、書店から返品された商品を出版社毎に仕分けして出版社に戻す。輸送は契約した輸送会社が行うが、首都圏・近畿圏及び愛知県の一部は、各取次が独自の輸送会社を使い（自社配送）、その他の地域は取次の枠を超えて、同じ輸送会社に配送を委ねる（共同配送）体制がとられてきた。発売日の決まっている雑誌や一部の書籍などは、同一地区同日販売というルールがあり、その配達日や配達時間は厳しく調整・管理されている。

(3) 金融 ———

　書店からの代金回収と出版社への支払い、返品分の相殺・精算を行う。毎月の締切日に契約内容に応じて回収し出版社に支払うが、書店側の支払いが遅延した場合も代行して支払うなど、金融業的な役割も担っている。

(4) 情報 ———

　書誌データベースを構築して在庫情報などと共に書店、出版社に提供し、書店の販売状況などの情報を集約したものを加工して提供する。書店向けには、新刊情報をまとめた冊子を作って配布し、検索・発注システムを提供する。出版社は新企画の参考にしたり、店頭でのブックフェアやイベント企画の際に活用したりする。

　書店の新規出店時の立地調査や経営相談に対応する部門もある。

　この取次を中核とする仕組みは合理的で総合的なシステムとして、かつては「世界最高のシステム」とも呼ばれていた。書籍は年間6万8,000点超、一日平均200点以上の新刊、総流通アイテム数80万点以上、総流通部数8億冊以上、雑誌は年間2,600点以上、15億冊以上という、日々生みだされる多種かつ大量の出版物を、南北に長い日本全国の書店にいきわたらせ、新刊をほぼ同時に配本する。しかも流通コストを低く抑え、相対的に廉価な出版物が提供できる基盤となっていた。また「本という商品」の性格に対応して、同一地区同日配本のルールや配本コストの取次負担によって中央と地方の間の最低限の平等性が確保されるといった公共的な側面も持っている。

　この流通システムと取引に係る制度的特徴、すなわち再販制に基づく定価販

売と、委託中心の新刊書、雑誌の販売という仕組みは、個別の問題点が指摘されることはあっても、構造全体は概ね受け入れられてきた。

3.2.3 出版流通の歴史

　この基本的構造が作られたのは20世紀初頭、明治末から大正にかけての時代とされる。書籍と雑誌の流通体制も、もともとは別々に構築されてきた。

　先に体制が整備されたのは雑誌である。近代マスメディアの誕生とともに創刊された新聞、雑誌は、出版元の多くが東京に集中し、そこから放射線状に全国へと配送され、各地方の仲卸を経由して書店、読者の元へ届けられるという仕組みが形成されやすい。鉄道網の拡充など交通インフラの整備と、鉄道や郵便料金における新聞雑誌に対する優遇処置は、流通量の拡大を後押しし、雑誌出版社とその流通を担う取次の業容拡大を促した。

　また近代教育制度の整備とともに始まった教科書の流通も、各地での翻刻出版から東京での出版が中心となり、発行会社から東京の共同販売所を経て、その地方支店もしくは特約販売所を通じて配本される体制が作られる。

　これに対し書籍の流通は近世出版流通の延長線上で、商圏毎に中小規模の流通網が形成されていた。出版と販売を兼業していた江戸時代から続く「本替え」という手持ちの物々交換のような仕組みから、やがて全国の書店を東京に呼んで大きな「市会」を開くようになり、相互の交流や情報の共有化がなされる。このなかからその場で代金決済を行わない取引の信用代行を行うようになり、これが取次の金融機能の始まりだとされる。現場の発想を元に取引体制が次第に整備されていったのが書籍の流通であった。

　1909年に実業之日本社が雑誌『婦人世界』で売れ残りの返品を受け付ける委託制を採用する。対抗して値引き競争も起きたため、雑誌取次が中心となって定価販売遵守を規約で定めた同業組合が結成され、現在の委託・定価販売の原型が出来る。さらに関東大震災後にヒットした『大正大震災大火災』が雑誌流通網を使って配本され、続く円本ブームにより雑誌取次による書籍扱いが増加する。1920年代半ばには全国の書店は9,000店に達し流通の組織化が求められていたが、震災による東京周辺の小規模取次の消滅もあり、大手主導の全国的な流通ルートが確立される。こうして、雑誌、教科書の流通によって作られ

た枠組みに書籍の流通が組み込まれていく。

　戦時色が強まる中、1940年に日本出版配給株式会社（日配）が作られる。産業合理化と思想統制のための総動員体制の下で、流通ルートの統合と「適正円滑なる配給」を実現するための取引条件の整理とコスト削減が図られる。この過程で取次のマージン改善と併せて配本送料の負担が実現し、書店負担だった送料の違いにより生じていた地域間の格差が解消される。

　敗戦後、日配は過度集中経済力排除法の指定を受け解散命令が出され、商品別、地方別等の9社に分割されるが、ほどなく雑誌と書籍を扱う2社（東販、日販）が関西（大阪屋）以外の地方取次を併合し2大取次体制と呼ばれる体制へと収束していく。一方新設の取次も多数誕生し、1949年の出版ニュースによれば294社が存在した。

　戦後の混乱期は定価販売制度の危機でもあった。戦災による蔵書の消失と供給不足で新刊発売日に行列ができるほど需要は高まっていた。インフレにより書籍・雑誌の価格は高騰し、1947年の独占禁止法により業者間協定による定価販売は禁止され、書店は急騰する物価に合わせて上乗せした価格で販売し、1951年ごろには地方定価を設定する動きなども出たが、1953年の改定独占禁止法で定価販売が認められ、乱売による混乱にはいたらなかった。

　その後、1960年代の全集ブーム、文庫ブーム、百科事典ブームや、週刊誌ブームなどが続き、出版界が活況を呈していくなかで、その大量販売を促してきた流通システムだが、1990年代後半から始まった出版不況が深刻化する中で、しだいに制度疲労を指摘されるようになる。

3.2.4　流通制度・システムの問題点

　出版流通を規定するルールに再販制度と委託制度がある。この両者は一括して「委託・再販制」と呼ばれることが多いが、本来は別々の制度である。

　再販制は、正式には再販売価格維持制度といい、出版社が決めた定価で書店などで販売させることができる。独占禁止法は再販売価格の拘束を禁じているが、出版物に関しては適用除外が認められ、出版社と取次、取次と書店、それぞれの間で再販契約を結んでいる。規制緩和と自由な競争を促す観点から見直しを迫る公正取引委員会と出版業界との間でたび重なる議論が行われ、1980

年には、法定再販の指定商品であっても、一部を再販契約の対象外にできる「部分再販」、一定期間後はその指定を外すことができる「時限再販」に改めることが出来るとされた。2001 年、公取委は再販制度を「当面残置」するという結論を発表し、現在、出版業界では、謝恩価格本セールの拡大や雑誌の年間購読割引実施など制度の弾力的運用を進めようとしている。

委託制度は、出版社・取次・書店の三者での契約に基づき定められた期間内であれば、書店は売れ残ったものについて返品が認められる出版物販売方法で、雑誌及び新刊書籍の大半がこの方法により流通している。これにより書店は安心して仕入ができ、様々な出版物を積極的に陳列でき、出版社は多くの書店店頭で現物の本で宣伝ができ、多くの読者が見込めない書物であっても書店の棚に並べられることで、国民の知識の維持・向上に寄与したとされてきた。一方で返品の増大を招いた元凶ともされ、時として安易な類似企画や適切なマーケティングを欠いた発行点数・冊数の増加が書店店頭の飽和状態を招き、陳列期間を短くさせ、結果読者の本との出会いを喪失させる危険も孕むとされる。さらに書店側の仕入れ能力の喪失と合わせ、販売に誰も責任を負わないという業界体質を作ってしまったという批判もある。

両者は一体となって独自の構造を形成してきた。通常なら売れ残った商品は価格を下げて売り切るといった対応も行われるが、返品できることから定価販売が維持される。買切りに伴うリスクを負うことがないという理由で流通（取次・書店）マージンは欧米等に比し低く設定され、それが日本の出版物の価格を相対的に低く抑えることを可能にしてきたとされた。この流通マージンについては、3 者間の係争事案となってきたが、薄利多売によって利益が確保できる環境においては微調整の範囲で収束させてきた。

一方、雑誌主体で構築された流通システムは、大量に迅速にさばくことを優先した配本の画一化をまねき、ベストセラーなど需要が集中するタイトルの配分に対する不満や品揃えの困難さなどが指摘されてきた。店頭にない本を取り寄せる注文品（客注）の調達スピードの遅さと納期の不透明性は、クレームを恐れて客注を忌避し在庫数に頼る店舗の大型化を招き、小規模書店を苦境に陥れた。よく比較されるドイツの書店は、おおむね 24 時間で客注品が届く流通体制により、狭い店舗と少ない在庫でも読者の要求に応えることが可能で、加

えて平均単価と書店マージンの高さで、より少ない販売数でも経営がなりたつとされる。

3.2.5　出版流通改革の動き

　「三位一体」といわれた業界三者の収益源が異なった方向に向かう中で、流通に求められるものも変化している。2011年秋、紙と電子が同時刊行されたスティーブ・ジョブズの伝記は、発売当日の電子版の売り上げが一時冊子体を上回った。電子版の方が早く届くのである。このように全国一律に同時かつ迅速に新刊を配本することの重要性が相対的に低下するなど、限られた流通資源を使って何を優先し維持するかが見直されようとしている。

　2018年11月、トーハンと日販は、互いの競争領域となる注文分野を除く全ての物流業務の協業化に向けた合意書を取り交わした。取次業界は、新刊書籍配送、書籍・雑誌返品の共同物流など、流通量の減少に合わせた物流業務の集約統合でコスト削減に取り組む一方、委託制度を残しつつ責任販売制の導入や書店からの受注によるマーケットイン型の商品供給への転換を進め、「撒く流通から、届ける流通へ」シフトしようとしている。さらに物流コストの上昇を出版社の定価設定に反映させてほしいという要望もなされている。

　電子書籍の先行きはまだ不透明さを残し、当分の間「紙の本」の物流が残ることは確かだろう。だが流通管理、販売促進のデジタル化は不可避である。

　情報デジタル化は、出版物のコード標準化から始まる。1970年代の書籍コード、80年代の日本図書コードを経て、90年代にはISBN（国際標準図書番号）及びJANコード（商品識別番号バーコード）がほとんどの出版物に印刷されるようになる。これにより、書店のPOSシステムでの販売動向の集約、受発注システムのEDI（電子データ交換）化、さらには出版業界をつなぐSCM（サプライチェーンマネージメント）へと進展していくことが期待されたが、1990年代の出版VAN構想は挫折し、書店POSもそのコストから導入できる書店は限定され、書店間格差を広げる結果となった。

　書誌情報データベースは、1980年代に大手取次が業務用に開発したものを土台に、データが蓄積されることで既刊書籍を含めた書籍の検索やその注文・在庫管理等のオペレーションに利用されるようになる。2020年日本出版イン

フラセンターにより運営される書誌データベース BooksPRO が、出版社、取次、書店をつなぐ業界共通の資産として公開され、新たなサプライチェーン構築のための情報整備も始まっている。

　読者が出版物の検索や注文に書誌データベースを使うようになるのは、オンライン書店が登場した 1990 年代後半からだが、注文品物流問題でも転換点となった。初期のオンライン書店は既存の書籍流通に依存しており、納品スピードに難があり、在庫情報も正確さを欠いていた。しかし、大手オンライン書店が独自に在庫管理し、取次も注文品に対応した物流センターの充実を進めるなど格段の進化を見せた。大手書店チェーンでも、この仕組みが店舗受け取りサービスとして包括され、読者から見た注文品物流問題は事実上の解決をもたらしたともいえる。

3.2.6　流通構造の多様化へ

　オンライン書店、特に最大手のアマゾンのシェア拡大は既存の流通構造にも影響を及ぼす。特に出版社との直取引の拡大である。一定のシェアを確保し影響力を増すなかで、自社の物流体制を持ち取次を必要としないことから新たな取引契約を志向する。一方、既存書店側も対抗策を打ち出す。

　大手出版社は自社独自の流通体制の整備を始めており、中堅以下の出版社が商品管理を委託する流通倉庫会社も配送に関しては取次並みの装備を充実させ、買切りもしくは返品を抑制した形の取引条件であれば、限定的であれ取次を介さぬ流通も可能になってきた。書籍への RFID タグの装着が大手出版社主導で検討されている背景には、製作時点での装着が重要であることに加え、従来の流通合理化や万引き防止といった観点ではなく、複線化する取引契約への対応を視野に入れたものとも思われる。

　オンライン書店で始まった読者を個人単位で把握するマーケティングを活用する手法も定着しつつある。新しいタイプの個人書店の登場と足並みをそろえて小規模流通専門、買い切り条件で高マージンを提供するタイプの卸売業者も登場し機能別に個別対応する動きも見える。書籍の比重が高まるなか、本来、出版物が持つ多様性とそれに併せた流通の多様性が問われている。

　パッケージから解放された電子コンテンツは物理的な流通を介さない点に特

徴があり、既存の出版物の流通とは無関係に行われうる。2012年4月に官民共同で設立された出版デジタル機構は、当初電子書籍の取次をめざし、その普及に一定の役割を果たしたが、2019年に研究活動やデータベース構築などに特化した法人に転換した。デバイスにより流通が制約される状況は変わりつつあるが、フォーマットの統一もDRM（デジタル著作権管理）の仕組みも発展途上である。個人向けと図書館向け、あるいは教育利用など、それぞれ異なったサービス体系を持った仕組みも指向され、課金方式も個別の購入以外に期間単位の利用契約など多様で、その流通体制は依然流動的である。

3.3 出版社の業務 [堀井健司]

3.3.1 「出版社」とは

(1) 概説 ————

　出版とは、「文書・図画・写真などの著作物を、印刷術その他の機械的方法によって複製し各種の出版物の形態にまとめ、多数読者に頒布する一連の行為の総称」。そして出版業は「出版を営利的かつ恒常的におこなう事業のこと」と定義できる（出版事典編集委員会編集『出版事典』出版ニュース社、1971年、202頁）。つまり、出版社とは、著者の創作物を印刷製本して読者に届ける、それに価格をつけて販売する営業行為を行なう主体を指している。

　出版社は昔は電話1本、今ではパソコン1台、そして机1つあればできると言われるほど個人的営為の強いもので、全体の7割が社員10名以下だ。それは、出版が独自の出版理念と目的、そして編集方針をもった"私性"の強い業種だからである。

　出版社は新聞社のように大資本を必要とせず、放送局のように免許事業でもない。現代のマスコミの中で誰もがもてる表現手段であるというのが、出版メディアの特性である。

(2) 出版社の形態 ————

　出版社の形態は多様であり、様々な視点からの分類が可能である。発行出版

物の区分からは、概ね以下のように大別できる。

(a) 書籍出版社 ————

　書籍を編集して発行する出版社。かたわらで雑誌も発行する社があるが、経営基軸はあくまで書籍の出版・販売にある。書籍出版社は概ね日本書籍出版協会に加盟している。

(b) 雑誌社 ————

　月刊誌、週刊誌などの定期刊行物を発行し、経営基軸を雑誌販売と広告収入におく出版社。主要雑誌社は日本雑誌協会に加盟している。

(c) 総合出版社 ————

　「総合」という言葉通り、月刊誌・週刊誌や単行本、文庫、新書、コミックス、ムックなどを多彩に発行する出版社。総合的、多角的を特徴とする。雑誌連載の作品を単行本化したり、雑誌と書籍をうまく連動させている。"グループ"を形成する出版社もある。

(d) 教科書出版社 ————

　小学校、中学校、高等学校の検定教科書を編集・発行する出版社。教科書専業と一般書籍および教科書発行をする二つのタイプがある。義務教育教科書発行者は文部科学大臣に申請し指定を受ける必要がある。

(e) その他 ————

　そのほか、自費出版社がある。これは出版物を委託制作する事業者であり、制作費などの経費は委託者が負担する。

(3) 出版社の規模 ————

　出版産業は、その中核となる出版社のほかに書店、取次などが活躍している（3.1 参照）。出版社に関する統計資料は『出版年鑑』や『出版指標 年報』、『出版月報』などがあるが、これとは少し違った資料として、5 年ごとに実施されている国の基幹統計調査「経済センサス - 活動調査」[1]（総務省・経済産業省）

————

1)　1947 年から 3 年ごとに行なわれてきた「事業所・企業統計調査」（総務省）が 2009 年から「経済センサス」に統合されている。なお、国の統計調査では、総務省が定める「日本標準産業分類」が用いられる。「出版業」は、大分類＝G 情報通信業、中分類＝41 映像・音声・文字情報制作業、小分類＝414 出版業、細分類＝4141 出版業。第 11 回改訂（2002 年 3 月）で、製造業に分類されていた出版業が新設の大分類「情報通信業」に移されたことからも、出版業の特殊性が垣間見える。

の最新の統計結果（平成28年（2016年））を見てみよう。

事業所数は4,508、存続事業所4,027、新設事業所481、廃業事業所951、従業者数は69,277人（男38,085、女30,918）、事業形態は個人177、会社4,125、会社以外の法人169、法人でない団体37である。

事業規模は、従業員数1人が636、2人662、3人481、4人361、5〜9人1,058、10〜19人600人、20〜29人216、30〜49人214、50〜99人142、100〜199人75、200〜299人18、300〜499人15、500〜999人7、1,000人以上1、出向・派遣従業者のみ22である。出版業は労働集約型ではなく知識集約型であることもあり、1〜9人が全体の70.9％、1〜19人が84.3％に比べ、200人以上は0.9％しかなく、小規模事業者が大変多いことがわかる。

（4）出版社の環境

すでに出版産業の構成員が示されている（図3.3）が、出版社には、「外部環境」と関係しながらその機能を遂行するための組織として、いくつかの標準的な業務部門が置かれている。ここで、出版社の外部環境と内部環境の関わりを図3.7に示す。外部環境は、水平分業がみられるのが特徴で、同一資本で生産から販売まで垂直統合している新聞産業とは異なる。

出版社の内部環境は、会社によって少しずつ異なっており、多様である。小

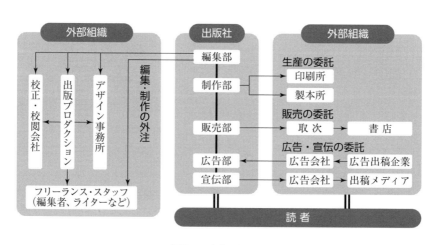

図3.7 出版のしくみ

出典：藤竹暁・竹下俊郎編著『図説 日本のメディア 新版』（NHK出版、2018年）をもとに筆者作成。

規模出版社では、まず編集と営業の機能分担が行なわれ、ついで経理や総務関係の管理部門が分離していく。規模が大きくなるにつれて、校正や制作、デザインなどの制作部門が独立し、編集や営業部門などを中心に業務内容ごとに分離独立した部門を形成していく。しかし、いわゆるデジタル化によりビジネスモデルの再構築に迫られ、出版業界も構造的に変化してきている。

3.3.2　出版メディア

出版メディアの形態について、図3.8 に示す。これが、出版社が提供する「商品」である。出版業は多品目少量生産であることが、他業種と大きく異なる生産上の特徴である。また、とくに書籍は需要予測が困難な見込み生産であり、流通制度（3.2 参照）や書籍特有の性格にも起因して、制作部数、在庫の見極めが難しい。

書籍は、19 世紀半ばにはすでに「旧いメディア」とみなされていたが、蓄積される「高い精神性の産物」として受け止められ、新聞（社会の木鐸）や放送（電波の公共性）といった他のメディアとは区別される[11]。

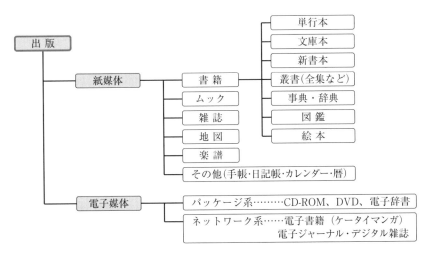

図3.8　出版メディアの形態

出典：藤竹暁編著『図説 日本のメディア』NHK出版、2012年

3.3.3　出版社の仕事

　出版社の内部環境、つまり仕事の大枠は、企画→編集→校正→制作、そして営業・販売→宣伝・広告、という流れであり、総務、経理、人事、情報システム、倉庫・流通センターなどの部門がそれを支える。近年はコンテンツ・ライツやデジタル・メディア関連の仕事が伸長していると言える。業務にパソコン（メールやオンライン会議など）の使用が浸透しており、在宅勤務を導入する会社も多くある。

　ここでは、主に書籍出版社について、各部門の仕事ぶりを概観しよう。

(1) 編集部門　―――――

　編集部門は、出版社を代表して絶えず著者と関わりあう。

　編集者は、情報収集→企画立案→企画会議→企画決定→執筆交渉・原稿督促・原稿入手→造本設計・原稿整理・割付→印刷所入稿→校正（素読みを含む）→制作→印刷→製本、そして装幀（ブックデザイン）、宣伝に至るすべてのプロセスに直接、間接に携わる。この商品製作のプロセスを複数抱えながら、著者とのコミュニケーション、次の企画立案、出版契約締結、重版、印税支払チェック、そして講演会等の企画、他メディアとのタイアップなど全般に及ぶ。

(a) 編集者の役割　―――――

　編集部は、一方で原稿の中から出版するものを選んでいると同時に、他方ではよい著者を探し、自社のために書いてくれるよう頼んで回る。編集者は、新聞や雑誌、それに担当領域の専門書に触れ、誰がどんなことについて書いているかをキャッチし、どんな考えや題材が、現在、関心を惹いているかを知ることに努めている。そしてすでに本を自社から出している著者たちと関係を保ち、彼らが次に書くものについて尋ね、励まし、批判し、助言したりする。出版社における編集者の役割は極めて大きい。

(b) 企画の提案から出版決定　―――――

　編集者は、出版企画を立て、企画は企画会議で検討される。企画会議では、「出版企画書」を検討材料として討議される。企画書には、書名や著者名、造本設計、企画内容、脱稿・刊行予定日のほかに、予想製作費、予想定価計算、収入見込、類書調査なども盛り込まれ、編集―制作―販売―広告・宣伝まで一

貫した商品管理を意識したものになっている。企画会議では、経営の観点から多角的に検討される。

(c) 出版契約 ————

こうして出版が決定された企画については、出版社と著者の間で「出版契約書」が取り交わされる。日本書籍出版協会が契約書の「ひな形」を提供しているが、各出版社で自ずと内容は違ってくる。原稿の脱稿時期から始まり、出版社と著者の役割、初版の刊行時期・発行部数、定価、印税、契約書の有効期限などが記されている。

(d) 原稿受領から印刷所入稿 ————

原稿が無事に完成、著者から編集者に原稿が届くと、編集者は原稿に注意深く目を通し、完成した作品として世に送り出されていく本の姿を心に描きながら、原稿のスタイルや内容をチェックする。疑問点についてはメモを作り、あとで著者と相談し、原稿の質を高めていき、印刷所に入稿する。

なお外部の編集プロダクションの力を借りて編集業務を進めることもある。

(e) 校正／校閲 ————

原稿と校正刷を照合して文章、文字の誤りを正し、誤植・不整合・重複・疑問箇所をなくすことを校正（proofreading）という。似た用語に校閲（revision）があるが、原稿の誤りや不備を吟味してこれを訂正することをいう。著作物の内容にわたって訂正を加える点で、校正とはやや意味が異なる（前掲『出版事典』136頁）。校正や校閲という仕事は、精確さ、厳密さが要求されるが、地味で目立たない。しかし商品の品質を保証する大事な役割を持つ。

なお、校正や校閲は、編集者が行なうほか、外部に委託することも多くある。また社内に校正部・校閲部を設けている場合もある。

(f) デザイン ————

書籍デザイン（装幀）は、書籍の外身（カバー、表紙、オビ）のデザイン、またビジュアルに訴える本文レイアウトのデザインにまで及ぶ。デザインは、読者に商品を視覚的に印象付ける大切な要素である。多品目な商品の性格ごとに、会社の考えが反映されている。

なお、デザインは、外部のデザイン事務所に委託するほか、出版社によっては、デザイン部門を社内に抱えている場合もある。

(2) 制作部門 ————

　制作部門は、編集部門から回ってきた指定書に従って、製版、用紙、印刷および製本等のサービスを管理する。多くの印刷所、製本所との間に取引関係を保ち、見積もりの依頼や購入契約の締結、さらに進行を管理し、校正刷を授受し、納品書を検査し、実際経費を見積額と比較する等の仕事をしている。

　制作部は仕事が手順よく流れるよう骨を折る。また一方でコストをできるだけ低くし、進行が遅れないよう維持しながら質を落とさぬ算段をしなければならない。制作部門は、質とスピードと費用という、三つの互いに相容れない目的に関わっているのである。

(3) 営業部門（販売部／宣伝部）————

　営業部門は、販売、広告・宣伝の業務を受け持つ。

(a) 販売 ————

　販売部の仕事は、編集部門と同様に直接、外部環境に接触している。その任務は本を読者に届けることである。販売部は、潜在読者は誰か、それがどこにいるのか、それらの読者に接近できる方法を考えている。

　販売部員は、書店や取次を定期的に訪問し、近刊についての情報を提供する。各書店やその書店の客層を把握しながら、新刊各点について、何部予約注文すべきかを書店に助言を与える。また既刊書籍については、その店の手持ち冊数を調べ、追加注文するよう勧める。また、販売部数アップのために、書店レジまわりに置く読者配布用の内容見本や、書籍のおすすめポイントを書いたPOPなどの拡材を用意したり、あるいは新刊に合わせて関連フェアを企画するなどして販売促進につなげる、など地道な活動を行なっている。

　また、自社ホームページを充実させ、商品の紹介から書店ホームページとリンク付けしてネット上で購入できるようにしている。

　そうした販売促進活動、販売活動は、書籍一点ごとにプラン（宣伝販売計画）を策定して行なわれる。その任務を効果的に果たすためには、出版社内の内部環境から絶えず情報を得なければならない。逆に、販売部が入手した外部の反応、意見、情報は各部門に中継し、企画に役立ててもらう。

(b) 宣伝 ————

　もう一つの広告・宣伝部では、自社の新刊、重点商品がよく売れるようにマ

スコミ媒体に広告を出していく（出し広）。例えば、広告文作成、書評用献本、出版総目録・新刊目録・自社の出版物への広告、講演会などのイベント企画、近年はSNS等への広告表示なども行なっている。

　広告媒体としては、活字媒体の新聞と雑誌、放送媒体のラジオとテレビ、電車内の中吊りやドア横広告、建物の屋外広告など、そして近年はインターネットがあるが、出版広告では古くから新聞媒体が主流である。全国紙では朝刊の第1面から5、6面まで、出版広告が占めることが珍しくない。出版広告には独特の定型があり、記事下の3段8割（サンヤツ、書籍連合広告）、3段6割（サンムツ、雑誌連合広告）などは、見慣れた朝刊の風景といえよう。

　なお、雑誌社では、自社発行の雑誌に他企業の広告（入り広）を担当する広告部がある。

(4) デジタル事業部門 ————

　デジタル事業部では、電子書籍や電子コミック、雑誌電子版の企画、制作、編集、配信、プロモーション、データベースなど、各種デジタルコンテンツビジネスに関連する業務全般を行なう。

(5) ライツ事業部門 ————

　ライツ事業部門では、作者から委託された権利をもとに、ダイジェスト権・縮約権、翻訳権、上映権・映画化権およびその他の諸権利、二次的利用、海外での出版など、その契約や出資の交渉といった版権業務を行なう。

(6) 管理部門（総務部／経理部）————

　管理部門（バック・オフィス）とは、編集や営業といった主に顧客と対峙する業務（フロント・オフィス）を支える、社内向けの業務を指す。

　総務部は、人事・給与・労務・保健衛生等の管理、部門間調整、社外折衝、コスト管理、リスク管理、広報、文書管理、消耗品・印刷物管理、資産・備品管理、建物管理、営繕関係、受付・電話案内などを行なう。経営者が経営判断に必要な情報提供や資料作成も行なう。

　経理部は、現金出納、印税・原稿料・諸経費の支払い、予算作成、財務計画、税務申告、決算報告、資金調達、資金運用、出納・ファイリング、手形管理などを行なう。

3.3.4　出版を担う人材

　おわりに、出版を担う人材——いわゆる出版人——について考えてみよう。

　出版社の新陳代謝、新人採用については、規模の大きな出版を中心に毎年、大学の新卒業生を中心とした採用を実施している。日本の新卒採用の慣行と同じく、ポテンシャル採用。また、中途採用は、出版社が必要に応じて随時行なう。こちらは出版の技術や知識を有する経験者を求め、また他業種での体験を活かしてもらうことによって、自社の活性化を図っている。

　さて、出版学の古典的名著であるアンウィンの『出版概論』には、書籍出版とは「芸術と技能と商売を一緒にしたもの」（原文 "at once an art, a craft, and a business"）とある [3]。それぞれの頭文字をとって、「書籍出版とは ABC」といえよう。すなわち、A（アート：芸術、あるいは企画力に通じる "知的創造力" [19]）、B（ビジネス：商売）、C（クラフト：技能）である。これを現在の出版一般に拡大適用し、D、すなわち digital（デジタル：コンテンツのデジタル化、頒布メディアの拡張、ユーザーの新たな巻き込み手段など）を加えて、「出版人に必要なものは ABCD である」ととらえることができる 2)。

　出版不況、出版慣行の見直し、デジタル化、出版を取り巻く環境の変化に対応しながら、出版社は良書を刊行していく。文化生産に関わる組織は「文化 対 商業」、そして「官僚制 対 職人性」というディレンマを抱えるが、我々は出版人が担う「知の門番（ゲートキーパー）」の役割を全うしていきたい 3)。

---

2)　このあたりの論述は、文献 [14] に依っている。

3)　出版社と編集者のゲートキーパーとしての役割を考えるものとして、例えば文献 [10] など参照。同書で扱われている出版社 4 社の比較事例研究は、出版社の活動や役割を知るうえで示唆に富む。

課題 3-1　「委託・再販制」の功罪について整理してみよう。

課題 3-2　いくつかの出版社の「会社組織図」を調べてみよう。

課題 3-3　出版社を比較して、各社の特徴を考察してみよう。

研究 3-1　「委託・再販制」が批判されている理由とその解決策を考察してみよう。

研究 3-2　電子書籍の普及が、出版コンテンツ全体の流通にどのような影響を与えていると思いますか。

研究 3-3　総合出版社から小規模・地方出版社まで、各出版社の社会的役割を考察してみよう。

文献

［1］浅井澄子『書籍市場の経済分析』日本評論社、2019 年

［2］天野勝文・松岡新兒・植田康夫編著『新 現代マスコミ論のポイント』学文社、2004 年

［3］アンウィン, スタンリー『出版概論——出版業についての真実　最新版』布川角左衛門・美作太郎訳、日本エディタースクール出版部、1980 年

［4］石岡克俊『著作物流通と独占禁止法』慶應義塾大学出版会、2001 年

［5］伊従寛『出版再販——書籍・雑誌・新聞の将来は？』講談社、1996 年

［6］川井良介「出版産業」、産業学会編『戦後日本産業史』東洋経済新報社、1995 年

［7］川井良介編『出版メディア入門　第 2 版』日本評論社、2012 年

［8］木下修『書籍再販と流通寡占』アルメディア、1997 年

［9］小出鐸男『現代出版産業論——競争と協調の構造』日本エディタースクール出版部、1992 年

［10］佐藤郁哉・芳賀学・山田真茂留『本を生みだす力——学術出版の組織アイデンティティ』新曜社、2011 年

［11］佐藤卓己『現代メディア史　新版』岩波書店、2018 年

［12］柴野京子『書棚と平台——出版流通というメディア』弘文堂、2009 年

［13］柴野京子『書物の環境論』弘文堂、2012 年

［14］清水一彦「日本における出版での人材需要状況の変化と大学の出版教育」、日本出版学会編『出版研究』No.47、2016 年

［15］清水文吉『本は流れる——出版流通機構の成立史』日本エディタースクール出版部、1991 年

[16] 荘司徳太郎・清水文吉『戦中戦後出版業界史──資料年表 日配時代史』出版ニュース社、1980 年
[17] 荘司徳太郎『私家版・日配史──出版業界の戦中・戦後を解明する年代記』出版ニュース社、1995 年
[18] 鈴木敏夫『出版──好不況下興亡の一世紀』出版ニュース社、1970 年
[19] 鈴木敏夫『基本・本づくり──編集制作の技術と出版の数学　第 3 版』印刷学会出版部、1979 年
[20] 蔡星慧『出版産業の変遷と書籍出版流通　増補版』出版メディアパル、2012 年
[21] 津嘉山朝裕『出版経営入門』日本エディタースクール出版部、1980 年
[22] 寺林修『増補　出版流通改善試論──取次の立場から責任販売制問題を考える』出版研究センター、1984 年
[23] 日本エディタースクール編『日本の書籍出版社──仕事と仕組み』日本エディタースクール出版部、1995 年
[24] 日本出版学会編『白書出版産業 2010──データとチャートで読む出版の現在』文化通信社、2010 年
[25] 橋本求『日本出版販売史』講談社、1964 年
[26] 畠山貞『出版流通ビッグバン──21 世紀の出版業界を読む』日本エディタースクール出版部、1998 年
[27] 畠山貞『出版販売試論──新しい流通の可能性を求めて』論創社、2010 年
[28] ベイリー Jr., ハーバート・S.『出版経営入門──その合理性と非合理性　新装版』箕輪成男訳編、出版メディアパル、2007 年
[29] 星野渉『出版産業の変貌を追う』青弓社、2014 年
[30] 松本昇平『業務日誌余白──わが出版販売の五十年』新文化通信社、1981 年
[31] 松本昇平『出版販売用語の始まり』ビー・エヌ・エヌ、1992 年
[32] 村上信明『出版流通とシステム──「量」に挑む出版取次』新文化通信社、1984 年
[33] 村上信明『出版流通図鑑──50 万アイテムの販売システム』新文化通信社、1988 年
[34] 湯浅俊彦『出版流通合理化構想の検証──ISBN 導入の歴史的意義』ポット出版、2005 年
[35] 湯浅俊彦『日本の出版流通における書誌情報・物流情報のデジタル化とその歴史的意義』ポット出版、2007 年
[36] 湯浅正敏編著『メディア産業論──デジタル変革期のイノベーションとどう向き合うか』ミネルヴァ書房、2000 年
[37] 『出版指標 年報　2021 年版』全国出版協会・出版科学研究所、2021 年
[38] 『出版物販売額の実態　2020』日本出版販売、2020 年
[39] 『全国出版協会 70 年史（1949 ～ 2019）』全国出版協会・出版科学研究所、2020 年
[40] 『よくわかる出版流通のしくみ　2021-22 年版』トーハン、2021 年

第 **4** 章

書籍

4.1　歴史 ［横手拓治］

＊年記について、近代は和暦を、現代は西暦を主たる表記とした。

4.1.1　近代

(1) 最も古いメディア ───

　書籍（本）は〈人間文化の蓄積、授受、継承、発展のための基本的道具〉[10]として数千年に及ぶ長い歴史を持つ。メディア産業のうち新聞・映画・放送は近代社会において急速な発達を遂げ産業化したのであり、21世紀に入るとwebメディアが登場して瞬く間に巨大化する。出版産業はそれらに比して歴史性の長大さに特徴がある。

　もっとも、出版形態を雑誌・書籍と分けるなかでは、定期刊行形態をとる雑誌の登場は印刷技術や流通制度、それに伴う社会組織の整備がなされた17世紀以降であった。これは西欧の事情であって、日本では19世紀半ばから本格的な雑誌の歩みがなされている。いずれにしても近代の出来事であるといってよく、出版の歴史性そのものを体現しているのは、単体刊行物の書籍だといわねばならない。書籍こそ起点が人類史のレベルに遡れる「最も古いメディア」に当たる。しかも書籍は、次々とあらわれた新しいメディアに駆逐されることなく、21世紀も進んだ時代のなかアクチュアルであり続けており、ロングトレイルにおけるその「健脚」ぶりは突出している。こうした書籍の出版に関する史的展開を、本節および次節において日本近現代史を対象に扱っていくのが、本稿の目的である。

(2) 明治の三書 ───────

　明治維新により近代の世を迎えてまもなく、日本では出版活動の盛況期が訪れた。それは「出版革命」ともいえる事態だったことは、屢々指摘される。活版印刷や機械刷、洋式製本が短期日で導入され、海外の新知識を求める機運の高まりから関連書の需要が急増した。封建から近代へ社会制度も変わるなか流通の仕組みは大きく発達する。これらによる出版の隆盛ぶりは明治10年までに雑誌が200種類近く発行された事実からも伝わるが、書籍刊行もまた量とジャンルの両面で充実ぶりを示した。もっともこの動きは整序をもって進行したわけではなく、混沌・雑然のなかに繰り広げられた。明治出版の雄・博文館が創業された明治20（1887）年頃に至り、ようやく出版は近代的産業として整えられてくる。よってまずそれ以前（維新期～明治20年）の書籍出版の様相を見ていこう。

　近世期、出版版元は座的独占事業の性格を持った書林組合に組織されていた。その一員となり板株を取得していないと刊行活動はできなかった。明治維新の変革でもこれがすぐに解体されたわけではない。政府が出版取締に利用したからだ。明治初期の書籍で個人名版元の本が少なくないのはこうした事情による。慶応義塾出版部が設立されていたにもかかわらず、福澤諭吉の初期の本が「福澤屋諭吉」名義で刊行されたのは、書林組合（書物問屋）に加入せざるをえなかった背景がある。なお当時、町版と呼ばれたこの書林組合版のほか、新政府とりわけ文部省が管理する官版、洋学者による自費出版である私版の形式があり、三者入り乱れて出版活動が行われていた。

　同時期の書籍出版を眺めていくと、のち「明治の三書」といわれる書籍が出揃っていることが判る。福澤諭吉『西洋事情』（初篇・慶応2年）、サミュエル・スマイルズ／中村敬宇訳『西国立志編』（明治3～4年）、内田正雄『輿地誌略』（明治3～10年）がそれで、明治前期の代表的なベストセラー書として多くの読者に迎えられた。これらは外国の知識を伝え、開化の世のあり方を幅広い読者向けに示した「啓蒙もの」で、翻訳ないし訳述書というべきであって、作者もそろって洋学者だった。好評を得た他の啓蒙系書籍として、福澤諭吉『学問のすゝめ』（明治5～9年）、J・S・ミル／中村敬宇訳『自由之理』（明治5年）、福澤諭吉『文明論之概略』（明治8年）、田口卯吉『日本開化小

史』（明治 10 ～ 15 年）などが挙げられる。

　明治前期は海外事情本や翻訳書が流布した一方、江戸戯作者の流れを汲む小説本にも根強い需要があった。仮名垣魯文はこのジャンルの流行作家で、『牛店雑談・安愚楽鍋』（明治 4 年）が代表作である。また明治 10 年代に入ると、自由民権派の考えをもとに物語が展開される政治小説が書籍出版の一翼として台頭する。矢野龍渓『経国美談』（明治 16 ～ 17 年）、東海散士『佳人之奇遇』、末広鉄腸『雪中梅』などが広く読者に支持された。

(3) 出版活動の拡大 ─────

　明治 10 年代後半に至ると、近世の板株制度由来の老舗系版元が大量に破綻消滅してゆき、近代の生産・流通制度に対応した出版社が出版界の中心となった。これを背景に明治後期の日本では出版活動が飛躍的に拡大しており、当時の図書出版数を見ても実状がわかる。出版物を管理していた内務省警保局の調査では、明治 20 年の出版図書総数が 10455 だったのに対して、明治 45 年には 45286 となっている（『日本出版百年史年表』）。

　明治期における出版の発展は戦争との関わり合いが深い。西南戦争・日清戦争・北清事変は国民の関心も高く、対戦の内容等を伝える出版物が数多く刊行された。戦記もの書籍は日露戦争（明治 37 ～ 38 年）においてとりわけ隆盛をきわめ、櫻井忠温『肉弾』（明治 39 年）、水野廣徳『此一戦』（明治 44 年）というメガセラーも登場した。もっとも日露戦争期には社会主義関係書のベストセラーも登場しており、その一つが木下尚江『良人の白白』（明治 37 ～ 39 年）である。木下は片山潜とともに社会民主党結成に参画し、日露戦争のさいは非戦運動を展開した。

　明治の折返しにあたる明治 24（1891）年、巌谷小波『こがね丸』が少年向きシリーズ「少年文学叢書」（博文館）の第一編として刊行され人気を博した。近代日本の児童文芸はここに始まるといわれる。

　なお明治期は製本技術が精度を高めっていった時代でもあり、後期になると装幀に凝った美本づくりに専心する版元もあらわれた。大阪の金尾文淵堂がとりわけ名高く、採算を度外視した良心的な造本志向は出版界で注目を集めた。柳川春葉『生さぬなか』（大正 2 年）は鰭崎英朋の口絵を使い、多色刷り木版で印刷している。

(4) 出版再販制と大震災 ───

　大正初期の出版界は第一次世界大戦の影響による洋紙の市価暴騰に見舞われた。大正7（1918）年になると紙価・印刷費・製本代の値上げが出版界を直撃し、定価値上げ・頁数半減・紙質低下・一時休刊などの現象まであらわれる。出版界はそれまで「値引きのうえ買切り」（入銀制という）が主流だったが、値引き合戦による共倒れを防ぐために制度変革が求められた。大正8年、2月に東京雑誌組合と東京雑誌販売組合が定価販売を実行し、12月には東京書籍商組合が定価販売に踏みきる。東京ではじまった書籍定価販売の動きは、大正9年5月に設立された全国書籍商組合連合会のもとで全国に普及していく。値引かないために買切りではなく返品ありとなり、かくして出版特有の再販制が確立するのだった。この制度改革は大量生産・大量販売へ道を拓き、出版界の構造を一新させていく。

　なお大正期の日本では読書人口の拡大が起きた。帝国大学のみだった大学界に公立・私立大学が加わり、高等学校や実業専門学校も増設される。図書館が全国に増えたことも特筆できよう。これらは教養を求める層の充実に結びつく。大正前期の書籍出版では、〈自分の内面生活の最も直接な記録〉とする阿部次郎『三太郎の日記』（大正3〜7年）が青年読者の圧倒的支持を得て、それも機となり哲学的思索書が広く読まれた。ただその一方で、実用書を求める現実主義的な傾向も生じており、これは下中彌三郎『や、此は便利だ』（大正3年）と加藤美侖『是丈は心得おくべし』（大正7年）が好評を博したことからもうかがえる。前者は新語・慣用句・文字便覧で、後者は実用知識をまとめた小型辞書である。

　社会も出版界もめまぐるしく変動した大正期では、新人の活躍する傾向が強まった。大正の三大ベストセラーと位置づけられる書籍は『出家とその弟子』『地上』『死線を越えて』だが（瀬沼茂樹『本の百年史』）、著者が無名に近い存在なのが三書の共通点となっている。

　『出家とその弟子』（大正6年）は倉田百三が療養生活を送るなかで書いた長編戯曲で、親鸞やキリスト教の影響が強い。岩波書店に持ち込まれ当初は自費出版の扱いで刊行、まもなく好評を得る。青年層を中心に読者を広げていく一方、各国語に翻訳され海外にも流布していった。フランス語版への序文はロマ

ン・ロランが書いている。

　『地上』（大正8年）は作者の島田清次郎が新潮社に持ち込んだ書き下ろし長編小説。同社内では賛否両論だったが社長佐藤義亮の決断で、第一部「地に潜むもの」が刊行に至る。生田長江、堺利彦、長谷川如是閑、徳富蘇峰らによる新聞紙上での高評価もあって、売上げは加速していった。

　『死線を越えて』の著者賀川豊彦は貧民救済運動に従事していたキリスト者で、改造社の編集者がその存在に注目した。やがて賀川から自叙伝風の原稿が送られ、『改造』大正9年新年号に掲載のち、同年10月に書籍化刊行される。発売まもなく「スラムの聖者」の本として支持が広がり、1年たらずで200版へ達するほどになった。海外の評価も高く、多くの言語に翻訳されている。

　『出家とその弟子』や『死線を越えて』といった宗教的著作の記録的成功は、時代状況とも関わりが深い。日本は世界の五大国入りする一方、国内では成長の果ての閉塞感が増大していた。大戦争と社会主義革命の成立という世界史的変動も影響し、人びとは不安や不全観を抱き、救済と変化を求めた。それが一方で西田天香『懺悔の生活』（大正10年）など宗教的著作に向かい、他方では社会主義関係書への関心に向かった。カウツキー／高畠素之訳『マルクス資本論解説』（大正8年）が〈ベストセラーの中に顔を出すようになった〉（『東京堂百二十年史』）のはそうした背景からである。大阪朝日新聞で連載されたのち大正6年に書籍化された河上肇『貧乏物語』もこの系譜にある。同書は西田幾多郎『善の研究』（明治44年、大正10年再刊）とともに思想分野の名著として広く読まれた。

　大正末期には「大衆文学」（または大衆文芸）という用語が、白井喬二の唱導で使われだした。歴史小説では先行作として中里介山『大菩薩峠』（大正7年）があり、昭和16年まで書き継がれて一大巨篇となる（未完）。これに続いて大佛次郎『幕末秘史・鞍馬天狗』（大正13年）、吉川英治『剣難女難』（大正14年）、白井喬二『富士に立つ影』（大正14〜昭和2年）などが登場した。

　探偵小説が人気を博したのも大正末期である。とりわけ多くの読者を集めたのは江戸川乱歩の本で、「二銭銅貨」「D坂の殺人事件」「心理試験」ほか収録の『創作探偵小説集1／心理試験』（大正14年）などが好評を博した。

（5）円本ブームから非常時へ ─────

　関東大震災（大正12年9月）が起こると出版界も壊滅的ともいえる打撃を受けた。出版業は紙の生産物を流通させることで成り立ち、しかも主要社は東京都心に集中している。そのため巨大な地震のみならず続く大火災による被害も甚大になった。しかし出版は立ち直りが早く、まもなく震災前より活性化する。また既述の通り大正期において出版界は、「返品ありの定価販売制」へ構造転換が成し遂げられていた。流通も格段に合理的となり、全集や予約販売といった形も整備されていった。

　これらを背景に、昭和最初期、円本ブームが書籍出版界を席捲する。仕掛け人は改造社の山本実彦で、大正15年12月に同社から刊行開始となった『現代日本文学全集』は、単行本4〜5冊にあたる分量を1冊に収め、しかも、当時単行本1冊の中心的価格帯が2円から2円50銭のところを1円という価格設定にした。最初の配本は『尾崎紅葉集』である。

　思い切った廉価全集として登場した円本は、予約が殺到し当初予想の10倍に至った。改造社の成功を見て各社が次々と参入、昭和5年に収まるまで350種類以上の全集が刊行され「円本合戦」という言葉さえ飛び交った。円本が学芸の大衆化に果たした役割は大きい。ただ一方でブーム終焉期に記録的な返本が発生し出版界を悩ませた。

　昭和6年から書籍界はポスト円本時代となるが、時を同じくして日本社会は「非常時」と称される時期を迎えた。満洲事変（柳条湖事件、昭和6年）や血盟団事件（昭和7年）が起こり、不況の深刻化も相まって国内情勢は不穏になる。テロやクーデター事件はその後も続き、昭和11年には二・二六事件の動乱が勃発した。天皇機関説が問題化し、国体明徴運動も起きて、軍国主義に向かう時勢の動きが加速する。こうした時代相のなか、山中峯太郎の軍事冒険小説『敵中横断三百里』（昭和6年）が読者の関心を呼び、講談社の絵本『乃木大将』（昭和11年）が話題を集めた。

　もっとも非常時のなかとはいえ、その時代相に合わせた書籍ばかりが読者の注目を集めたわけではなく、島崎藤村『夜明け前』（第一部、昭和7年）、北条民雄『いのちの初夜』（昭和11年）などが文学上の評価とともに、広範な読者の支持を集めた。加えてこの時期のトピックとして、事典・辞典出版の分野で

成果が集中した点が挙げられる。平凡社から『大百科事典』全28巻の刊行が開始されたのは昭和6年11月である（〜昭和10年）。また昭和7年10月には冨山房『大言海』が刊行開始された。同書は明治時代からのロングセラー『言海』の改訂増補版で、著者大槻文彦がサ行まで進んだところで没し、後継者が筆を繋いでようやく刊行に至った労作である（全4巻、〜昭和10年）。続いて昭和10年には中型国語辞典『辞苑』が博文館から刊行された。

　この時期は一方で、田河水泡『のらくろ上等兵』（昭和7年）がベストセラー入りしたことでも記憶される。部数的意味で戦後書籍界の主要ジャンルになる漫画単行本が、このとき最初の成果をあげたといえよう。

(6) 戦時日本 ────

　昭和12 (1937) 年から昭和20 (1945) 年8月の終戦までは、日中戦争・太平洋戦争と続く時期で「戦時」と呼ばれる。その初年にあたる昭和12年、とりわけ文芸書では、むしろ「戦時」へ移りゆく時代状況を感じさせない作品が目立った。川端康成『雪国』、永井荷風『濹東綺譚』、志賀直哉『暗夜行路』である。三書はそれぞれの事情から、この年にたまたま出版されたのだが、プロレタリア文学の退潮を機にあらわれた「文芸復興」の潮流を読書人に印象づけた。同時期はまた、左派からの転向作家島木健作の『生活の探求』（昭和12年）や、アルベール・カミュも絶賛した中河与一『天の夕顔』（昭和13年）が話題を呼び、続いて、島木と同じ転向作家高見順の『如何なる星の下に』（昭和15年）が人気を博する。一方、昭和13年には従軍日記の体裁で徐州会戦の実情を記録したルポルタージュ文学、火野葦平『麦と兵隊』が幅広い国民の関心を集めた。

　「戦時」初期を特徴づける書籍として他に、素人作者による生活記録の一群がある。尋常小学校の生徒豊田正子の生活記録『綴方教室』（昭和12年）、ハンセン病施設の長島愛生園で献身的に患者救済に努めた若い女医小川正子の手記『小島の春』（昭和13年）が代表作である。こうした系統の本が支持を得た理由として、戦争体制下、庶民の暮らしが苦しくなるなか、健気に生きる者の姿に読者が心情を一体化させていった事情が挙げられる。

(7) 出版統制と敗戦時の本 ────

　昭和16年は12月8日に太平洋戦争の開戦があった。戦時色が一層濃くなり

国民生活には統制が強まる。出版物も当然対象とされ、政府当局は出版統制を厳重に推し進めた。昭和15年に設置された内閣情報局は、戦時日本にそぐわない雑誌や書籍を発売禁止とし、問題のある書き手に執筆禁止命令を出した。また同年、業界団体として日本出版文化協会（文協）が設立され、内閣情報局の監督下で出版統制の実施機関として機能する。昭和16年には出版用紙配給割当規定が施行され、出版物は文協が査定し、そのうえで用紙を配給する制度が確立した。同年はまた、当時の四大取次（東京堂・東海堂・北隆館・大東館）を含めた取次各社の統合組織として、日本出版配給株式会社（日配）が創立された年にあたる。これらによって、「情報局→文協→日配」という形で、企画編集から製作、資材、そして出版流通機構に至る出版の全面統制体制ができあがった。太平洋戦争下の昭和17〜20年、出版統制はそれまでとは比べものにならないほど厳重になる。

　こうした時期、軍人や軍属の戦記や手記は膨大な数にのぼった。そのなかで、ノモンハンの戦いを扱った草場栄の手記『ノロ高地』（昭和16年）は刊行翌年に450版へ達しており、日配でのベストセラー第1号となる。

　もっとも、出版統制時代だからといって、書籍出版は軍国もの一色だったわけではない。同時期、読者の支持を集めた本のなかには、4人の若者の恋愛模様を描いた藤澤桓夫の小説『新雪』（昭和17年）、パリを舞台に死と愛を描いたドラマ、芹沢光治良『巴里に死す』（昭和18年）、獅子文六の家庭小説『おばあさん』（昭和19年）とった、戦場やたたかいを扱う軍国ものとは色合いを異にした作品もある。

　そして昭和20年夏、敗戦によって昭和の戦争時代が終わるまさにそのとき、火野葦平『陸軍』が刊行された。明治4年から70年に及ぶ陸軍の歴史を、底辺にて支える兵士たちの軍隊生活の視点から描いた小説で、版元の朝日新聞社は8月20日発行予定の同書を10日繰り上げて発売、3万部を叩き売りした。奇妙な運命を辿った本というしかないが、日本の近代書籍刊行史の最後を告げる作品となった。

4.1.2 現代

(1) 混乱と回復 ―――――――

　敗戦により総力戦を支えた軍国体制は根柢から崩壊し、「戦後」が唐突に到来した。日本は占領軍（GHQ）統治下に入り、政治制度から価値観まで大きな転換がなされる。企画編集から小売りに至る出版界の全的統制は、それを担う組織自体が消滅することで終焉した。内閣情報局は 1945（昭和 20）年 12 月に解散、内務省も解体過程を足早に歩む。

　一方、食べるものさえ確保に奔走せざるを得ないなか、人びとは活字に飢えていた。戦争中は政府当局のチェックを経たものでなくては読めなかったうえに、本そのものが欠乏していた。出版物への需要が急速に高まり、「氾濫」が起きる。出版社は戦争末期に 203 社まで絞り込まれていたが、1945 年内に 566 社へ急増し短期間で 4000 社に達したという。そこから数多くの出版物が刊行される。「紙に印刷されているものなら、何でも売れた」時期ともいわれるが、いうまでもなくすぐれた本も出回った。1947 年 7 月に『西田幾多郎全集』の刊行が始まったとき、同書を求めて神田神保町の岩波書店営業部の周りで 3 日前から長蛇の列が出来たことはよく知られている。

　出版の混乱期は 1945 〜 1947 年という短い期間にすぎなかった。その時期にふさわしい新刊書籍でベストセラーが 1 点登場している。小川菊松（誠文堂新光社）編『日米会話手帳』は占領軍が進駐してくる時代を背景に刊行された英語会話速習本で、日常の挨拶からはじまり、道を聞かれたさいの答え方、数の数え方など簡単な会話例を 79 篇収録しただけの小型判である。1945 年 9 月（終戦翌月）に発売されると、同年末まで 360 万部に至った。この数字は『窓ぎわのトットちゃん』の登場（1981 年）まで破られていない。

　社会が落ち着きを見せるなか、出版事業体制も回復・再整備されていく。そのなかにあっても、読者の支持を得た書籍には、戦没者学生の手記『きけ わだつみのこえ』（1949 年）など、戦争時代の体験を基にしたものが少なくない。太宰治の『斜陽』は 1948 年の総合ベストセラー首位となった小説だが、戦前の貴族的一族が没落していく様子を描き、軍国政治に至った社会の「敗北」を捉えた作品とも見なせよう。

　なお、戦後まもない 1945 〜 1950 年の小説のベストセラーには吉川英治『宮

本武蔵』（第1巻、1949年再刊）など以前からの人気作家の作品が目立ったが、それに交じって左派の作家宮本百合子の『風知草』（1947年）が見えるのは戦後初期らしい光景といえよう。もっとも、左派的あるいは反戦的なもの、軍国政治批判ものばかりを読者が支持していたわけではないのは、辻政信の『潜行三千里』が1950年の総合ベストセラー2位に位置していることからも判る。

　1951年秋から、用紙統制の全面撤廃と紙価の高騰が重なった事情もあり、使用紙量の少ない小型判の文庫が各社から刊行され「文庫合戦」が引き起こされた。岩波文庫、新潮文庫という旧来のシリーズが生産と販売に攻勢をかけ、そこに岩波少年文庫、角川文庫、春陽堂文庫、市民文庫（河出書房）、青木文庫、アテネ文庫（弘文堂）、創元文庫、三笠文庫などが「参戦」して90余種に及んだ。

　続いて1953〜1954年に全集ブームが起こる。角川書店『昭和文学全集』と新潮社『現代世界文学全集』が1952年11月に刊行開始。『現代文豪名作全集』（河出書房）、『現代日本文学全集』（筑摩書房）などが続き、都合40種ほどに達して「第二の円本時代」といわれた。文庫大競争に全集合戦が加わり、1950年代前半は書籍の大量生産現象が続いたのである。

(2) ブックス本の隆盛 ────

　出版市場で書籍の判型はきわめて多様だが、日本における主流のサイズは次の3種といえよう（以下、横×縦、単位mm）。単行本の中心をなす四六判（127 × 188）、新書判（B40判 = 103 × 182、岩波新書サイズ = 105 × 173）、そして、新書と同じ小型本である文庫判（105 × 148）である。なお寸法は厳密なものではなく各社によりミリ単位で差がある。

　このうち新書判は1938（昭和13）年11月創刊の岩波新書が本格的な登場といえた。イギリスのペリカン・ブックスに着想を得て、斎藤茂吉『万葉秀歌』など20点の創刊ラインナップでスタートしている。岩波新書を祖型とする新書判は教養新書と呼ばれ、21世紀に入り「新書ブーム」（後述）を起こすが20世紀段階では地味なジャンルだった。

　一方、同じ新書判として1954年10月に創刊されたカッパブックスは、大衆性を意識的に打ち出して岩波新書と一線を画し、昭和30年代（1955〜1964

年）には話題作を次々と生みだす。炭坑町に住む少女の日記をまとめた安本末子『にあんちゃん』を 1959 年のベストセラー首位とし、続いて 1961 年にも岩田一男『英語に強くなる本』を首位に押し上げた。この系統の新書判を「ブックス本」と呼ぶ。

　もっとも同時期、一方で堅実な書籍出版にも支持が集まった。1955 年 5 月、新村 出 編の『広辞苑』が岩波書店から刊行される。同書は博文館『辞苑』を改訂した辞書で、岩波書店は特価で売り出し、同年のベストセラー 7 位に入る快挙を成し遂げている。辞書・事典類ではほかに平凡社『国民百科事典』の刊行（1961 年）が話題を得た。なお同じ平凡社の『世界大百科事典』（全 32 巻）と大修館書店の『大漢和辞典』（諸橋轍次著、全 13 巻）が長期にわたる編集作業を経て 1958 年と 1960 年に各々完結している。

　1956 年には独自の経緯を辿って登場した 3 点の新人小説本が、ともに人気を博する現象があった。五味川純平『人間の條件』（第 1 巻）、石原慎太郎『太陽の季節』、原田康子『挽歌』である。『人間の條件』は映画化も話題となり、『太陽の季節』『挽歌』は作者や作品世界に似せようとするために、若者の間で慎太郎刈りや真知子巻きといったスタイルが流行することさえあった。また松本清張『点と線』『目の壁』は、1958 年に単行本で一度出版したのちブックス本にて二次刊行（1960 年）される。2 作のブックス本はともにミリオンセラーとなり、社会派推理小説を広く読者に認知させた。

(3) 「雑高書低」のなかの「書高」時代

　「雑高書低」といわれる現象が出版界に起きたのは 1970 年代である。推定販売金額で書籍優位の時代は 1964 年からはじまったが、雑誌が書籍を抜き返したのは 1972 年で、その後 1975 年に書籍がわずかに優位を得ることはあったものの、1976 年からは一貫して雑誌優勢となり書籍との差を広げていく。その後、2016 年に書籍が雑誌を抜くまでの 40 年が「雑高書低」時代といえよう（出版科学研究所のデータに基づく。下記書籍の数字も同様）。1960 年代後半にブックス本の充実と、中央公論社のホームライブラリー・シリーズ（「世界の名著」「日本の文学」等）という大型企画もあって書籍優位が続くなか、若年層を中心に雑誌文化が成長・成熟していった。やがてそれは「雑高」を招き、確乎とさせるのである。週刊誌の成長や、若年層が支持したマンガ雑誌の

躍進も「雑高」形成に一役買っている。

　ただ書籍にしても推定販売金額は増加し、市場を拡大していったことは間違いない。1965年に初めて1000億円台に達し（1064億）、5000億円を超えたのは1976年（5201億）、1兆円台となるのは1993年だった（1兆34億）。すなわち戦後20世紀の期間は出版界全体が活況を示した、「雑高書高」の時代なのである。

　1960年代に入り急速に普及したテレビは国民生活を一変させたが、書籍出版にも影響を与えた。テレビでの知名度が高い著者の本や、テレビで採りあげられた企画がベストセラー化する「テレセラー」現象が起きたのだ。本格的な潮流となるのは1970年代後半からで、1980年代初頭には山口百恵『蒼い時』（1980年）、黒柳徹子『窓ぎわのトットちゃん』（1981年）、NHKアナウンサー鈴木健二『気くばりのすすめ』（1982年）という代表作が連続して登場する。

　1980年代も後半になると、文芸書籍で社会現象化する本が複数あらわれた。詩歌の本は近代・戦後を問わず多数刊行されてきたが、概ね1000～2000程度の部数で関係者ばかりが興味を持つ存在だった。その領域から異例の書籍が登場する。24歳の高校教師の短歌集、俵万智『サラダ記念日』（1987年）は刊行まもなく新聞で紹介されたのを機に多くのマスコミが取りあげ、若者から高齢者までまんべんなく読者を得て、刊行3か月後にはミリオンセラーへ達した。

　また村上春樹『ノルウェイの森』（1987年）は恋愛・青春・悲劇という文学の永遠の題材を正面から扱い、若者にとどまらず中高年となった団塊世代も読者に取り込み、上下巻で450万部を超える歴史的な成果を上げている。

(4) 世紀末の10年

　1990年代の書籍出版界は多点数化の時代を迎えた。1992～1995年の4年間で新刊出版点数が1万点増加したことは実状を示している。新刊点数は1972年以降増加を続けてきたが、概ね10年間で1万点の増加ペースだった。1990年代は前半段階でその倍以上となり、1995年には5万点をはじめて超える（5万1106点）。

　もっとも多点数化というのは、個性的・創造的な書物が幅広く書店をにぎわす状態を意味しない。類似企画が集中し、販売側も売りやすい企画に力を集中する傾向が起きた。その結果、点数が多くなった割には似たような本ばかりと

なり、どれを買うべきか判らない読者が増えるなか、人気の書籍に飛びつく「売れ筋追随型」が目立ちだす。1990 年代から 21 世紀かけてミリオンセラーが次々とあらわれるのは、こうした現象と無縁ではない。

　その 1990 年代はさくらももこのエッセイ集が途切れなく人気を継続させた。1991 年の『もものかんづめ』にはじまり、1999 年の『さくら日和（びより）』まで、10 点が年ごとのベストセラー総合 20 位までに常に入り、うち 7 点が 10 位以内に入る成果を挙げている。また、ともに 1994 年刊行の新書サイズ本、松本人志『遺書』、永六輔『大往生（えいろくすけ）』が相次いでミリオンセラー化したことや、素人作者の自伝的作品として 20 世紀末に刊行された 2 点の書籍、乙武（おとたけ）洋匡『五体不満足』（1998 年）と大平光代『だから、あなたも生きぬいて』（ひろただ）（2000 年）がメディア的な話題を提供したのも、同年代書籍の重要なトピックといえよう。

(5) 新書ブームと本屋大賞、web 発の本 ―――――

　21 世紀に入り、養老孟司『バカの壁』（2003 年）の登場以来、教養新書のブームが出版界を席捲した。背景として次の点が指摘できる。21 世紀には web が短期間のうちに進展し、ネット社会はまもなく定着した。web を通じて誰もが比較的簡便に情報を入手できるようになったが、そこで得られるものはどれも断片的な短文情報ばかりであり、信頼度の点でも充分とはいえない。そのため、「専門書を読むまでにはいかないが、ネットよりは幅広く、また深く情報を知りたい」という読者はむしろ増えた。経済、政治、歴史、文化、科学の専門知から時代的現象の背景分析、さらに医療、食、マネー、対人関係等の実用知見に関して、整理された形で教養情報を得るための本の需要は、ネット社会のなかでかえって高まった。それが教養新書のブームを呼び込んだ。従来の新書が活性化するとともに、各出版社から続々と新しい新書ブランドが創刊される。かくして教養新書は地味な存在から出版のメジャー部門へと発展し、出版界の最激戦区（競争の最も激しい部門）といわれるようになる。

　『バカの壁』のほか、樋口裕一『頭がいい人、悪い人の話し方』（2004 年）、藤原正彦『国家の品格』（2005 年）、坂東眞理子『女性の品格』（2006 年）などがブーム期の代表作である。そして教養新書は、2010 年代になっても阿川佐和子『聞く力』（2012 年）、樹木希林『一切なりゆき』（きききりん）（2018 年）という総合ベ

ストセラーで首位に立つ本を誕生させており、21世紀における書籍の主要ジャンルとしてゆるぎない地位を築いている。

　ゼロ年代には書籍出版で21世紀ならではの現象が見られた。その一つに文芸書で「本屋大賞」受賞作が支持を集めた出来事がある。本屋大賞は書店員の投票によって受賞作が決定される異色の賞で、2004年にはじまった。出版社が主催し作家や文学者が選考する権威性は希薄であり、こうした賞が重要な存在になったのは、ヨコに広がるフラットな情報流通・人間関係を基にしたネット社会の進展が背後にある。第1回受賞作の小川洋子『博士の愛した数式』（2003年）や第3回受賞作のリリー・フランキー『東京タワー』（2005年）をはじめ、本屋大賞受賞作がその年の文芸書籍で話題書となる現象は、以後も途切れなく続いている。

　ゼロ年代（2001〜2009年）に書籍出版で起きた特異な出来事として、他にハリー・ポッターのメガセラー化が指摘できる。J・K・ローリングの『ハリー・ポッター』はイギリスでの初巻初版はわずか500部だった。その後世界的なベストセラーになり100万倍にあたる5億部へ達したのは、まさに奇跡のような展開であろう。日本での翻訳出版は無名の小出版社静山社が引き受けた。社長の松岡佑子が自ら翻訳を手がけて1999年12月、第1巻『ハリー・ポッターと賢者の石』が刊行となる。映画の世界的ヒットなどの要因も重なって読者は広がり、続刊を含めてミリオンセラーを連続させた。

　ゼロ年代の半ばはネット発の話題書が出たことで記憶される。ネット掲示板に書き込まれた青年の恋愛話をもとにスレッドを整理・書籍化した中野独人『電車男』（2004年）、ブログの人気コンテンツを書籍化した白石昌則他『生協の白石さん』（2005年）などであり、ネットは書籍の誕生の地という例がここに示された。ケータイサイト掲載作の商業出版化の取り組みとして、2006年から本格的に展開されたケータイ小説のブームもネット発書籍の可能性を示唆する現象といえよう。美嘉『恋空』（2006年）が代表作で、2007年には100点近くのケータイ小説が刊行されたが、ブームはゼロ年代末に終焉した。

　2010年代になって、今度はwebサイト「小説家になろう」投稿作品の書籍化が読者に支持されるようになり、一群はweb小説と呼ばれた。代表作は住野よる『君の膵臓をたべたい』（2015年）である。

(6) 「書高雑低」時代と電子化の波 ────

　21世紀に入る前後から出版界は推定販売金額の前年マイナスが続いた。雑誌は連年の現象となり、書籍も年によって巻き返しはあるものの縮小傾向がゼロ年代、2010年代と続く。こうしたなか、2016年に「雑高書低」から「書高雑低」時代へと出版界は転換した。一方で電子化が徐々に波及し、2010年代後半からは本格的な電子化時代が到来するわけで、その様相の詳細は本書の別項に譲りたい。ここでは電子化を除いて、2010年代の書籍出版に特徴的な傾向を挙げてみよう。

　ゼロ年代からはじまり、2010年代の書籍出版を特徴づけたものに自己啓発書が読者から支持された現象がある。自己啓発とは己のなかに眠っている能力を自ら（他律的でなく自主的に）啓き開発するという意であり、元々ビジネスの世界で従業員のスキルを高める方法として導入された。この心理学的アプローチを採り入れた本が、話題書に目立つようになったのだ。スペンサー・ジョンソン／門田美鈴訳『チーズはどこへ消えた？』（2000年）はその先駆作といえよう。ライトノベル風装幀も話題を呼んだ岩崎夏海『もし高校野球の女子マネージャーがドラッカーの『マネジメント』を読んだら』（2009年）は、小説仕立ての作品だが自己啓発系の本と見なせる。

　引き続いて2010年代も自己啓発の要素を採り入れた書籍が評判を得た。近藤麻理恵『人生がときめく片づけの魔法』（2010年）は生活実用書に分類される「片づけ本」だが、これまでのやり方や発想を変えることが説かれ、自己啓発的なアプローチが強い。また、岸見一郎＋古賀史健『嫌われる勇気』（2013年）は、副題「自己啓発の源流「アドラー」の教え」が示すように自己啓発書という面をむしろ積極的に打ちだした本であり、それもあってロングセラー化した。

　2010年代の書籍の特徴としてさらに、高齢者本が話題作に集まる現象が指摘できる。高齢者本とは、著者が70歳代〜90歳代で読者層も50歳以上が主力の書籍を指す。柴田トヨ『くじけないで』（2010年）は90歳を超えてから詩を書きはじめたという異色のキャリアを持つ作者の詩集で、刊行時点で著者は98歳だった。高齢者本ではほかに渡辺和子『置かれた場所で咲きなさい』（2012年）、佐藤愛子『九十歳。何がめでたい』（2016年）などがある。自立し

た老人として生きることの大切さを説いた本が多い。

　2010 年代はまた、今泉忠明監修／イラスト下間文恵・徳永明子・かわむらふゆみ『ざんねんないきもの事典』（2016 年）が児童書で話題となり、吉野源三郎原作、羽賀翔一漫画『漫画 君たちはどう生きるか』（2017 年）と矢部太郎『大家さんと僕』（同）が 2018 年の総合ベストセラーで 1 位と 2 位になっている。漫画は別集計だが一般書扱いの漫画がこの位置に達したことは、漫画書籍が出版界の主軸となっていることを改めて認識させた。

　「書高雑低」時代を迎え、また電子化の大きな波を受けて、出版文化を牽引する書籍には模索と挑戦の時期が続くであろう。そのなかで、時勢を象徴する作品や、新しい発想の企画は続くであろうし、一方で学術書・美術書から辞書・百科出版に至るまで、地道な刊行活動もまた途切れることはあるまい。

4.2　文化と機能　　　　　　　　　　　　　　　　　　　　　［森貴志］

4.2.1　書籍とは何か

（1）定義 ———

　書籍を定義することはなかなか難しい。雑誌が定期刊行物であるとすれば、書籍とは出版物における雑誌以外のものすべてと定義づけるしかない。1964 年にユネスコ総会で採択された「図書及び定期刊行物の出版についての統計の国際化な標準化に関する勧告」には「図書とは、国内で出版され、かつ、公衆の利用に供される少なくとも 49 ページ（表紙を除く。）以上の印刷された非定期刊行物をいう」とあるが、これは国際的な出版統計を作成するためのものである。しかし、ではたとえば 32 ページの絵本は「図書」（＝書籍）と呼べないのか。1971 年に刊行された『出版事典』[30] では、「出版物の類や形態の上から意味を限定し、新聞、雑誌などと区別するため」の「書籍の要件」として次の 4 点を挙げている。

　　1）文字、図様、写真などのいずれにせよ、伝達を目的として表現した
　　　　内容があること
　　2）内容が紙葉に印刷されていること

3）紙葉がばらばらにならないようにひとまとめにされ、製本によって
　　中身と表紙がそろっていること

4）ある程度の分量があること

　注目すべきは、「伝達を目的として表現した内容」という点以外は、「印刷」、
「製本」、「分量」といった「形態」面ばかりが取り上げられていることである。もちろんこれは1970年代の認識である。さかのぼれば巻子本や折本といった冊子体になっていないものもあるし、「印刷」されていない写本もある。現在は「紙葉」によるものではない「電子書籍」と呼ばれるものも広まっている。こういったものも「書籍」と呼べる。

　書籍の歴史は出版の歴史とほぼ同じ長さをもつ。そしてさらに、書籍はメディアの歴史のなかでも最も長く、中心的な役割を果たしてきた。書籍の定義は更新され続け、これからも変容し続けるだろう。

(2) 分類

　出版物は書籍と雑誌に大別されるが、書籍はさらに刊行形態、判型、ジャンルなどによって分類される（図3.8参照）。

　現在流通されている書籍には日本図書コードが付けられている。日本図書コードは、ISBN（国際標準図書番号）、分類コード、価格コードで構成されるが、いわゆるCコードと呼ばれる分類コードは、書籍を販売対象、発行形態、内容で分類するものである（図4.1参照）。これは出版社が4桁の数字で分類する（内容は2桁を使って細分化している）ものだが、書籍を分類するひとつ

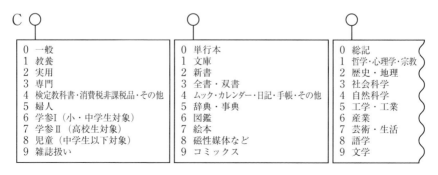

C

0	一般
1	教養
2	実用
3	専門
4	検定教科書・消費税非課税品・その他
5	婦人
6	学参I（小・中学生対象）
7	学参II（高校生対象）
8	児童（中学生以下対象）
9	雑誌扱い

0	単行本
1	文庫
2	新書
3	全書・双書
4	ムック・カレンダー・日記・手帳・その他
5	辞典・事典
6	図鑑
7	絵本
8	磁性媒体など
9	コミックス

0	総記
1	哲学・心理学・宗教
2	歴史・地理
3	社会科学
4	自然科学
5	工学・工業
6	産業
7	芸術・生活
8	語学
9	文学

図4.2　分類コード（Cコード）

の方法として運用されている。なお、この内容の分類については、図書館など
で使われている日本十進分類法にならっている。

また書籍の分類については、たとえば『出版指標 年報』[31]では上記のほか
にビジネス書や翻訳書といったものがあったり、書店では人文書、文芸書、就
職、旅行ガイドといったジャンルで棚に分類されていたり、さまざまである。

このように、書籍は扱う分野が広いわけだが、文芸書は四六判上製、ビジネ
ス書は四六判並製、高額の人文系の学術書はA5判上製で函入りといったよう
に、その本の内容と刊行形態が関係していることも指摘できよう。

書籍は出版物のなかで大きな位置を占めている。点数でいうと、推定販売金
額がピークとされる1996年に6万3,054点だった新刊は、2009年に7万8,555
点と最も多い出版点数となり、2020年は6万8,608点となった[31]。この推移
の背景には、出版産業の構造も考慮に入れなければならないだろうが、多様な
書籍が刊行され続けているのは事実である。

新刊点数をジャンル別に見ると、社会科学が20.5％と最も多く、次いで文学
と芸術・生活が各17.6％である（2020年）[31]。この3つのジャンルが大きな
構成比を占める傾向は、1980年前後からである。

1947年から毎年実施されている「読書世論調査」によると、はじめて書籍
の読書率を調査した1949年は17％だったが、その後1956年には一時的とは
いえ50％に伸び、1960年から1970年代は40％前後で推移し、80年代以降は
40％半ばから50％前後を推移している[32]。日本人の2人に1人は書籍を読ん
でいると考えられる。雑誌の読書率が1990年代半ばから下がっているのと比
較すると、書籍を読む割合はあまり変化がない。読む本のジャンルについて
は、趣味・スポーツ、日本の小説、暮らし・料理・育児、健康・医療・福祉な
どの割合が比較的高く回答されている。

4.2.2　書籍の機能とは何か

(1) 特質 ───

書籍は図書館においては「図書」と呼ばれるが、図書には次のような特質が
あるとされている[17]。

① 記録性：文字・記号・図形などにより、意味を記録し伝達できる。

② 保存性：一過性でなく、いつまでも保存できる。

③ 反復性：繰り返し読み返すことができる。

④ 復元性：復刻、複製が可能である。

⑤ 量産性：印刷術の進展により大量生産が可能になる。

⑥ 保管性：形態が同じで保管が容易である。

⑦ 軽便性：鞄やポケットに入れて携帯できる。

⑧ 経済性：比較的安く入手できる。

⑨ 選択性：多品種であり、主体的に選択できる。価値評価が多様である。

　これらには出版物一般に共通する特質もあろうが、たとえば「保存性」や「反復性」などは雑誌に比べて書籍に顕著な特質といえるだろう。定期刊行物である雑誌は次から次へと同じ誌名の新しい号が発行され、情報が更新される。しかし、書籍は基本的にそれぞれ異なる書名で単独のものである。

　外山滋比古は「書き下ろし本は単元コンテクストをもっている」という[16]。一方、「雑誌とか、一冊の本で多くの筆者がめいめいの意見をのべているシンポジア形式のオムニバス・ブックなどのように、各筆者が独自のコンテクストをもっており、全体としては複合のコンテクストを有することがある」と指摘する。いわゆる単著は、「単一コンテクスト」によって書かれ、一冊に綴じられる。短編集や論集などの書籍、あるいは雑誌は、複数の部分的なコンテクストが全体となって一冊を構成する。これは、書籍（おもに単著）の特徴といえるだろう。また、たとえば学術書について、長谷川一[19]や橘宗吾[15]は、学術情報（ジャーナル論文）と対比させて「作品」と呼んでいる。

　書籍を雑誌と比較すると、しばしば「書籍は著者のもの、雑誌は編集長のもの」といわれることがある。書籍や雑誌は読者の手もとに渡った瞬間、それはそれぞれ読者のものとなるが、このフレーズは書籍と雑誌の違いをよくあらわしているといえよう。つまり、雑誌はたとえばライターやカメラマンを含めた編集部、圧倒的な力をもつ編集長によってつくられる。多数の編集部員によるそれぞれの取材や記事によって雑誌のなかの多様性が生まれる。さまざまな分野の内容＝コンテクストが一冊にまとめられているのが魅力だ。一方、書籍は著者による体系的な記述を読者に届けるものである。編集者の介在はあろうが、基本的に著者によってまとめられる。雑誌に比べ、ひとつのテーマ、ジャ

ンル、内容に括られるのが特徴である。書籍のジャンルは細かく分類される
が、これはすなわち書籍とはそれぞれの内容で一冊を構成しているのであり、
雑誌のようにさまざまな内容が一冊に入っているわけではないということであ
る。

　このように、あるテーマについて体系的に記録、保存され、複製されながら
伝達していくのが書籍というメディアの特徴であり、そのコミュニケーション
の方法といえるだろう。

(2) 国民国家の形成

　書籍、あるいは出版の歴史については、1章、および本章1節で概観されて
いるので、ここでは書籍、出版物による歴史的・社会的機能のひとつとして、
ベネディクト・アンダーソンの『想像の共同体』[1]の議論を手がかりに、国
民国家の形成との関係について紹介したい。

　アンダーソンによれば、グーテンベルクによる印刷技術の発明により商品と
して市場に流通した出版物は、「出版語」をつくり、一言語だけを知る大量の
読者公衆を創出した。そしてそれを共有する人々が共同体意識をもち、国民国
家という「想像の共同体」を築いたという。すなわち、ナショナリズムを内面
化させる「出版語」という言葉をつくり、固定化させたひとつの原因に、印刷
技術の発明と書籍の流通（資本主義の発達）があるというのだ。書籍出版が、
国民国家の形成に寄与したと指摘した。

　この例は、書籍、あるいは出版が歴史的・社会的に機能したと考えられる事
象のひとつとして挙げられよう。

4.2.3　書籍の文化、書籍と文化

(1) 紙の書籍における文化

　電子書籍が普及し、紙の書籍が絶滅するのではないかという言説さえある。
しかし、電子書籍にはない文化が、紙の書籍にはある。

　書籍というメディアは、それが紙であれ、電子媒体であれ、コンテンツがパ
ッケージ化されたものである。ここでは、出版という営み、コンテンツを離
れ、モノとしての紙の書籍の一端に触れたい。

　紙の書籍は、文字や図像が紙にインキで印刷され、製本されている。そこに

はカバーや帯があり、上製であったり並製であったり、あるいは文庫判であったり B4 のような大きさであったり、さまざまな形態がある。そしてそれが、造本やブックデザインと呼ばれるものである。そのそれぞれのデザインによって、紙の書籍のイメージは異なる。紙の質、文字の書体、ページのレイアウトなどが違えば、読者に与える印象は異なる。

たとえば夏目漱石の小説『吾輩ハ猫デアル』（上編、大倉書店・服部書店、1905 年）は、橋口五葉が装丁を、中村不折が挿絵を担当している。しかし、現在、最も入手しやすい文庫本の『吾輩は猫である』は、それとはまったく異なる形態である。また、当然だが、電子書籍にはそのようなデザインはない。

造本やブックデザインは紙の出版物独自のものであるが、特徴的な造本や装丁を手がけるデザイナーはいまも多い。日本書籍出版協会と日本印刷産業連合会が主催する「造本装幀コンクール」では、その選考条件のひとつに「造本目的と実用性との調和がとれており、美しくかつ本としての機能を発揮しているもの」[35]を挙げているが、書籍の美しさは文化であるといえよう。

(2) 大衆と文化 ───

書籍は、同じ印刷メディアのなかでも新聞や雑誌と違い、「マスコミ」に含められることはない。書籍の発行部数は、たとえベストセラーでも、新聞や雑誌のそれとははるかに遠く離れている。また、テレビやラジオ、新聞、雑誌、あるいはインターネットのような速報性もない。とはいえ、publish ＝公にするという営為には変わりなく、読者に向け公刊するのである。信頼性という面では、編集という行為の介在もあり、高く評価されよう。

『読書世論調査　2017 年版』[32]では 2016 年の第 70 回読書世論調査の結果をふまえ「日本人と読書」について特集が組まれているが、そこでは「戦後間もなく「教養」だった読書の目的は、社会の成熟化に伴い、より楽しむための「娯楽」へと変わり、現代は実生活に役立つ「実務」志向へと変化してきた」と述べられている。読書の目的は、1967 年調査で「一般的教養を高める」が44％でトップ、1989 年調査では「娯楽のため」が 40％でトップ、「教養のため」は 17％で 3 位だった。1994 年調査では読みたい本を尋ねているが、「実務や実生活に役立つ本」が 27％でトップ、「好きな著者が書いた本」の 21％が続いた。2016 年調査では「内容の面白い本」が 60％でトップ、「内容のわかりや

すい本」が42%で続いた。読書の目的は時代とともに変化し、出版メディア、特に書籍が果たす役割も変わったのである。

　塩澤実信はその著書で「若手出版人」の「売れば、文化は従いてくる！」ということばを紹介し、「文化性が商品性に追従している」と述べている[9]。出版物は社会に影響を与え、社会は出版物に影響を与え、その相互作用によって出版文化が醸成される。

　われわれが書籍を語るとき、ベストセラーを取り上げることが多い。もちろんベストセラーは書籍文化をあらわすひとつの指標であり、それは社会を映す鏡として扱われるのだろう。多くの読者、大衆に受け入れられたものとして考えられよう。しかし、数多く刊行される書籍のうち、ベストセラーになるのはほんのひと握りであり、そのほかに多くの書籍が存在し、それも読者に届いていることを忘れてはならない。

　箕輪成男は「書籍出版の基本はあくまでも著者対読者のパーソナルコミュニケーションにあって、マスコミとしての機能はつけ足しにすぎない」と述べている[22]。著者による表現を読者が受けとるという構図は、雑誌や新聞、あるいはテレビやラジオといったマスコミにおける受容と違い、より個人的な行為だといえよう。書籍を読むとは、著者と対話しながら、自分と対話することなのかもしれない。

4.3　デジタル化と今後の展開　　　　　　　　　　　　　［林智彦］

　本節では、書籍のデジタル化について解説する。

　議論の前提として、まず「デジタル化」が何を意味するか、について整理し、次に「デジタル化」の現在についてまとめ、最後に、「デジタル化」がもたらす未来について考えてみたい。

4.3.1　書籍のデジタル化とは何か？

（1）デジタル化の意味を考える ───

　読者は、「（書籍の）デジタル化」という言葉を見て、どんなことを思い浮かべるだろうか。紙の本として売られていたコンテンツが電子書籍として提供さ

れたり、あるいはそれらを購入して読んだりすること——これは確かに「デジタル化」の一種だ。しかし、それだけだろうか。デジタル化が進んでいるのは、コンテンツだけなのか。

「デジタル化」という言葉の文字通りの意味は、「デジタルでないものが、デジタルになる」という事態だろう。こうした原点から改めて眺めると、出版の世界では、単にコンテンツがデジタルになる、というだけにはとどまらない「デジタル化」が進行していることは明らかだ。

そもそも、現在、紙の本であっても、その制作プロセスのほとんどは、デジタル技術によって支えられている。

著者はワープロソフトやテキストエディタ、画像編集ソフトなどで原稿を執筆し、編集者はその原稿ファイルを電子メールやクラウドストレージで受け取り、原稿整理や校正を行う。印刷所はそうしたデジタルデータを元に製版・印刷をし、製本所が本を冊子の形に組み上げる……といった具合だ。

このプロセスの中で、完全にデジタル化されていないのは、わずかに最後の「印刷」「製本」だけであり、それすらも、デジタル製版、デジタル印刷、デジタル製本という形でデジタル化が急速に進んでいる。電子書籍については、それがデジタル技術の活用の成果であることは言うまでもない。

デジタル化が進むのは、こうした物理的なプロセスだけではない。ネット投稿やブログ、SNS を元にした書籍がベストセラーになり、TV ドラマ化や映画化がされる……といった成功譚は、今ではよく見かける出版界の日常的風景となりつつある。

宣伝、PR もまた、デジタル化の大波の中にある。著者自身が SNS、動画投稿サイトを通じて自著の宣伝をしたり、あるいは出版社や編集者がそうしたメディアを駆使することは、少しも珍しい話ではなくなっている。

また、販売方法においても、デジタル技術の高度化やモバイル高速ネットワークの普及により、激しい変化が見られる。発売前の本の一部、または全部をネットで公開するプロモーション手法がかなり一般化した。電子コミックでは、閲覧時間やページ数を記録し、一定時間待つと先を読むことができる（課金するとすぐ読める）「待てば無料」という販売方法が受けている。

そして読者もまた、デジタルなメディア環境の中に、首まで深くつかってい

る。たとえば、昨今、ニュースサイトやSNS、ブログや各種投稿サイトには、日々、大量のテキストが投稿、表示されており、たくさんの人に読まれている。これはほんの20年前には考えられなかったような事態だが、こうした現象も——それらを「書籍」や「雑誌」の「デジタル化」と直接関連付けられるかどうかは擱くとしても——一種の出版の「デジタル化」と捉えられることは間違いないだろう。

デジタル化は出版産業と、それ以外の産業の「融合」をも促進している。2019年、「小説を音楽にする」をコンセプトにデビューした音楽ユニット「YOASOBI」は、動画投稿サイトYouTubeを主舞台にファンを増やし、CDリリースのないまま2020年のチャート1位、紅白歌合戦出場を果たした。

もちろん、出版物がハブとなって、コンテンツを多メディア展開していく動きは、これまでも無数にあった（「クロスメディア・マーケティング」と呼ばれた）。しかし、書籍やCDといったパッケージなしにムーブメントを引き起こし、最後の結果としてパッケージが売り出された点が新しい。ほとんどの過程がネット（デジタル）で完結しているのだ。

小説の音楽の融合を目指すYOASOBIに対して、ゲームと小説の融合を果たしてきたのが「ノベルゲーム（ビジュアルノベル、テキストアドベンチャー）」の世界である。こちらは、ゲーム界に確固たる地位を築き、映画、アニメ、音楽業界にも大きな影響を与えている。

こうした「メディア融合」を可能にした条件が「デジタル化」であることは論をまたない。

こうして見ると、2020年代において、書籍というメディアが「生産」「製造」「消費」のあらゆる側面において一種の「デジタル化」を大規模なスケールで経験していることは確かだと思われる。

つまり、いまや「デジタル化」と無縁の書籍などはないのだ。

(2) デジタル・トランスフォーメーション (DX) とデジタル化の関係 ───

これまでの記述に対し、「それらは『書籍』のデジタル化というよりは、もっと別のものではないか」「『デジタル化』という概念を、広く捉えすぎではないか」という反論をしたくなる向きもあるかもしれない。

それでは、というわけではないが、「デジタル化」と似た用語として、「電子

化」という言葉を取り上げてみよう。こちらは、「デジタル化」よりも、狭い意味で用いられることが多いようだ。

すでに紙書籍として刊行されている本を、電子書籍としても発売することを「電子化」と呼ぶことは一般的だし、自分の持つ（紙の）本を裁断して、スキャナーにかけ、画像やPDFデータにして持ち歩く、といった行為は、「自炊」とも呼ばれているが、こうした行為をサポートする業者（自炊代行業者。著作権者の同意を得ずに行えば違法）は、「電子化代行」という表現も使っている。

ただ、この「電子化」と「デジタル化」の違いは曖昧だ。そもそも、前項に述べたように、書籍だけでなく出版という行為全体がデジタル技術をフル活用することで成り立っている現状で、たとえば、「○○は『電子化』とは関係ない」とか、「△△は『デジタル化』の範疇に入らない」といった些末な議論にふけることにさしたる意義があるとは思えない。

ともあれ、こうして見ると、出版の「デジタル化」（やその類似概念）の意味するところには、広狭深浅、さまざまなバリエーションがあることがわかる。それらを整理すると、「デジタル化」と呼ばれるものの、次の3つの側面が浮かび上がる。

1. アナログなモノやコト（いわば「対象」や「最終成果物」）を、そのままデジタルに置き換えた「デジタル化」：たとえば、書籍のページをスキャンしただけの「電子化」や、紙の本をそのままコンバートした「電子書籍」など。これはいわば、「Whatのデジタル化」と呼べるだろう。

2. アナログな「方法」を、デジタルな「方法」に置き換えたもの：著者探し、プロモーション、編集・制作過程におけるデジタルツールの利用、活用。いわば、「Howのデジタル化」。

3. デジタル技術がもたらす新しいメディア環境を前提として、新たなメディア表現、メディア産業、新たなビジネスモデルを作り出す動き。いわば、「『出版』を主語としない、『出版』の領域を拡張、再定義するデジタル化」。いわば、「Something Newを生み出すデジタル化」。

一口に「デジタル化」と言っても、こうした3つの動きが同時並行的に展開されているのが実情だ。それぞれの意味は重なり合う部分もあるが、矛盾する部分もあり、出版のデジタル化を複雑で理解しづらいものにしている。

ただ、注意深く見れば、同じような現象は、ひとり出版だけではなく、全産業、全社会にも起きていることが看取されるだろう。全社会的なデジタル化の動き、すなわちデジタル・トランスフォーメーション（DX）と呼ばれる変化である。

　DXとは何か。経済産業省は、2018年9月に公開した「DXレポート～ITシステム『2025年の崖』克服とDXの本格的な展開～」で、以下のように定義している。

> 企業がビジネス環境の激しい変化に対応し、データとデジタル技術を活用して、顧客や社会のニーズを基に、製品やサービス、ビジネスモデルを変革するとともに、業務そのものや、組織、プロセス、企業文化・風土を変革し、競争上の優位性を確立すること。

　要するに、デジタル技術を使って、何かしら「新しいビジネスや産業」が生まれた場合に、それをDXと呼ぶ、ということだろう。

　同省は、2020年12月に発表した「DXレポート2（中間とりまとめ）」では、さらに踏み込んで、DXの定義を三段階に分けて解説している。

1. デジタイゼーション（Digitization）：アナログ・物理データのデジタルデータ化
2. デジタリゼーション（Digitalization）：個別の業務、製造プロセスのデジタル化
3. デジタルトランスフォーメーション（Digital Transformation）：組織横断／全体の業務・製造プロセスのデジタル化、顧客起点の価値創出のための事業やビジネスの変革

　これらの3側面に、先に整理した「出版デジタル化の3側面」との平行性を見ることは難しくない。

　つまり、第一の「Whatのデジタル化」、狭い意味の「デジタル化」は、上記1のデジタイゼーションに当たり、第二の「Howのデジタル化」は、上記2のデジタリゼーションに該当する。そして第三の「Something Newを生み出すデジタル化」は、DXに相当する概念であると整理できる。

　出版のデジタル化は、出版産業だけで起きている、孤立した現象ではない。全社会、全産業で同時進行的に進むDXの一側面、「出版バージョン」にすぎ

ない、という捉え方もできるのだ。

(3)「本は違う」？ ───────

とはいえ、出版産業には、他の産業と違う、特殊な条件が課されていると捉えることもできる。

Whatの側面からいえば、作り出しているものは、単なる「モノ」ではなく、その内容如何によって、国や世界、コミュニティの命運も左右することもある「コンテンツ」である。

一つの言説が戦争や紛争を生み出すこともあり、国の政策や人の人生を狂わせることもある。法制度、教育、文化など、「本」が基盤となって成り立っているものは数多い。

その意味で本は単なる商品ではない。そのため、総体としてはDXの視点に立ちながらも、書籍に特有な条件についても目配りすべきだろう。本論点についてここで議論をさらに深めることはできないが、最後に再度触れてみたい。

4.3.2　書籍のデジタル化の現状

本節では、前項での議論を受けて、書籍のデジタル化の現状をまとめる。

(1)「書籍」市場の推移 ───────

図4.2は、1996年から2020年にかけての「書籍」推定販売金額の推移を示したグラフである[31]。

色の濃い方から、「文字もの書籍」「書籍扱いコミックス」「雑誌扱いコミックス」「（文字ものの）電子書籍」「電子コミック」という順に、各年の市場における推定販売金額を集計したものだ。

データの出典は「出版指標 年報」であるが、このグラフにおいては、元の数値を筆者独自の視点で元データを加工してある。そのため、読者が新聞、雑誌の報道で目にするものとは、かなり異なったものとなっていることには留意してほしい。

通常の出版統計では、コミックス単行本を歴史的経緯から、「書籍」と「雑誌」に振り分けて集計している。その割合は年によって異なるが、近年では、コミックス売上の8割が「雑誌」に、その他が「書籍」扱いになっている。つまり「書籍の統計」といいつつも、その中には「文字もの書籍」と「書籍扱い

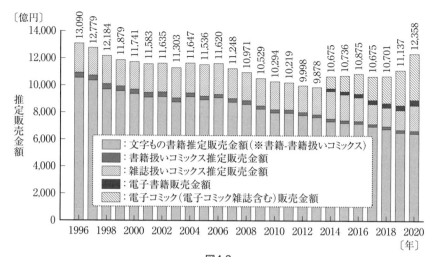

〔億円〕

14,000

12,000

推定販売金額

10,000

8,000

6,000

4,000

2,000

0

13,090 12,779 12,184 11,879 11,741 11,583 11,635 11,303 11,647 11,536 11,620 11,248 10,971 10,529 10,294 10,219 9,998 9,878 10,675 10,736 10,875 10,675 10,701 11,137 12,358

：文字もの書籍推定販売金額（※書籍-書籍扱いコミックス）
：書籍扱いコミックス推定販売金額
：雑誌扱いコミックス推定販売金額
：電子書籍販売金額
：電子コミック（電子コミック雑誌含む）販売金額

1996 1998 2000 2002 2004 2006 2008 2010 2012 2014 2016 2018 2020 〔年〕

図4.2

コミックス」が含まれている（一方で、「雑誌」統計には、いわゆる「雑誌」
と「雑誌扱いコミックス」が両方入っている）。

　しかし、コミックスはその外観や読者の受け止め方からしても、「雑誌」と
いうより「書籍」に近いメディアと捉えるべきではないだろうか。国際的な出
版統計においても、Manga や Graphic Novel は書籍の一種として集計されて
いるし、「書籍」の中には、コミック以上に文字の少ない絵本等も含まれてい
ることを考え合わせると、コミックスの8割を除外する日本の「書籍」統計の
あり方は国際的な慣例に合致していないというべきである。

　この視点から、「雑誌」統計に振り分けられている雑誌扱いコミックスを雑
誌から分離させ、さらに「書籍」に計上されている書籍扱いコミックスを書籍
から分け、「（文字もの）電子書籍」「電子コミックス」と合わせて、これらを
全体として「書籍市場」として捉え返し、整理したのが上記のグラフである。

　さて、この観点から見た日本の書籍市場の現状は、急速な成長の只中にある
といえるだろう。

　「文字もの書籍」の販売額は、1996年から一貫して下がり続けてはいるもの
の、（雑誌扱い＋書籍扱い）コミックスはさほど減っておらず、2019年には反
転上昇を見せている。また、電子書籍・電子コミックが年々拡大しており、特

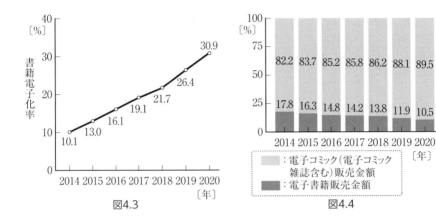

図4.3

図4.4

に電子コミックの急速な伸びにより、「書籍」全体の市場は、1997年に匹敵するレベルにまで回復した。

　文字もの電子書籍と電子コミックを合わせたものを「総合電子書籍」と捉え、その販売額が、「書籍」全体に占める割合（仮に「電子化率」を名付けてみる）を計算してみると、図4.3のように、2020年の実績は3割を超える。

　「総合電子書籍」の内訳を見ると、その多くの部分をコミックスが占め、しかもその割合は年々増加している。

　こういった傾向を指して「電子書籍と言っても、そのほとんどはコミックス」と揶揄するニュアンスで語る向きもある。しかし、日本生まれの出版ジャンルともいえるマンガが、日本の出版市場で大きな存在感を示したからといって、意外に思う必要はないのではないだろうか。

(2)「書籍」の電子化率を国際比較する

　前項で紹介した日本の出版のデジタル化の現状は、国際的な視点で見るとどうなるのであろうか？

　図4.5はIPA（International Publishing Association：国際出版連合）が発表した、2018年時点の各国出版物の「デジタル化率」の比較である。

　データの欠落がある国は除かれており、また、「デジタル化」の定義が本稿とは異なるようであるが、この図の範囲では、日本がもっともデジタル化の進んだ国、ということになる。

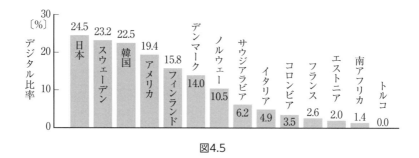

図4.5

この統計には中国が含まれていないが、馬場公彦氏の報告によれば、中国における電子書籍市場の規模はまだ成長途中という[20]。だとすれば、おそらくは絶対値でいっても割合でいっても、日本が電子出版のフロントランナーであることは間違いなさそうだ。

(3)「出版デジタル化先進国」日本の意味 ―――

ここまで、日本の出版市場における「デジタル化」の現状について、主に「What」の側面で説明してきた。

先に述べたように、「デジタル化」の射程は、単に紙の本を電子媒体に直す、という意味にとどまらない。「How」や「Something New」の領域に至って初めて、デジタルならではの可能性の世界が開けてくる。

これについては、次項でデジタル化の未来を語る際に再度触れてみたい。

4.3.3 書籍のデジタル化の未来

ここまで、書籍のデジタル化の現状について、駆け足で報告してきた。本節では、その未来について、ポイントを絞って展望してみたい。

(1) デジタル化、4つの「ビッグ・テーマ」 ―――

『書籍産業の内側（"Inside Book Publishing"）』『デジタル時代における書籍の未来（"The Future of the Book in the Digital Age"）』などの共著・編著作を持つアンギュス・フィリップス氏（Angus Phillips、英オックスフォード・ブルックス大学国際出版研究所ディレクター）は、『ページを捲る：書籍の進化（"Turning the page: The evolution of the book"）』という著書で、デジタル化による書籍産業の変化を次の4つの「ビッグ・テーマ」に即して分析して

いる。

    1. 中抜き（ディスインターミディエイション）

    2. グローバル化（グローバリゼーション）

    3. メディア融合（コンバージェンス）

    4. 発見可能性（ディスカバラビリティ）

本節でもこの4つの流れから、デジタル化の行方を占ってみたい。

(2)「中抜き」は進むか？ ————

電子出版においては、紙の出版において必要だった多くの資材や設備、人員が、不要となり、省略されることで、著者と読者をつなぐ出版のサプライチェーン（あるいはバリューチェーン）が劇的に短縮される、と言われた。

確かに、電子出版では、紙やインク、印刷機や製本機、配送のための輸送手段、刷り上がった本を保管する倉庫や、書店の棚に並べる書店員も要らない。その意味で、残る「編集者」や「出版社」も不要になるのでは、と考えられたのも無理はない。これがいわゆる出版の「中抜き（ディスインターミディエーション、disintermediation）」論である。

2010年には、『私にはもう出版社はいらない』[8]という本が出版された。同じ年、『電子書籍の衝撃』[5]でデジタル化による出版産業の変革を説いた評論家・作家の佐々木俊尚氏は同書の前書きに、「これは非常に恐ろしい本である」と書いた。出版社の手を借りずに作品を世に出すノウハウを説いた同書の内容が、「伝統的な本の売り方を全否定したうえに成り立っている」というのがその理由だ。

佐々木氏はその後、『キュレーションの時代——「つながり」の情報革命が始まる』[4]で、SNSなどの発達で、それまでマスコミが果たしていた情報のキュレーション（取捨選択、整理）の役割も、個々人によって担われる時代が来ると説いた。こちらは情報流通経路の「中抜き」である。

佐々木氏の警句を裏付けるように、2010年代には、Amazonの自己出版（セルフパブリッシング）プラットフォーム「Kindle Direct Publishing（KDP）」などを利用した「非伝統的な作家デビュー」の例がマスメディアの話題となった。海外では、アマンダ・ホッキング（『スウィッチ』）、E・L・ジェイムズ（『フィフティ・シェイズ・オブ・グレイ』）、アンディ・ウィアー（『火星の

人』）など、出版社の手を経ずに作品を世に出し、多数の読者をつかんだ作家が現れた。

　日本でも、小説では、藤井太洋（『Gene Mapper』。書籍は早川書房）、梅原涼（『お前たちの中に鬼がいる』。書籍は主婦の友社）、十市社（『ゴースト≠ノイズ［リダクション］』。書籍は東京創元社）などが KDP を経てメジャー・デビューした。

　Amazon 以外のプラットフォームでも、ネット（ウェブ）を通じて直接的にデビューする作品や作家が続出した。投稿サイト「STORYS」で公開された『学年でビリだったギャルが、1 年で偏差値を 40 あげて日本でトップの私立大学、慶應大学に現役で合格した話（ビリギャル）』はミリオンヒットとなり、映画化もされた。「小説家になろう」「アルファポリス」「E★エブリスタ」などの小説投稿サイトからは、『この素晴らしい世界に祝福を!』『ログ・ホライズン』『Re: ゼロから始める異世界生活』『君の膵臓をたべたい』などのメガヒットが続出し、「ウェブ小説」や「新文芸」と呼ばれる新しいジャンルを生み出した。

　しかし、これらの実例を見て気づくのは、書籍としての刊行やヒットまでの過程において、出版社（編集者、校閲者など）の役割は変化しこそすれ、「縮小」などはしていないということである。実際、『ウェブ小説の衝撃』において筆者の飯田一史は、「小説家になろう」等のウェブ小説投稿プラットフォームの登場は、雑誌の衰退により出版社が失った R&D 機能を代替するものとして登場したと指摘しつつも、「紙の本の制作および流通や他メディア展開においては出版社が果たす役割は以前大きい」と指摘する。表 4.1 は同書において

表 4.1

	作家の発掘・調達	企画のジャッジ	制作	宣伝	流通・販売	他メディア展開
従来型	公募の小説新人賞から	編集会議	雑誌掲載のうち書籍化、書き下ろし	雑誌を使った宣伝	書店流通	映像化
ウェブ小説	ウェブ小説プラットフォームから	ランキング、「お気に入り」などの数	ウェブ掲載のうち書籍化	SNS を使った宣伝、O2O	書店流通	マンガ化、映像化

飯田氏が整理した旧来の小説におけるバリューチェーンとウェブ小説における
バリューチェーンの比較である[2]。

「中抜き」はあらゆる産業で起きており、それがネットの力によって促進されていることも確かである。しかしその一方で、もともと特に、紙とペンがあれば誰でも参入できる書籍出版において、「編集者」「校閲者」といった「ミドルパーソン」は本来的に二次的な存在であったことにはもっと目が向けられてもよいだろう。

著者一人でもやろうと思えばできるが、それが合理的でない状況・条件が存在するから「ミドルパーソン」の力を借りる必要があり、そうした存在が要請されてきた。著者とは違う観点から内容を吟味したり、原稿整理を行い、表記の誤りを正し、事実関係の「裏取り」を行う。またマンガ家を雇ってコミカライズを行ったり、出資者を募ってアニメ化、映画化などを企画する——こういった役割を著者自ら果たせればよいが、ほとんどの場合そうではないから、そういった業務に長けたミドルパーソンが活躍してきたのだろう。作品の第一次的な発表の場がウェブになったからといって、あるいはアウトプットが電子媒体となったからといって、そうした条件が一変したわけではないのである。そうなのであれば、ミドルパーソンの役割はなくならないということになる。

遠い将来に何がおきるか、それは誰にもわからない。しかし、目に見える範囲の将来について、書籍のエコシステムからミドルパーソンが追放されることはなさそうである。ただし、そうした役割に従事する者が「編集者」「校閲者」「出版社」と呼ばれ続けるかどうかはまた別問題だが。

(3) グローバル化はどうなるか？ ————

ネットの普及により、メディア・コンテンツは国・言葉の境を以前よりはるかに容易に飛び越えられるようになる。そのことは、インターネット黎明期から指摘されてきた。ここ数年、この予言が徐々に現実化しつつある。アニメの国際市場の拡大にともない、マンガの海外販売も伸長してきたのだ。

オタクカルチャーを扱う米国のオンライン雑誌「ICv2」によると、2020年の北米市場のマンガの売上が、過去最高を記録した。米国の出版統計では、日本流のマンガを Graphic Novel の下位カテゴリーに分類しており、カテゴリ内トップは、アメコミが占めていたが、2020年には、初めてアメコミをしのい

だという。その結果、パンデミック期のニューヨーク・タイムズベストセラーリストの Graphic Novel ジャンルはほとんどを日本のマンガが占める結果となり、米国の出版界に衝撃を与えている。

　マンガの海外での成長の理由としては、Netflix、Amazon Prime や Crunchyroll といった動画配信サービスが、アニメのサイマル配信をはじめたことが挙げられている。

　コミックについては 6 章で扱っているので、ここまでにしておくが、本稿の趣旨から興味深いのは、こうした動きが、「文字もの」にも波及するかどうか、という点だ。

　その意味で、日本のライトノベル（ライトノベル）の翻訳版の動向が注目される。公式の統計はないものの、アニメ、マンガの成長と並行して市場を拡大させていると言われているからだ。

　2016 年に KADOKAWA の出資を受けた Yen Press は、マンガと並んで英語版ラノベを積極的に配信している。同じく 2021 年に KADOKAWA に買収された J-Novel Club は、章ごとのサイマル配信を行っているラノベのサブスクサービスであり、こちらも業績を伸ばしているという。また KADOKAWA グループの海外向け電子書籍ストア「BOOK ☆ WALKER Global」でも、ライトノベルの販売が急伸しており、その一冊あたりの売り上げは、マンガの 10 倍にものぼるという（同社プレスリリースより）[21]。

　日本のコンテンツの海外輸出は、これまで、言葉の壁に阻まれてきた。

　しかし、ディープラーニングを使った翻訳技術の急速な発展で、翻訳版の作成の技術的障壁はかなり下がっている。実際、YouTube の自動字幕機能をつかえば、かなりの精度で海外の動画を理解できることがわかる。

　2019 年には、マンガのセリフを AI で自動翻訳するサービス「Mantra」が立ち上がった。

　電子書籍ならば、「流通」という海外進出のもう一つの壁を突破できる。翻訳と流通という二大ハードルが下がったことで、今後、日本の書籍コンテンツの海外への輸出は、ますます容易になり、拡大していくことが予想される。

（4）メディア融合（コンバージェンス）は進むか ————

　デジタル技術の発展により、他のメディアとの垣根が下がり、書籍のコンテ

ンツは他のコンテンツと融合していき、最終的には見分けがつかないものになる——こうした主張が、電子出版の初期のころから提唱されてきた。いわゆる「メディアコンバージェンス（融合）」の仮説である。

この仮説にはいくつかのバリエーションがある。テキストに動画や音楽、インタラクティブなアクションを付加した「マルチメディア本」を唱導する流れもあれば、ストーリーがn対nの関係でつながり、複数のエンディングを持つ「ハイパーテキスト化」や、章ごとに分割された「マイクロコンテンツ」が個別に流通するとする「ディスアグリゲーション（disaggregation）」仮説や、常時アップデートしていく、ウェブに近い存在になるという予言もあった。

冒頭に紹介したYOASOBIの例は、こうした融合の一例とも捉えられるが、これまでのところ、「モノ」としての本が他のものに変化して成功した例は少ない。前出のAngus Phillips氏はこう述べる。

「デジタルの世界でもっとも成功した書籍の形態は、これまでのところ、『バニラ電子書籍』であった。その経済モデルは、紙の書籍をほとんど模倣したものであり、だからこそ成功した。歌いまくり、踊りまくる本を作ることはできるが、そうした本のほとんどは高い制作費をまかないきれず、損失をうむばかりだった」（Turning the page, p.xiv）

「バニラ電子書籍」とは、紙の書籍をそのまま電子化した（前節における「デジタイゼーション」）本のことである。バニラ電子書籍が支持される理由はさまざまに考えられるが、現在の「冊子体（コーデックス）」という形態の書籍が、機能・利便性などの点において、あまりにも優れている、ということが考えられる。そうなのであれば、この形態が要請する、始めから終わりまで一直線に読むための書き方、読み方も、すぐに廃れるということはないだろう。大方の評論家が予想する以上に、本というメディアは強固だった。「本は単なる時代遅れの入れ物（コンテナ）にすぎない」という「コンテナライゼーション（Containerization）」仮説は、これまでのところ否定されていると見てよい。

先に触れたビジュアルノベルは、本がゲームに融合したというより、ゲームが本を取り込んだと見るべきだろう。

このように、Whatの側面での融合は頭打ちだが、HowやSomething Newの側面では、日本では、メディア領域や作品をまたいだ「コラボ」がさかんに

試みられるなど、まだまだ可能性を残していると考えるだろう。

(5) 発見可能性（ディスカバラビリティ）————

　最後に課題となるのが、書籍のディスカバラビリティの問題である。デジタル化により作者や本が増える一方で、これまで、本の紹介機能を果たしていた書店や新聞・雑誌の書評が機能低下をきたしている。

　書籍のディスカバラビリティを向上させるにはどうしたらよいか？ 2つの方向性が考えられる。一つは、SNSや動画配信プラットフォームといった新興メディアを使った紹介・販促。もう一つは、メタ情報（書誌情報）の充実とSEO（サーチエンジン最適化）であろう。

　第一の「SNS等の活用」は、『電子書籍の衝撃』[5]において佐々木俊尚氏もクローズアップしていた要素だ。SNSがこれだけ世の中に広く普及している状況では、ソーシャルメディアがマスメディアに代わって本の紹介機能を果たすのは自然な流れだろう。

　しかし、SNSを含む情報流通が爆発的に増え、人々の関心を引くことがますます難しくなる「アテンション・エコノミー」の流れの中で、そういった紹介も埋没してしまいがちなことが問題だ。

　2021年12月、書評家の豊崎由美氏が、短編動画プラットフォーム「TikTok」で本を紹介する配信者（「BookToker」と呼ばれる）に対して、批判めいた投稿をSNS上で行った「Tiktok書評論争」もそうした背景を元に理解すべき一件だろう。

　第二の「メタ情報」については、ネット時代においては、発売前にコンテンツのメタ情報（タイトル、著者、表紙、内容紹介など）の周知が必要なのにも関わらず、現時点でネット上で手に入るメタ情報は、発売後のものばかりであり、しかも使いやすい形で統一的に整備して提供しているのはAmazonほか少数の電子書店、という問題がある。

　書店の店員ですら、本の情報を聞くとAmazonを検索している、というのは由々しき事態であり、必要なメタ情報を事前に検索エンジンから容易に見つかる形で提供する必要がある。

　いずれにしろ、書籍のディスカバラビリティ向上については、簡単な解決策はいまのところ見つかっていない。関係者の地道な努力が必要だろう。

(6) そして、「本」はどうなるのか？ ─────

　本稿では、書籍のデジタル化の現状と未来について報告した。書籍のデジタル化は1980年代から始まる長い歴史を持っており、その過程で様々な紆余曲折、トライアル＆エラーを経験している。

　電子出版についての既存文献は、こうした歴史的経緯を踏まえた記述をしているものが多い。歴史を振り返ることは大事だが、出版（研究）の将来を展望する、という本書のコンセプト添う形で、本稿ではあえて「現状」と「未来」に的を絞った（また、紙幅の関係で、教育、著作権、アクセシビリティなどについては触れられなかった）。

　電子出版のこれまでの歴史に興味を持つ読者は、『電子出版学概論』[24]や『電子出版クロニクル』[18]を繙いてほしい。

　そこには、「電子メディア・ネットワーク時代に書籍をどう再定義するか」という命題に取り組んだ先人たちの足跡が刻まれている。

　社会や産業全体がどうなろうと、あるいはメディア産業がどうなろうと、これまで「本」が担ってきた機能・価値を失うことはできない。それは大げさにいえば、人類の文明自体の崩壊を意味する。

　その意味で、かつてイギリスで、定価制度（再販制度）撤廃に対する反対運動で使われたスローガンをそのまま用いるなら、「本は違う（Books are different）」のである。

　そうであるからこそ、デジタル化やDXによる社会の変化に適合する形で、本を着実に「進化」させる責任が、出版産業に関わる人々に課せられているともいえる。「本はどうなるか」ではなく「本をどうするか」という問いが立てられねばならない。今後の「デジタル出版研究」の担うべき責務は重いというべきだろう。

課題 4-1 時代の変動と読者の求める書籍の関係で、特徴的な例をあげてみよう。

課題 4-2 1970 年〜 2000 年に書籍市場が 5 倍に伸びた理由を考察してみよう。

課題 4-3 紙の本と電子の本を比べて、それぞれのメリット・デメリットをまとめてみよう。

研究 4-1 再販制の導入とベストセラーの関係を考察してみよう。

研究 4-2 21 世紀に出版界に起きた「ブーム」現象と、ネット社会の進展との関係を考察してみよう。

研究 4-3 電子書籍の普及・発展に必要なものは何か考察してみよう。

文献

[1] アンダーソン, ベネディクト『定本 想像の共同体——ナショナリズムの起源と流行』白石隆・白石さや訳、書肆工房早山、2007 年

[2] 飯田一史『ウェブ小説の衝撃——ネット発ヒットコンテンツのしくみ』筑摩書房、2016 年

[3] 岡野他家夫『日本出版文化史』春歩堂、1959 年

[4] 佐々木俊尚『キュレーションの時代——「つながり」の情報革命が始まる』筑摩書房（ちくま新書）、2011 年

[5] 佐々木俊尚『電子書籍の衝撃——本はいかに崩壊し、いかに復活するか?』ディスカヴァー・トゥエンティワン、2010 年

[6] 澤村修治『ベストセラー全史 近代篇』筑摩書房、2019 年

[7] 澤村修治『ベストセラー全史 現代篇』筑摩書房、2019 年

[8] シェパード, アロン『私にはもう出版社はいらない』平林祥訳、WAVE 出版、2010 年

[9] 塩澤実信『売れば文化は従いてくる——出版 12 社の戦略と商魂』日本経済評論社、1985 年

[10] 清水英夫「人間行動としての読書・試論」『出版研究』No.2

[11] 鈴木敏夫『出版——好不況下 興亡の一世紀』出版ニュース社、1970 年

[12] 数土直志「KADOKAWA が米社 J-Novel Club を買収、翻訳ラノベ電子出版のベンチャー」http://animationbusiness.info/archives/11253（2022 年 1 月 4 日アクセス）

[13] 数土直志「KADOKAWA 米国の日本マンガ翻訳出版大手 Yen Press に出資、合弁会社設立」https://www.animeanime.biz/archives/22541（2022 年 1 月 4 日アクセス）

[14] 瀬沼茂樹『本の百年史——ベスト・セラーの今昔』出版ニュース社、1965 年

[15] 橘宗吾『学術書の編集者』慶應義塾大学出版会、2016 年

[16] 外山滋比古『エディターシップ』みすず書房、1975 年

[17] 日本図書館協会図書館ハンドブック編集委員会編『図書館ハンドブック 第 6 版補訂 2 版』日本図書館協会、2016 年

[18] 日本電子出版協会編著『電子出版クロニクル 増補改訂版——JEPA 30 年のあゆみ』日本電子出版協会、2018 年

[19] 長谷川一『出版と知のメディア論——エディターシップの歴史と再生』みすず書房、2003 年

[20] 馬場公彦「中国電子出版事情——巨大な市場規模、だが電子書籍ビジネスはこれから」https://hon.jp/news/1.0/0/31852（2022 年 1 月 5 日アクセス）

[21] ブックウォーカー（プレスリリース）「BOOK ☆ WALKER 海外での月間売上 1 億円突破！　日本発のマンガ・ライトノベルに対する海外需要が伸長 https://prtimes.jp/main/html/rd/p/000001044.000001227.html（2022 年 1 月 4 日アクセス）

[22] 箕輪成男『近代「出版者」の誕生——西欧文明の知的装置』出版ニュース社、2011 年

[23] 箕輪成男編訳『本は違う——イギリス再販制裁判の記録 新装版』出版流通対策協議会、1992 年

[24] 湯浅俊彦『電子出版学概論——アフターコロナ時代の出版と図書館』出版メディアパル、2020 年

[25] International Publishing Association "The Global Publishing Industry in 2018" https://www.wipo.int/publications/en/details.jsp?id=4488（2022 年 1 月 5 日閲覧）

[26] Phillips, Angus "Turning the page: The evolution of the book", Routledge, 2014

[27] Publishers Weekly "Streaming Anime Lifts Manga Sales" https://www.publishersweekly.com/pw/by-topic/industry-news/comics/article/86276-anime-readers-lift-manga-sales.html（2022 年 1 月 4 日閲覧）

[28] 日本出版学会編『出版研究』

[29] 日本出版学会・出版教育研究所共編『日本出版史料』

[30] 『出版事典』出版ニュース社、1971 年

[31] 『出版指標 年報』全国出版協会・出版科学研究所

[32] 『読書世論調査』毎日新聞東京本社広告局

[33] 『出版年鑑』出版ニュース社

[34] 出版各社の社史

[35] 「造本装幀コンクール」https://www.jbpa.or.jp/zohon/zohon-index.html（2021 年 8 月 30 日閲覧）

第5章

雑誌

5.1　日本における雑誌の歴史 ［富川淳子］

5.1.1　近代

(1) 雑誌の誕生 ───

　時代が江戸から明治に変わる 1 年前の 1867〔慶応 3〕年に生まれた『西洋雑誌』から日本の雑誌[1] の歴史は始まる。和紙で木版印刷の『西洋雑誌』が日本初の雑誌とされるのは巻末に magazine のオランダ語読みである「マガセインの如く」と出版趣旨の文章があることに基づいている。

　主に欧米諸国の歴史、科学・学術に関する翻訳記事を掲載するこの雑誌を作ったのは語学に関する本や西洋式数学の入門書などを著した開成所の教授、柳河春三。毎月の発行であったが、柳河の死去により 1869〔明治 2〕年、わずか 6 冊の発行で廃刊となる。しかし、この『西洋雑誌』誕生を機に明治維新以後の知識欲の高まりに応じて、政治、経済、医学、教育など様々な分野の雑誌が次々と創刊されていった。

　特に多かったのが西洋から得た新知識の紹介や政府批判を掲載した雑誌である。のちに初代文部大臣になる森有礼や福沢諭吉らで結成した近代的啓蒙学術団体「明六社」の機関紙として 1874〔明治 7〕年に誕生した『明六雑誌』もその

---

1)　現在の雑誌の定義は①週刊、月刊というように定期的に刊行、持続性のある刊行物、②定価が明示された商品性のある営利刊行物、③綴じてある冊子スタイル、④値段が全国一律、同時発売、⑤ TV や新聞などのマスメディアと比べると編集方針やターゲットが明確という 4 点が挙げられる。雑誌黎明期における雑誌の定義は①の定期刊行物と②の営利刊行物、③の綴じてある雑誌スタイルの 3 点が要件とされた。

中の1冊。日本初の総合雑誌として男女同権論、キリスト教採用論などの論説を掲載するが、明治政府の検閲[2]に抗議し、翌年に廃刊する。しかし、『明六雑誌』で拓かれた総合雑誌の分野は『中央公論』（1987〔明治20〕年）や『文藝春秋』（1923〔大正12〕年）の誕生によって続いていくことになる。

そのほかの分野で発達したのは『文部省雑誌』（1874〔明治7〕年）や『東京医事新誌』（1877〔明治10〕年）のような教育と医学系雑誌である。明治10年代に入ると経済誌の元祖となる『東京経済雑誌』（1879〔明治12〕年）など60誌余りの専門誌が生まれたが、明治10年頃まではいずれも判型はB5より小さく、10〜20ページ程度で紙質もわら半紙のような粗悪なものだった。

また1871〔明治4〕年に政治家の木戸孝允の出資によって発行された『新聞雑誌』という名前からわかるように、明治期は書籍と雑誌、さらに新聞と書籍の法的扱いにおいても判然としてない。欧米に習い、雑誌などの定期刊行物に対し、一般印刷物より廉価に郵送できる郵便規則「定税逓送免許」が1871〔明治4〕年に始まるが、この免許を取得したのは雑誌だけでなく、新聞も多かったという。

雑誌の草創期は活版印刷や版画上の絵がそのまま印刷できる石版印刷などの新しい印刷技術や洋紙製造技術が次々と導入された時期とも重なる。1872〔明治5〕年には王子製紙の前身となる抄紙会社、1876〔明治9〕年には秀英舎（現・大日本印刷）が創業した。

読者と教育は密接な関係にある。1872〔明治5〕年に学制が制定され、小学校が続々と設置された翌年の就学率は28.1％。1873〔明治6〕年にはお茶の水女子大学につながる東京女子師範学校が設立され、教員育成も始まった。しかし明治前期は雑誌の存在そのものに馴染みがないため、読者は一部少数の知識人層に限られていた。

---

2) 明治政府は雑誌と新聞に啓蒙する力があることがわかり、行政批判や風紀壊乱の禁止、版権保護を規定。国民が公然と政治を論ずる風潮の高まりに対し、政府は抑圧策、言論弾圧策を立てた。1869〔明治2〕年「新聞印刷条例」を制定。発行許可制、政府批評禁止などを規定。同年「出版条例」。『明六雑誌』は1875〔明治8〕年「新聞条例16条」と「讒謗律（ざんぼう）8条」によって雑誌の記事が検閲されることに抗議しての廃刊だった。ちなみに明治2年の「新聞雑誌条例」には女性は雑誌に投稿できても自らが編集発行人になれないという条目があり、その規制は1899〔明治32〕年まで続いた。

雑誌とほぼ同じ頃に出発した新聞は時代に対する推進力を持つメディアとして誕生直後から発展していったのに対し、雑誌が持つ特性が認められるまでには時間が必要だった。しかも雑誌勃興期は個人や仲間数人で起こした雑誌が主流を占め、経済的基盤の弱さから半年か1年余りで廃刊となった雑誌も多い。新聞の報道のスピードや刺激性に対して雑誌の分析力や評論力が評価され、社会的に雑誌が広く受け入れられる土壌が形成されるのは明治20年代に入ってからであった。

(2) 雑誌が発展した明治20年代

　雑誌が日本に登場して17年後の1884〔明治17〕年に初の女性誌である雑誌『女学新誌』が生まれる。その翌年には『女学新誌』を発展させたものとして『女学雑誌』が創刊された。2冊の女性誌の創刊の意図は明治維新後、西欧文化が急速に流入し、封建的な男尊女卑の思想から脱皮していく価値観の変化の中、女性教育の指針を示すことであった。ただ共に表紙がピンクの女性誌の読者は男性が多かったという。なぜなら明治20年代前半、小学校に通う女子は30％程度、漢字が並ぶ文章を読める女性は男性に比べ、格段に少なかったからである。

　しかし1886〔明治19〕年には小学校4年間が義務教育になり、1891〔明治24〕年には就学率が約50％、1907〔明治40〕年にはほぼ100％と文字を読める人口が急激に増加した。さらに1886〔明治19〕年の白木屋洋服店舗開店に続き、伊勢丹や三越洋服店も開業。1889〔明治22〕年には東海道線も開通し、大日本帝国憲法が発布される。1894〔明治27〕年の日清戦争勃発、1904〔明治37〕年日露戦争開始によって軍事産業をはじめとする国内産業が発展する。

　以上のように明治維新から始まる価値観の変化や産業の発展、戦争による世の中の混乱が続いたこともあり、明治20年代にはそれを論じ、考察する総合評論誌と呼ばれる雑誌の創刊が相次いだ。徳富蘇峰によって1887〔明治20〕年に創刊された『國民之友』は近代に向かう日本の平民という視点から政治の評論を試みた雑誌である。森鴎外の『舞姫』を掲載するなど文学の創作や評論などにも重点を置き、青年知識層に広く愛読された。ただ、当時の部数は最高でも2万部程度、ページ数も数十ページを綴じたものであった。

　一方、政治家、経済人、作家など執筆者に著名人を揃え、論説からエッセ

イ、講演録から文学作品まで掲載する総合誌というジャンルを確立し、人気を集めたのが1887〔明治20〕年創刊の『中央公論』や1895〔明治28〕年誕生の『太陽』である。『太陽』はページ数も200ページに達するほど厚く、10万部という当時としては驚異的な部数を記録した。

産業の発達に伴い経済の専門誌も誕生する。1895〔明治28〕年には現在も続く『東洋経済新報』（現・週刊東洋経済）、1897〔明治30〕年に創刊し、2000〔平成12〕年まで存在した経済誌『実業之日本』などが国家の経済政策や資本主義への道を説いた。

また明治20年代は読者層の広がりと文化の成熟に応じて文芸雑誌、女性誌、少年誌など雑誌のジャンルも広がった。文芸誌は山田美妙が主筆の『都の花』が1888〔明治21〕年創刊、1889〔明治22〕年には『新小説』、1895〔明治28〕年誕生の『文藝倶楽部』は田山花袋、泉鏡花などが執筆。『新小説』と『文藝倶楽部』は商業誌としても成り立つ基盤を作り上げた。

それに対し、坪内逍遙によって1891〔明治24〕年に創刊された『早稲田文學』は純文学の道を歩み、その後の文学史に大きな影響を与える。1897〔明治30〕年創刊の『ほとゝぎす』は当初俳句雑誌だったが、4年後には『ホトトギス』とカタカナ表記になり文芸誌に変わっていく。1905〔明治38〕年からは夏目漱石の『吾輩は猫である』、続いて『坊っちゃん』を連載。1913〔大正2〕年には俳句雑誌に戻り、平成まで存続した。1910〔明治43〕年創刊『白樺』は明治文学の自然主義に対抗して理想主義や人道主義を主張する作家たち、武者小路実篤、志賀直哉、里見弴などが集い1910年代の文学の主流となった。

少年誌は少年の投稿を中心とした雑誌が明治10年頃に何誌も誕生しているが、20年代になって60誌以上と急激に増加した。その後も増え続け、明治期だけでも100誌以上の少年誌が生まれた。中でも注目は『少年世界』（1895〔明治28〕年）である。論説や小説、学校案内や時事など多彩な執筆陣で40年弱続く長寿雑誌となる。初の少女誌は1902〔明治35〕年創刊の『少女界』。女性誌同様20年近くの遅れての誕生であった。

雑誌が一般の人の生活の中にも受け入れられる土壌ができあがってきた明治20年代、商品として世の中に出回っていた雑誌は記録として残っているだけでも約200誌は超えていたという。

(3) 出版システムの発展 ────

　男子を対象とした中学校令よりも 13 年遅れて公布された高等女学校令（1899〔明治 32〕年）によって全国に 37 校しかなかった高等女学校は 2 年後には 80 校、8 年後には 133 校になる。そしてこの増加は女性誌読者を急速に拡大させることになった。人気を集めたのは『女學世界』（1901〔明治 34〕年）、『婦人界』（1902〔明治 35〕年）、『婦人世界』（1906〔明治 39〕年）など女性総合誌である。生活実用情報から小説まで掲載し、巻頭には大隈重信や山脇房子などの教育者が家父長制度に対応した良妻賢母思想を高学歴の女性に発信することを目的とした論説が何本も並ぶ雑誌であった。

　明治 40 年代に入ると良妻賢母思想啓蒙とは異なる立場の女性誌が登場する。のちに自由学園を創立する羽仁もと子・吉一の二人が 1908〔明治 41〕年に創刊した『婦人之友』はキリスト教に基づく人生観に立ち、女性の地位向上を目指した情報を紹介した。さらに 3 年後の 1911〔明治 44〕年、当初は平塚らいてうによる文芸誌として『青鞜』は発刊されるが、やがて社会問題に挑戦する評論誌となる。この雑誌の女性編集者たちの当時の価値観にとらわれない発言や行動は世間から“新しい女”とレッテルを貼られ、非難を集めた。4 年後に廃刊、その『青鞜』のメンバーたちは大正デモクラシーの中で『婦人公論』（1916〔大正 5〕年）や『女性改造』（1922〔大正 11〕年）に移り、活動を続ける。

　明治中期以降、雑誌のビジュアル表現の多様化も進んだ。1889〔明治 22〕年に誕生の『風俗画報』は絵や図版を多用、写真掲載にも挑戦した雑誌である。国木田独歩が編集長を務めた当時としては珍しい A4 版に近い『婦人画報』（1905〔明治 38〕年）も黄・赤・藍の原色 3 色を掛け合わせた 3 色判印刷を採用。1904〔明治 37〕年の日露戦争を報道する『日露戦争実記』や『戦時画報』などの雑誌には写真が採用されるようになった。

　就学率の上昇に伴い、教科書を作る出版社も出現し、その規模を拡大していく。1887〔明治 20〕年の創業、その後約 10 年で『太陽』をはじめ『女學世界』『少年世界』『幼年世界』など雑誌 30 誌以上を発行する会社に成長した博文館。傘下に取次の東京堂を 1890〔明治 23〕年に誕生させ、種類が増えてきた雑誌を全国に届ける販売網を構築していった。

　実業之日本社は 1906〔明治 39〕年に創刊した『婦人世界』において、売れ残

ったものは返品可能という委託販売制度を 1909〔明治 42〕年に導入する。当時、雑誌の販売は前金買い取り制が主流であり、そのため売れ残りを恐れた書店が店頭に並べる部数を控えめにする傾向があった。しかし委託販売制導入によって女性誌としては最高の 25 万部という販売部数を記録。この成功によって委託販売制度が出版界に定着、同時に書店も経済的基盤を固めていく。このように明治後期以後、雑誌は博文館や実業之日本社の発展によって全国的に読者層を増やし、部数増を実現していったのである。

明治後半以降の出版産業の発展は 1896〔明治 29〕年創業の新潮社のほか、講談社の前身、大日本雄弁会（1909〔明治 42〕年）、岩波書店（1913〔大正 2〕年）、平凡社（1914〔大正 3〕年）、主婦の友社（1916〔大正 5〕年）、小学館（1922〔大正 11〕年）、文藝春秋（1923〔大正 12〕年）など多くの出版社の出現を促すことになった。

(4) 100 万部雑誌の誕生

大正時代前半は、第 1 次世界大戦の影響で日本の経済は潤ったが、後半は関東大震災や戦後恐慌などで一転、不況に陥った。特に関東大震災の出版界への影響は大きく、大正時代に創刊された雑誌のうち、大正末には約 6 〜 7 割が廃刊となるほどの大打撃を受けた。

その状況下で盛り上がったのが自由主義や社会主義的運動であり、『改造』（1919〔大正 8〕年）や『文藝春秋』（1923〔大正 12〕年）など大正デモクラシーを論じる雑誌が多く生み出された。雑誌の評論性を生かすために 1922〔大正 11〕年には新聞社が『週刊朝日』、『サンデー毎日』を創刊する。週刊誌という発売サイクルは当時、増加しつつあった都市型労働者の生活スタイルに合わせた新しいタイプの雑誌の誕生であった。

これまでにない大部数を売る雑誌が多く生まれたのも大正時代の特徴である。その背景には識字率も上がり、雑誌というメディアの形態にも慣れてきた読者層の成熟があげられる。また明治時代は値引き販売が一般的であったが、取次業者と出版社、書店が段階的とはいえ全国規模の組織を作りあげ、国内に定価販売が実現し、雑誌は売れば儲かる仕組みができあがったことも大きい。さらに輪転機が普及し、印刷のスピードもアップ、オフセット印刷やグラビア印刷の技術も進歩し、ページ数も部数も多い雑誌の出現をかなえたのである。

1917〔大正6〕年創刊の『主婦之友』と1920〔大正9〕年創刊の『婦人倶楽部（創刊1年目は『婦人くらぶ』）は共に生活実用誌として昭和10年代には百数十万部の販売を記録する類をみない雑誌となる。女性誌は明治30年代に多数誕生していたが、その読者層は高等教育を受けた恵まれた環境で生活する女性を対象とし、彼女たちに向けて家父長制の中での良妻賢母思想を浸透させることを目的とした雑誌であった。しかし、『主婦之友』『婦人倶楽部』は読者の最終学歴を小学校程度の女工や女中を中心層に置き、家庭内の幸せをテーマに実用情報や手記などを掲載。『婦人倶楽部』が1923〔大正12〕年に販売促進のために付録を付けたことをきっかけに両誌は姓名判断や作法辞典などの冊子、美人画の色紙などを付けた付録合戦を繰り広げる。ピーク時の1933〔昭和8〕年から1934〔昭和9〕年にかけては1号に10〜15の付録を付けて販売部数を競いあった。

　付録は生活実用誌だけに留まらない。1923〔大正12〕年頃には小学生を対象にして『五六年の小學生』、『少女倶楽部』（小学5〜6年対象）、『小學6年生』のように、教科書学習を補いつつ趣味や娯楽情報も掲載した学年誌や『コドモノクニ』（幼児・低学年対象）などターゲットを細分化した学習雑誌が次々と誕生した。これらの雑誌も販促のため、"面白くて為になる"付録を付けて販売された。

　大正時代、記録に残る大部数を売り上げたのが1925〔大正14〕年に創刊された大衆娯楽誌『キング』である。当時1号あたり25〜26万部が雑誌の最大発行部数だったが、創刊号から50万部を発行し、それからわずか2年目の新年号で100万部を突破。読者層は地方青年層を中心に女学生まで広がった。『キング』の成功の要因は総ページ354ページで定価50銭とページ数に対してお得感がある価格、編集方針が「日本一面白い！日本一為になる」と万人向け編集内容だったこと、そして宣伝効果があげられる。新聞、店頭、街頭宣伝、DM、電報とありとあらゆる手段を使ってこれまでにない宣伝を展開した。当時、サラリーマンの月給が50〜60円の時代、宣伝費に38万円という莫大な金額をかけた。この成功は出版界がその後、マスプロ・マスセールスへと歩む方向性を示すことになったのである。

(5) 昭和の戦争の影響

　"円本"と呼ばれた文学全集がブームになり、莫大な利益を得た新潮社や改

造社、平凡社は大衆娯楽誌『キング』の成功に刺激をうけ、大衆娯楽誌に挑戦したものの、いずれも短命に終わる。そんな中、1928〔昭和3〕年には日本共産党支持の全日本無産者芸術連盟の機関誌として『戦旗』が創刊。小林多喜二、中野重治などプロレタリア文学の発表の場としたが、通巻44号のうち、18号が特高警察の監視により発売禁止になった。また同年創刊の『女人芸術』は発行人が長谷川時雨、林芙美子など台頭めざましい女流作家の作品を並べる文芸誌であった。しかし、『青鞜』のかつてのメンバーなどによるフェミニズムや労働問題などの評論や手記を掲載し、3回の発禁処分を受け48号で廃刊になる。純文学と大衆小説の間に位置する中間小説を掲載する『オール讀物』（1931〔昭和6〕年）は生き残っていく。

　その後の日中戦争（1937〔昭和12〕年）勃発による需要拡大と米価高騰により、農村が経済的に安定する。この影響は都市型生活者が中心だった雑誌読者が農民や労働者までに広がり、娯楽として受け入れられるようになった大衆雑誌や婦人誌はさらに発展していった。

　その一方、非常時体制下の状況報告や解説をする時局雑誌が続々と作られた。軍部は雑誌や書籍は“精神の弾薬である”と喧伝し、戦争賛美に迎合しない出版物に対する軍部の検閲をあからさまに行った。1938〔昭和13〕年）、質素倹約に努めよという「国民精神総動員計画要綱」が発令されたが、その翌年、内務省が新聞と雑誌の創刊を認めない方針を打ち出す。同時に出版統制、検閲強化など言論統制、さらには雑誌の強制統合、整理などを何度も実施した。1944〔昭和19〕年の雑誌整理で残ったのは時局誌7誌、写真報道誌9誌のほか、総合誌と文芸誌、婦人誌など40誌以下。『改造』や『大衆文芸』などは内容を変え、時局雑誌や機関誌雑誌になることを条件として存続が許される。また敵国語の廃止によって、大部数を誇った『キング』は『富士』に、『サンデー毎日』が『週刊毎日』に改題させられ、生き残りを果たす。

5.1.2　現代

(1) 雑誌の黄金時代 ───────

　1945〔昭和20〕年の終戦後は連合国最高司令部（GHQ）が戦前と戦中に行われた出版に関する取り締まりを撤廃したが、新たな言論統制方針を公布した。

同時に用紙割り当ての厳しい統制がひかれ、ヤミ紙の入手を巡るさまざまな取引が新旧出版社の間で繰り広げられた。紙も印刷もままならない敗戦後の壊滅状態の中、1945 年 9 月には『婦人画報』が復刊、10 月には『文藝春秋』がわずか 32 ページで復活する。

　しかも終戦直後は活字や文化に飢え、「紙に印刷してあればれなんでも売れる」時代であった。一般書店では扱わない、直接版元から仕入れて街の露店で販売する「カストリ誌」ことヤミ雑誌の類いも含め、おびただしい数の雑誌が生まれた。しかし 1947 年には 1700 誌を超えた雑誌が翌年には半分以下になるという玉石混淆期であった。

　混乱する戦後の娯楽雑誌界をリードしたのは 1946〔昭和 21〕年に誕生した『ロマンス』である。B5 版でざら紙 64 ページの創刊号の 10 万部は完売、2 年後には 40 万部をするほどの人気を集めた。しかし雑誌が本来の魅力で勝負する時代に入った 1950 年頃には、娯楽雑誌の王座を『平凡』（1945〔昭和 20〕年）に明け渡す。歌と映画と娯楽をテーマにした『平凡』は読者の会員組織を作ってイベントを開いたり、連載小説の映画化や TV の歌番組『平凡アワー』を提供、その主題歌を当時の人気スター美空ひばりが歌うなど、メディアミックスをいち早く手がけて販売部数増につなげた。

　婦人生活実用誌も勢いを増す。戦争中、標準服の着用を義務づけられ、戦後は買い出しや工場労働など活動的な衣服が求められた結果、一般女性の日常着は和服から洋服へ転換した。とはいえ終戦後の日本に洋服が十分にあるわけもなく、既製服が普及する 1960 年代後半までは家庭洋裁が全盛となる。これに伴い、昭和初期に激しい付録合戦を繰り広げ、戦争中も女性の戦意高揚の手段として軍に利用されることによって生き残った生活実用誌の『主婦之友』と『婦人倶楽部』も洋裁の技術や型紙を掲載。そこに『主婦と生活』（1946〔昭和 21〕年と『婦人生活』（1947〔昭和 22〕年が加わり、1954 年から始まる高度経済成長期が生み出した専業主婦層によって婦人生活実用誌は全盛を迎える。生活実用記事に加え、当時語るのはタブーとされた性に関する情報満載の 4 大婦人生活実用誌の総部数はピークの 1960 年代後半には 280 万部近くを販売した。さらに専業主婦対象でも性に関する記事がない「応接間における女性誌」として『家庭画報』（1958〔昭和 33〕年）や『ミセス』（1961〔昭和 36〕年）なども創

刊され、中流階級以上の専業主婦層に支持された。

　テレビ放送は 1953〔昭和 28〕年に始まるが、白黒テレビの普及率が 90％となるのは 1965〔昭和 40〕年のことである。情報収集はまず新聞、次はラジオや雑誌が頼りという 1960 年代に週刊誌創刊ブームが起こる。1952 年には新聞社の取材力と財力を生かして、『週刊サンケイ』『週刊読売』が誕生。その 4 年後の 1956〔昭和 31〕年、それまで週刊誌は新聞社以外では出せないといわれていた常識を覆し、新潮社が『週刊新潮』を創刊する。この成功をみて、1957〔昭和 32〕年には『週刊女性』、翌年には『女性自身』『週刊大衆』『週刊明星』『週刊ベースボール』、1959〔昭和 34〕年には『朝日ジャーナル』『週刊文春』『週刊現代』『週刊平凡』など 10 年間で 50 誌以上の週刊誌が続々と創刊された。この週刊誌ブームの背景には上皇后美智子様のご成婚によるミッチーブームが起こったこと、出版社が週刊誌の発行による定期的な販売収入と確実な広告収入が期待できるようになったことがあげられる。

　この週刊誌創刊ブームの中で現代のアニメやゲームのコンテンツを世界へ発信し続けている『週刊少年マガジン』と『週刊少年サンデー』が共に少年誌として 1959〔昭和 34〕年デビューした。1970 年代初めには文字と映像の中間にある新しい情報媒体として "劇画" とよばれた漫画の連載を強化し、少年漫画誌となる。『週刊少年マガジン』は 1960 年代後半から 70 年代にかけて『巨人の星』や『あしたのジョー』を掲載し、不動の人気を誇った。『週刊少年サンデー』も 60 年代『おそ松くん』『オバケのQ太郎』など少年向けの漫画で勢いをつけ、1968〔昭和 43〕年創刊の『少年ジャンプ』は 1995 年に日本の国内漫画誌の最高発行部数 653 万部を記録した。

(2) 国際化が加速した時代、"これまでにない" 雑誌が登場 ————

　1964〔昭和 39〕年に開催された東京オリンピックを機に日本の国際化は加速し、海外の流行や生活文化が日本にリアルタイムで入ってくるようになった。また、家庭に白黒テレビ、冷蔵庫、洗濯機など普及し、生活スタイルの変化も起こっていた。

　東京オリンピックの年に日本で初めて若い男性向け週刊誌として創刊されたのが『平凡パンチ』である。これまでファッション情報の発信はファッション専門誌に限られていたが、『平凡パンチ』は車情報、女性グラビアに加え、フ

ァッションのコンテンツも積極的に掲載。戦後に生まれたベビーブーマーたち
が 10 代後半になり、発展途上にあった既製服業界や車業界の発展を応援し
た。ちなみに『平凡パンチ』の読者の併読誌の No.1 は左翼系支持者が愛読し
ていた『朝日ジャーナル』だったという。

　1970〔昭和 45〕年にはフランスの週刊誌『ELLE』と提携した『an・an』が生
まれる。既存の女性誌とは異なり洋服を作るために必要な型紙の付録もなく、
判型もこれまでにない A4 変形という海外雑誌と同じ大判サイズであった。
1971〔昭和 46〕年に創刊の『non・no』と共に、既製服普及の時代に応じて、紹
介する洋服にはブランド名と値段が表記され、洋服は作る時代から買う時代
へ、という価値観や生活スタイルの変化を示した。さらに『an・an』と『non・
no』は若い女性が楽しめる旅特集を頻繁に組み『アンノン族』という雑誌発
の「族」が誕生する。また女性誌は販売収入ではなく広告収入で黒字にすると
いうビジネスモデルを確立し、その後、赤文字系女性誌の誕生を促進すること
になる。

　表紙の雑誌名のロゴが赤であることから赤文字系と呼ばれる女性誌は 1975
〔昭和 50〕年に創刊、読者をモデルにしてスナップし、ニュートラというファ
ッションを広めた『JJ』から始まる。その後 1982〔昭和 57〕年には後に専属モ
デルブームを牽引する『CanCam』、1983〔昭和 58〕年には『ViVi』など増加し
始めた女子大生をターゲットとしたファッション誌が生まれた。これらの雑誌
は彼女たちのファッションだけでなく、ライフスタイルのバイブルとなってい
った。

　1972〔昭和 47〕年誕生の『ぴあ』も当時、類例がない雑誌だった。コンピュ
ーターがない時代、映画やコンサートなど、開催日時や場所といった情報を選
別せずにすべて網羅した情報誌である。1976〔昭和 50〕年創刊の『POPEYE』
は男性誌でありながらヌードを扱わず、西海岸のライフスタイルを中心に紹介
し、シティボーイというイメージを作り出す。前年誕生の『PLAYBOY 日本
版』は海外への憧れという点では『POPEYE』と同じではあるが、
『PLAYBOY』はピンナップガール満載の男性誌だった。

　以上のように日本の雑誌界に「これまでにない」「伝説の」と形容される雑
誌が 70 年代には数多く登場し、雑誌の黄金時代をスタートさせたのである。

(3) 類似誌の誕生 ─────

　生活が豊かになり、文化も成熟した 1980 年代は価値観の変化を敏感に対応した雑誌や多様化の時代の到来を予告する雑誌が続々と誕生する。女性の結婚平均年齢が 25.2 歳だった 1980〔昭和 55〕年に 25 歳以上の独身女性をターゲットとした女性誌『25ans』もそんな雑誌の 1 冊である。また男女雇用機会均等法もなく、結婚したら専業主婦になる生き方を選ぶことが奨励された時代に女性向けの転職情報誌『とらばーゆ』は登場した。同年誕生した『BIG TOMORROW』、それに続く『SAY』は人生の達人が人生を熱く語る人間情報誌という新しい分野を拓いた。

　1867 年に始まる日本の雑誌の歴史を振り返ってみると、新しく誕生した雑誌の成功は、必ずライバルとなる類似誌の出現を促す。そしてやがてその類似誌は何冊にも増え、まもなくその中の何冊かが淘汰され、消えていくことを繰り返してきた。経済基盤を高めた大手出版社出現によって、その傾向が強まったのが 80 年代である。たとえば、女性誌なら海外提携誌『COSMOPOLITAN 日本版』（1980〔昭和 55〕年）に続いて 1982〔昭和 57〕年に『marie claire 日本版』と『ELLE JAPON』が創刊。ものにこだわった情報誌『mono マガジン』（1982〔昭和 57〕年）の誕生後、『DIME』（1986〔昭和 61〕年）、『日経 TRENDY』（1987〔昭和 62〕年）ほか類似誌が続々と生まれる。

　注目は 1981〔昭和 56〕年に誕生した“写真で時代を読む”をキャッチフレーズにした『FOCUS』。1984〔昭和 59〕年には『FRIDAY』、続いて『Emma』『FLASH』『TOUCH』と大手出版社から 5 誌が揃った。これによりスキャンダル報道合戦が激化し、社会問題にもなった。

　また 1 誌が成功すると、その姉妹誌や兄弟誌にあたる雑誌を創刊し、年齢があがってその雑誌を卒業していく読者を 1 社で抱え込めるような戦略もすでに明治時代から始まっていたが、この戦略は平成になっても引き継がれている。例えば、小学館の女性ファッション誌は 20 代女性を対象とした『CanCam』（1981〔昭和 56〕年）のあと、男女雇用機会均等法施行後 5 年目の 1992〔平成 4〕年に 30 代の働く女性をターゲットとする『Oggi』、さらにワーキングマザーを対象に『Domani』を 1996〔平成 8〕年に。2004〔平成 16〕年には 40 代女性向けに『Precious』というように大手出版社では女性誌にひとつの流れを作って雑

誌を創刊している。

（4）売り上げの減少傾向が続く ―――

　80年代に加速した雑誌界の勢いは90年代後半まで続く。雑誌販売金額は週刊誌、月刊誌を合わせて1960年には571億円だったが、1970年は2102億円、1980年は7799億円、1990年は1兆2638億円と上昇。しかし1997年1兆5644億円をピークに2000年には1兆4261円、2010年1兆535億円と市場縮小が続き、2021年時点でもその減少傾向は継続している。

　販売同様、高度経済成長期は雑誌広告収入を増加させ、大手出版社は経済基盤を固めていく。年間で出版社が得る雑誌広告費は1960年100億円、1970年は418億円、1980年は1281億円と1973年のオイルショック時にも出版界はダメージを受けず、不況に強い出版界とまでいわれていた。その後も好調に推移し、バブル崩壊後も増加が続く。2005年には4842億円となるが、これ以後、前年割れが続き、2020年は1223億円とピーク時の1/3以下となっている。

　創刊誌休刊数は1970年創刊点数133に対し休刊63、その後休刊誌数が創刊数上回ることはなかったが創刊点数も2000年以後減少し、2010年には創刊110、休刊216と逆転する。

　以上のように1990年代後半から始まった雑誌不振は、"出版不況は雑誌不況"と言われるほど出版界にも大きな影響を及ぼした。2000年代に入り、雑誌販売不振になんとか歯止めをかけようと女性誌は付録合戦を繰り広げる。それを後押ししたのは2001年の雑誌付録の規制緩和である。

　雑誌の景品表示法は独占禁止法の特例法として1962〔昭和37〕年制定され、付録は認められていた。しかし、雑誌の付録には従来、日本雑誌協会の「雑誌作成上の留意事項」で主に輸送に支障をきたすことを理由に、素材や大きさなどに厳しい基準があった。これに対し、付録を付けやすくしたいとの要望が高まり、2001年付録に関する作成上の基準を大幅に緩和。その結果、付録は雑誌とは通常、別個で販売されないもの、その付録は雑誌の価格の10分の2までとなった。このほか流通を担う取次会社に事前に必ず連絡すること、環境に配慮することなどを条件に、紙以外の材料を付録に使えるようになり、厚さも3センチまでは許されるようになったのである。

　この規制に従えば、定価1000円の雑誌なら付録のコストは200円までとな

るが、雑誌社とブランドとのコラボレーションから生まれる市販されないオリジナル商品は値段がついていないため、実際には 200 円以上の経費をかけることもできる。それにより、規制緩和後の 2002 年にはファッション誌などを中心にバンダナやトートバッグ、ストッキングなど多彩な付録が雑誌に付けられ、各雑誌で豪華付録を競うことにもなった。だが 2003 年になるとブームは沈静化する。結果として「期待したほどの成果はなかった」うえ、付録制作に経費がかかり、利益を上げるまでに至らなかったからである。

　2000 年代は創刊雑誌の数は減ったものの、人口層が厚い 20 代後半から 30 代の団塊ジュニアをターゲットとした雑誌創刊が目立った。『東京カレンダー』や『日経おとなの OFF』など "大人" の男性趣味誌や『BAILA』など 20 代後半から 30 代の "結婚しても仕事を辞めない女性" を意識した雑誌も誕生した。一方、ファッションの多様化を受けて、『non・no』や赤文字系のファッションとは異なる 10 代後半から 20 代の "ストリートカジュアルファッション" 誌も増加する。『mini』『SPRING』『JILLE』『Soup.』など赤文字系に対抗して青文字女性誌と呼ばれる新しい雑誌ジャンルを生み出す。

　以上のように、日本に雑誌が生まれて 150 年あまりを振り返ってみると、半歩先の時代のニーズを敏感に掴み取って生まれた雑誌、あるいは時代の動きに応じた雑誌など時代の鏡として、時代を記録する役割を雑誌が果たしてきたことは明らかである。80 年代や 90 年前半には雑誌創刊時には新聞や電車の中の社内刷り、書店店頭キャンペーンなどのさまざまな宣伝を展開し、新しい雑誌の誕生を告知してきた。そのキャンペーンや雑誌のコンセプトを通して、読者でなくても時代の空気をつかむことができた。しかし、2010 年以後、創刊キャンペーンを見ることはほとんどない。雑誌離れの原因は様々に語られるが、今後、メディアとしての雑誌の存在や役割がどのように変わっていくのか。第 2 節と第 3 節で考えてみたい。

5.2 文化と機能

[中川裕美]

5.2.1 雑誌は文化をどう形成したか

　この節では、雑誌の文化と機能について以下の二つの視点でまとめる。第一は雑誌が文化の形成・変容にどのように関わってきたのかという視点である。雑誌の誌面は文化・社会の色を映して内容を変容させる、一方で文化・社会もまた雑誌に描かれた記事内容によって少なからず影響を受けてきたからである。雑誌には約 150 年の歴史があり多くの事例をあげる紙数はないため、筆者が特筆すべき事例だと考えるいくつかについて概説する。第二は雑誌というメディアが、新聞と書籍という隣接メディアに対してもつ機能的特徴とは何かという視点である。

(1) 女性雑誌が作った「主婦」イメージ ―――

　初期の雑誌は新聞との違いが明確ではなかったが、明治初期には現在の雑誌の形態と似た雑誌が誕生、さらに明治 10 年代になると専門的に分化していった。その専門雑誌のジャンルの一つとして生まれたのが女性向けの雑誌であった。

　日本初の女性総合雑誌である 1884〔明治 17〕年の『女学雑誌』（万春堂～女学雑誌社）をはじめとし、1901〔明治 34〕年の『女学世界』（博文館）、1907〔明治 40〕年の『婦人世界』（実業之日本社）、1917〔大正 6〕年の『主婦之友』（主婦之友社）など、明治時代から大正時代にかけて多くの女性雑誌が創刊された。

　これらの女性雑誌は、それまで雑誌の主な読者対象とはされてこなかった女性たちに向けたものであった。これ以後、女性雑誌は女性の生き方を読者である女性たちに啓蒙・周知する役割を担っていくことになるが、誕生直後である明治期の女性雑誌がまず誌面を通して作り上げたのは、それまでにはない社会階層である「主婦」のイメージであった。木村涼子によれば「『主婦』というライフスタイル、『主婦』という労働に関する技能や倫理の多くは、主婦向け雑誌によってはぐくまれ、大衆に浸透していった」のである[8]。

　女性雑誌が構築した「主婦」イメージには、当然のことながら当時の国家社会が女性に何を求めていたのかという問題が密接に結びついている。対外戦争

を踏まえた近代化を推し進める大日本帝国にとって、「国民」の形成は急務であった。良質な労働力としての「国民」を再生産する場として位置付けられたのが「家庭」であり、「主婦」はその「家庭」を慰安の場として維持・管理するという役割を担ったのである。

　女性たちに課せられた新たな性別役割は、良妻賢母主義を謳う女子教育を下敷きにしながら、女性雑誌において広く流布・啓蒙されていった。そうして作られた「主婦」像は、社会全体の方向性に沿う形で微修正が加えられていくことになる。特にそれが顕著に現れたのは、1930年代以降の軍国化の時代であった。

　女性雑誌に描かれた女性たちは、それまでの「家庭」を慰安の場とする役割だけでなく、「軍国の母」としての役割も担わされていく。若桑みどりによれば、戦時中に発行されていた女性雑誌の表紙には、国家的ユニフォームとしての割烹型エプロンを身につけた女性が多数登場しているという。割烹型エプロンは本来家事労働者としてのユニフォームに過ぎなかった。しかし家事労働着を外出着としてユニフォーム化したことにより、「『家／労働』を女たちすべてのアイデンティティーとして課」すことに成功した。また「女性たちが社会着として認められた外出着ではなく家事労働着を着せられたということは、女性たちの『生存権は家庭』」という明確なメッセージとして働いたことが想像できよう[28]。

　さらに若桑は戦時中の女性雑誌が果たした役割を次のように総括する。「かれらは、家父長制のもとにおける女性に求められる至高の女性像としての『母』イメージこそ、もっとも有効な視覚プロパガンダであることを知っていたのである。それは戦時において女性のなすべきこと、人的資源を生み育て、男性の戦争を助け、応援することを教えた。また死者のために神に祈り、魂を鎮めることを教えた。」[28]

　女性雑誌が、読者である女性たちに生き方の指針を示したことの一つに、女性たちを「家庭」の中に閉じ込めながらも国家的役割に取り込んでいった時代があったことは、雑誌を考える上で重要な事例のひとつと言えるだろう。

（2）少年・少女雑誌が作った年少者のジェンダー

　女性雑誌が「主婦」像を構築したのにわずか遅れて、子ども向けの雑誌もま

た、それまでにはなかった年少者のジェンダーを作り上げるきっかけの一つとなった。

1877〔明治10〕年に『穎才新誌』（製紙分社、のち穎才新誌社）、1888〔明治21〕年に『少年園』（少年園）が創刊された。『穎才新誌』の表紙には少年と少女が、『少年園』には誌名に「少年」が冠されている。しかしこれらの雑誌は「少年＝男子」にのみ向けて発行されていたわけではなかった。創刊された当時においては、「少年」という言葉には「男子」も「女子」も含まれていた。今田絵理香によれば、『穎才新誌』の女子投稿者が自らを「少年」の範疇に入れ、男子と同様に学問による立身出世が可能であるとして語っており[2]、この傾向は1882〔明治15〕年まで継続したという。また久米依子は『少年世界』の創刊号に「全国少年男女」という言葉があったことを指摘している[10]。すなわち少年雑誌が誕生した時期においては「少年＝男子」だけではなく、「少年＝男子／女子」も含まれており、年少者女子を示す言葉である「少女」という呼称は確定していなかったと考えられる。実際の記事内容も男子のみではなく、一部ではあったものの女子が読むことを想定した読み物も掲載されていた。

しかし、『少年世界』（博文館）の創刊号にされた巌谷小波の巻頭の論説には、次のように記されている。「寄語すわが親愛する少年諸君よ、諸君は実に東洋文明の継続者なり。希くば自今以後、大奮発と大覚悟とを以て、此の大名誉と大幸福を保持し、更に進んで我が帝国の光栄を発揚し、以て新強国の少国民たるに背かざれ。」（『少年世界』1-1　巌谷小波「明治廿八年を迎ふ。」）ここに登場する「少年」や「少国民」に、「年少者女子」がどれほど念頭に置かれていたのかは定かではない。しかし日清戦争の最中に創刊された『少年世界』において、年少者男女を「少年男女」として一括りにしておくのは難しい時代状況がやってきていたことは想像に難くない。

1895〔明治28〕年9月、『少年世界』に「少女欄」と名付けられた欄が開設された。この「少女欄」は近代日本の雑誌における初めての「少女専用記事」であった。続橋達雄はこの欄に「少女」という言葉が使われていることに注目し、「このころから、次第に少女という表現が一般化」し、編集者側に「少女」が「独立した読者層になったとの認識が芽生えて来た証左」だと指摘して

いる[17]。「少女」という言葉がいつ頃から使用され始めたのかについては諸説あるが、雑誌が「少女」という言葉の流布に一役買ったことは、この後に女子専用雑誌としての少女雑誌が多数創刊されたことからも間違いがなかろう。

「少年」と「少女」という年少者のジェンダーが明確になったことで、雑誌社はジェンダーをより鮮明にした雑誌作りへとシフトしていった。大正期から昭和期を代表する少年雑誌となる、大日本雄弁会講談社の『少年倶楽部』は、時代が望む少年のジェンダーを文字と挿絵の両方から読者である少年に提供することになった。冒険譚や科学読み物といった物語や、壮健な身体として描かれる少年像は、当時の少年たちに「大日本帝国の少年」としてあるべき姿を提示したのである。

1902〔明治35〕年、最初の少女専用雑誌である『少女界』が金港堂書籍から創刊された。「少年」から切り離され「少女」と総称されるようになった「女子」を対象にした初めての雑誌であった。その後、博文館より1906〔明治39〕年『少女世界』が創刊された。これは、同社よりすでに発行されていた少年雑誌『少年世界』に掲載されていた「少女欄」を分離独立させる形で創刊されたものである。続いて1908〔明治41〕年『少女の友』（実業之日本社）、1912〔明治45〕年『少女画報』（東京社）、1923〔大正12〕年『少女倶楽部』（大日本雄弁会講談社）が創刊された。

この後も少年雑誌は数多く創刊されていくが、同時に「少女」を冠した雑誌も創刊されるようになっていく。「少年・少女」という両翼を得た子ども向け雑誌は、前述した「主婦」と同様、教育制度と社会的な背景を下敷きにしながら、少年・少女雑誌の誌面上でそのイメージを構築していった。

そしてそのイメージは戦争が終わり、GHQ占領下が終わってもなお、強固な年少者のジェンダーとなって子ども向け雑誌に残り続けた。『少年週刊ジャンプ』の主たる読者層がもはや少年ではないと言われてから久しいが、それでもなお現代においても、少年雑誌・少女雑誌という性別による雑誌のカテゴライズは健在のままである。

（3）大衆雑誌が作った「国民」 ────

1924〔大正13〕年、大日本雄弁会講談社（以下講談社）より『キング』が創刊された。社運をかけて発行された『キング』は、戦前の講談社を代表する大

衆雑誌として爆発的な人気を誇り、日本の雑誌史上において初めて 100 万部を突破した雑誌でもあった。

佐藤卓己によれば、雑誌論の視点から『キング』を捉えたときに重要なのは「国民階層の統合システム」を生み出したことにあるという。講談社が『キング』を創刊する前にすでに発行していた「九大雑誌」の中核として『キング』を位置づけた。『キング』はまさに、階級、年齢、性別を超越した国民統合雑誌として構想されたのであった。[11]

この試みを佐藤は次のように総括する。

> 知識や趣味の細分化が進む現代において、個人は社会の全体性を体験することはできない。しかし、選択肢から情報を『主体的』に選び取ることで、読者は細分化されたシステム全体に『参加』する機会を手にすることができる。『キング』とは、読者に情報を選択させることにより、強制することなく参加を通じて共感を引き出すシステム社会のメディアであった。[11]

『キング』のこうした試みから見えてくるものは、戦前の雑誌が持っていた影響力の強さである。『キング』はラジオやレコード、映画といった他メディアを積極的に取り込みながら誌面作りを行ったが、『キング』という雑誌がその主導的役割を果たしたという点は強調したい。雑誌というメディアが「階級、年齢、性別」を超えた「国民」というイメージを形成し、読者にそれを提供し得たというのは戦前の雑誌の特徴の一つであったと言えよう。

(4) 付録が作った「カワイイ」文化 ───

これまで戦前の雑誌について取り上げてきたが、一つ、戦後の雑誌の事例を取り上げたい。

少女がまだ「少女的な記号」をモノとして手に入れられなかった時代、それに替わるものを少女にいち早く提供した雑誌がある。それは乙女ちっくマンガを連載していた雑誌『りぼん』である。

戦前の少年・少女雑誌にも付録はつけられていたが、『りぼん』につけられた「カワイイ付録たち」は極めて実用的であり、読者である少女たちの日常の

延長上にあった。付録は、「ノートやレターセット、筆箱といった文具、手提げ袋、ランチボックス、キャンパスバッグといったバッグ類、さらにはタオルハンガーからナプキン、紙皿、コースター、ストローといった生活雑貨」[5] など多岐にわたった。大塚英志によれば、『りぼん』の読者たちは「カワイイ」付録を誌面から飛び出して外の世界＝現実世界に連れていったという。『りぼん』が読者である少女たちに提供したのは、『りぼん』の掲載された少女マンガ作品の延長にあるものであった。「かわいくないコップの替わりに＜カワイイコップ＞を、かわいくないノートの替わりに＜カワイイ＞ノートを。ただ少女の内側の中に幻想としてのみあった＜カワイイ＞世界をマスプロ生産のカワイイもの＝ファンシーグッズは現実の生活空間に実体化させることを誰にでも可能にした」と指摘している〔5〕。

　高価な本物を手に入れることのできなかった時代、『りぼん』が読者である少女たちに提供していたのは、ただの紙の付録ではなかった。少女マンガに描かれているかわいくておしゃれな雑貨であり、少女的な記号を擬似的に体験できる夢のようなアイテムだった。

　『りぼん』の付録として少女たちの前にはじめて広げられた「カワイイモノたち」は1980年代に入り、サンリオをはじめとする商業資本の介入という形でさらに拡大されていくことになるのである。

5.2.2　雑誌の機能とは何か

（1）雑誌と新聞・書籍をの違い　────

　ここまで雑誌が作った文化について、いくつかの例をあげて説明してきた。

　そもそもジャーナリズム史に雑誌を位置付ければ、雑誌と新聞はともに定期刊行物として扱われるものである[12]。雑誌が誕生した当初は、雑誌と新聞の境界は曖昧であったが、現代においては両者を混同する者はいないだろう。では雑誌と新聞を分かつものとは何か。それは多くの新聞が日刊であるのに対し、雑誌は週刊、あるいは月刊を基本としている。この「時間の差」こそが雑誌が持つ最大の特徴なのである。

　すなわち、新聞よりも遅く書籍よりも早いことが、新聞と書籍にはない雑誌の優位性であると言いうることができる。例えば筆者の専門に引きつけて言え

ば、戦前の実業之日本社は関東大震災が起きた時、『実業之日本』に「特別増大　大震災惨害号」を刊行した（大正12年10月15日刊行）。内容は震災直後の瓦礫となった街や、焼け出されて行き場を失った被災者のリアルな写真に加え、現場取材レポ、有識者による寄稿文、さらに「震災」という未曾有の災害に際する人々の様子を心情描写豊かに記した読み物と多岐にわたっている。このような内容の掘り下げ方は、事実を速報するという新聞には難しい。また「今」読者が知りたがっている情報を隔週というスピードで伝えられるのは、企画から刊行までの準備に時間がかかる書籍に比べて圧倒的に有利だったのである。

　こうした雑誌の特徴は、現代においても受け継がれている。賛否両論を巻き起こすスクープ記事で有名な『週刊文春』（文藝春秋）は、新聞よりも取材対象を深掘りし、書籍よりも早いスパンで記事を読者の元へと届けている。雑誌の機能を生かした好例と言えるだろう。

　さらに、雑誌は出版した段階で図書館などにおいて容易にアーカイブ化できるという特徴を持ったメディアでもある。例えば同じ印刷メディアである新聞は、（電子化以前には）アーカイブという側面から見ると非常に保存がし難かったことが指摘できる。しかし雑誌はある一定の強度を持った形で刊行されているため、150年前に発行されたものであっても当時とほぼ同じ状態で手に取ることが可能なのである。

(2) 雑誌の電子化が果たすもの ————

　ではこうした雑誌の特徴は、昨今の電子化の流れの中にどのように位置付けられるものなのだろうか。

　すでに、戦後にテレビが登場した時、娯楽メディアとしての雑誌は音声を伴って毎秒移り変わるセンセーショナルな映像に対抗できず、早くても週刊でしか読者の元へ届けられないことで一度は死にかけるほどの大打撃を受けている。そこから雑誌はさまざまな挑戦や努力によって一定の地位を維持してきたのであるが、近年、雑誌も書籍も新聞も「電子化・ネット化」という大きな変革に直面している。

　書籍・雑誌の場合、電子化の当初はパッケージ型メディアとしての構成は変えずに狭義の記録媒体だけを電子化する形での「電子出版」が試みられた。最

も効果的に移行したのは広辞苑に代表されるような辞書・事典や統計などいわゆる検索型の出版物で、雑誌の場合は印刷媒体＋CD（画像やデータ）、あるいは印刷媒体＋DVD（動画）という形が基本となった。記録媒体が変化・多様化しても、メディアとしてもう一つの重要な要素である「流通システム」には変化がなかったのである。

　続いて出現した「インターネット」という環境変化は、今度はその流通システムまで含むパッケージ型メディアそのものの存続に関わる根本的な変革をもたらすものであった。いわゆる専門学会誌、特に国際的なジャーナルではその殆どが既にネット上のウェブ・ジャーナルとなっており、一般向け雑誌の中にもネット配信との併用さらには紙媒体での刊行を止めて電子雑誌として生き残ることを目指す雑誌が出てきている。

　ネット経由の発行・購読では、記事単位での読み出し・課金、発行時点とは無関係に読者が望む時に記事にアクセスといった、パッケージ時代と大きく異なる、むしろデータベース・サービスに似た流通形態や、定額の契約でその出版社の複数の雑誌の記事が読み放題といった新たな販売形態が生まれている。

　さらには、一定の知名度を持つ個人がブログなどを有料で定期的に公開する、YouTube などのプラットフォームで本人が作成した動画を広く公開し、アクセス数に応じて収入を得る、といった新たな形の個人出版も急成長を続けている。しかしながら、その氾濫状態の中から見えてきた課題は結局情報の「信頼性・信憑性」であり、改めて「発行元」の信用ということが問われ始めているのである。

　媒体が紙から電子に変わったことで、当然、出版や出版社の機能は変化せざるを得ない。しかし紙媒体の時代から「雑誌発行者」が磨いてきた情報を編集して発信する機能の意義・価値は、電子書籍やウェブ・メディアとなってもほとんど変わらない。すなわち、雑誌を刊行するという組織や人材・ツールは、印刷・製本という段階が消滅しただけで電子化の時代においても変わらず意味を持ち続けている。電子化の流れの中でも、従来の雑誌社がそのままコンテンツ・プロバイダーとして生き残っていく可能性は十分にあるのではないだろうか。

5.3　デジタル化と今後の展開 　　　　　　　　　　　［清水一彦］

5.3.1　デジタル雑誌の登場背景

（1）雑誌売上減少の要因　————

　1990 年代の中葉まで雑誌は販売収入と広告収入の両輪が力強く回転し、主要 4 メディアの一角として、社会的影響力も産業としても、その繁栄を謳歌していた。ところが、1990 年代の後半から、急激に力が衰えていく。『出版指標年報』によれば、一般的な紙媒体としての雑誌の推定販売金額は、1997 年に 1 兆 5,644 億円だったが 2020 年には 5,576 億円となった[3]。雑誌銘柄数は 2006 年の 3,652 タイトルがピークで、2020 年には 2,626 となっている。

　雑誌売上の減少要因は複合的だが、一つは人口動態による。1995 年には生産年齢人口がピークを迎えた。団塊ジュニアの加齢で、つねに読書時間が他の世代より長かった若者人口も減った。1990 年代の読書人口ボーナスが消失して出版市場自体が縮小したのだ。

　もう一つの原因が社会のデジタル・ネットワーク化だ。通勤通学時や余暇時間の暇つぶしが、雑誌からゲームやインターネットに取って代わられた。モバイル環境でもヴィジュアル情報が楽しめるようになると、雑誌の存在感の希薄化は決定的になった。メディア環境研究所によると、日本で iPhone が発売された 2008 年の東京地区での 1 日あたり雑誌接触時間 17.1 分は、2021 年には 9.3 分になった。

　人口動態に連れて出版の市場が縮小するのは如何ともし難いが、1995 年にパーソナル・コンピュータとデジタルネットワークを身近なものにした

---

[3]　出版研究の基礎資料『出版指標 年報』は概況を知るには有用だ。だが、取次ルートを経由した一般出版物のみの推計統計で、フリーマガジンや同人誌、ZINE、学術雑誌などは含まず日本での出版活動を網羅しているわけではないことや、雑誌にマンガ単行本やムックを含ませるなどの特有な分類方法をとっていることに留意する必要がある。2020 年の雑誌扱いコミックスは 1,876 億円、ムックは 572 億円で、これらを引くと雑誌の売上は 3128 億円となる。雑誌の部数については、出版社が独自に公表する公称部数、日本雑誌協会が公表する印刷証明付き部数、ABC が公査した実売部数、デジタル版部数、読み放題 UU（ユニークユーザー数）、PV（ページビュー）など、さまざまな指標がある。

Windows95 が大ヒットしたにもかかわらず、雑誌はデジタルネットワーク化への対応が遅れた。後述するように DTP（デスク・トップ・パブリッシング）など技術面の普及時期、流通システムや著作権の整備の遅れなどもその原因だが、それにくわえて、編集者をはじめとする出版関係者の意識が時代の流れに対応しきれなかったことも見逃せない。

(2) コスト軽減策としてのデジタル化 ─────

　それでも、雑誌のデジタル化はおもにコストを減らすために、まず製作工程からはじまった。すでに 1980 年代後半にはワープロ専用機が急速に普及していたが、便利な原稿執筆の道具にとどまっていた。組版工程の変革を支えたのはコンピュータによる DTP だ。実用的な DTP ソフトとしてはクォーク・エクスプレスやページメーカーが先行した。DTP はアップルの Mac との相性がよく、1990 年代に入ると Mac 関連の雑誌で導入が始まった。初期 DTP ソフトでは、日本語化が不十分だったり、使用できるフォントに制限があったりしたが、しだいに改善された。2000 年代に入るころには一般誌の編集現場でも DTP の優位性が認められるようになった。現在主流となっている DTP ソフトのアドビ・インデザインは日本語版が 2001 年に発売され、2002 年には『クロワッサン』が導入している。印刷工程としては、製版フィルムをつかわない CTP（コンピュータ・トゥ・プレート）が 1990 年代半ば以降に実用化され、コスト削減と工程時間短縮を可能とした。

　DTP と平行して、デジタルカメラの高性能化も雑誌編集現場のデジタル化を促進した。1999 年にニコンがプロ用として実用的な性能と価格のデジタルカメラ D1 を発売し、翌年のシドニーオリンピックを契機に速報性が重視されるスポーツ取材などで導入が進んだ。フィルムやその現像にかかる費用がいらずコスト面で有利なだけではなく、画像補正も容易なデジタルカメラは、質感や仕上がりなどを重視するファッションやライフスタイル雑誌などでも支持された。2000 年代の初頭からデジタルカメラは積極的に採用されるようになった。

　このように、工程時間が短く、コストも低いことで 2000 年前後から雑誌製作のデジタル化は急速に進展したが、最終的な商品としての雑誌は印刷物で変化はなかった。雑誌の公式ウェブサイトや『Hanako』から派生した Hanako-Net のような雑誌ブランドをつかってのウェブサイトは 1990 年代後半から普

及しはじめるが、雑誌本誌のデジタル化は2000年代に入ってもまだ実験段階
だった。1999年にi-modeがサービスを開始し2000年度末には携帯電話の普
及率が5割をこえたが、小さなスクリーンではヴィジュアルデザインまで含め
た雑誌記事を楽しむには無理があった。その後、iPhoneに続き2010年には
iPadが発売され、拡大されたスクリーン上でストレスをあまり感じずに雑誌
が読めるタブレット型端末が一般化した。

(3) 雑誌コンテンツのデジタル化 ————

　デジタル雑誌のブレークスルーになるかと思われたのが『PROJECT』だ。
iPadの発売と同年、英国の複合企業ヴァージンのリチャード・ブランソンが、
既存の雑誌の拡張ではなく、「クリエイティブな人々による、クリエイティブ
な人々のための、初めての本当のデジタル雑誌」として月2.99ドルで発刊し
た。創刊号の表紙は映画『トロン』『トロン：レガシー』のジェフ・ブリッジ
スだった。同誌は動画などマルチメディア・コンテンツもふんだんに含み、
iPadの機能のショーケースとなっていた。広告としては、BMW、ロレアル、
アルマーニなどを集めた。デジタル雑誌時代到来の象徴として華々しくローン
チした『PROJECT』は、しかし、読者調査の結果にしたがい翌2011年には
デジタル的な技巧表現を減らし、誌面インターフェイスの見直しをしている。
　デジタル化した雑誌は、文字の大きさやレイアウトが変化して表示されるリ
フロー型と誌面レイアウトがそのまま固定されているフィックス型にわかれ
る。リフロー型では、従来とはことなる編集の方法論が必要となる。固定した
ページ数と見開き単位で構成されている雑誌記事は、そのデザイン自体もコン
テツの重要な要素なので、フィックス型が適していた。フィックス型は既存雑
誌の校了時にデータ化しやすい利点もあった。現在ではフィックス型が主流と
なっている。マルチメディア的な仕掛けは、それにかかる手間やコストを吸収
するだけの収益が見込めず、また読者への訴求力も弱かった。マルチメディア
的なコンテンツやインターフェイスは影を潜めている。

5.3.2　現状と課題

(1) 伸び悩む販売 ————

　従来の印刷物としての雑誌をデジタル化して併売したり、ネット上で独自の

デジタル雑誌展開をするなど、出版社は雑誌のデジタル化をすすめてはいる。だが、デジタル雑誌はさまざまな課題をかかえている。

デジタル雑誌が出版物全体の売上に占める割合は微々たるもので、印刷物としての雑誌の売上減少を補完するにはほど遠い。『出版指標 年報』によれば2014年に65億円で、2020年には110億円となったが、デジタル出版物全体の2.8パーセント、出版総売上の0.7パーセントにすぎない。『電子書籍ビジネス調査報告書』では2014年度が145億円で、2020年度には263億円となっている。調査機関によってなにをデジタル雑誌とするかの定義と調査範囲の違いがあり数値は大幅にことなるものの動向は類似している。

個別のデジタル雑誌の実売数は、タイトル数が限定されるがABC公査から知ることができる。2021年上半期では、加盟116誌の印刷された雑誌の号あたり平均実売部数が72,787部なのに対して、デジタル版は1誌のみ突出している『日経ビジネス』（52,766部）をのぞいた74誌の平均は1,123部だ。読み放題サブスクリプションで誌面を提供している94誌の号あたり平均UUは115,500だ。なお、『日経ビジネス』は読み放題に対応していない。

一方、デジタル雑誌化率は、ABC参加誌でも240出版社を調べた2020年度の「電子書籍ビジネス動向調査」でも8割に達し、雑誌のデジタル化自体はほぼ準備が調ったといえる。

(2) ようやく始まった販路の整備 ————

印刷された出版物の流通を出版取次に任せてきた出版社にとっては、デジタル雑誌をどのように流通させるかは手探り状態だった。ようやく、デジタル雑誌取次のサービス、雑誌読み放題サブスクリプションなどの販売ルート、雑誌の配信や販売を自社管理するアプリなどが調ってきたところだ。

売上を支える販路のひとつとしてdマガジン、楽天マガジン、ビューン、タブホなどの雑誌読み放題サブスクリプションがある。それぞれ閲読条件、掲載雑誌数、料金体系などがことなり、バックナンバーが読めるなどのサービスをつけていることがおおい。掲載雑誌は、週刊誌誌から趣味や特定の領域を扱う専門誌まで幅広いが、コミック雑誌を扱うサービスは少ない。参入は多いが、短期間で営業を終了するサービスなど淘汰も進んでいる。出版社が自社発行雑誌を対象に運営する自社サブスクリプションでは、出版物を横断的に閲覧

可能にすることも一誌に限ることもある。

　市場がまだ小さいので、一つのサービスが全体の売上を左右することもあった。2014 年にサービスを開始した d マガジンが 2017 年に 363 万契約を達成したことで、デジタル雑誌市場が一度ピークを迎える。その後、通信端末契約時に付随サービスを営業する、いわゆるレ点商法が取れなくなり契約数が減少するとデジタル雑誌市場も縮小した。

　知名度が高いコミック誌は外部企業のサブスクリプションに参加せず、雑誌自体やそのブランド拡張としての自社アプリやウェブサイトを開発していることがおおい。『少年ジャンプ』などの人気マンガ雑誌では、一つの雑誌ブランドが複数の関連するアプリやサイトをもつこともある。これらのアプリやサイトは、新人作家や新たな人気コンテンツを育てる場となることも目的の一つで、文芸誌のウェブでも同様の仕掛けが見られる。

　雑誌から派生した新型商品として、マイクロコンテンツがある。雑誌の個別特集をネット上で本誌よりも少額で販売する、いわばコンテンツのバラ売りだ。無料が当たり前のネット上で記事の強さと価格のバランスが試されている。

　雑誌の販促であり、読者にとっての楽しみの一つが付録だ。2014 年から 2020 年までの平均では、雑誌総発行回数の 19.8 パーセントに付録がつけられていている。流通上は雑誌に当たらなくとも、ブランドバッグなど豪華な商品付きの出版物は、読者からは付録付き雑誌と認識されることもおおい。『キング』や『主婦之友』など昭和初期の大衆的大部数雑誌の時代から、付録は本誌と一体化して切り離せないものだった。物理的な付録が付けられないデジタル雑誌にとって、販促のために何を付録とするかは今後の課題だ。

(3) 広告の課題 ───

　雑誌は販売と広告で支えられてきたが、デジタル化は雑誌広告の弱点を露呈した。電通によれば、雑誌広告売上は 2000 年代中葉までは順調で 4,000 億円を超えていたが、2020 年には 1,223 億円になった。部数が減り、さらに読者プロフィールを広告主にエビデンス付きで提示もできず、商品購入の即効薬にもなりにくい雑誌広告は、広告主からみて効果的でなくなった。デジタル雑誌の広告販売もまだ先がみえない。デジタル化した雑誌への本誌と同一広告の掲載

可否、デジタル版への掲載料の適正な価格設定などは、まだ業界標準が定まっていない。外部事業者が運営するサブスクリプション上での広告をどうするのかも課題だ。サブスクリプションでの誌面に広告を掲載したとき、その掲載料は出版社のものなのか、同一ノンブルに本誌とは異なる広告を掲載することができるのかなど、細目についての業界内ルールはいまだに流動的だ。

本誌以外での広告収入源として、ほとんどの雑誌は公式サイトを開設している。だが、一部のネット・メディアのように、著作権や記事の信頼性をないがしろにした PV 至上主義は取れないしとってもいない。それでもコンテンツしだいで『東洋経済 ONLINE』や『NEWS ポストセブン』『文春オンライン』などの成功例がある。

(4) 著作権の課題 ————

デジタル化は法的権利の課題も顕在化させた。従来、印刷物での再掲載や流用の許諾、出演料や著作権料は慣習にしたがって処理されていた。デジタル化の場合は新たに権利処理の流れを作る必要があり、当初は手探りで労力がかかることもおおかった。現在では、編集方針で掲載しない記事はあっても、著作権の都合でデジタル版に掲載していないタレント写真や映画のカット、文章などは減っている。業界内の慣行や意識の変化、著作権法の改正などによって、ようやくデジタル雑誌での著作権処理は目処がついた。

海賊版対策も大きな課題だ。2018 年に閉鎖された違法サイト「漫画村」だけでも被害額は 3,200 億円になった。コミックスだけでなく、雑誌コンテンツの違法アップや転載もやまない。著作権は、罰則や倫理にたよるだけでは守れない。ネット上での権利保護技術の開発も必須だ。

5.3.3　雑誌の今後の展開

(1) 変わらない本質と新たなビジネス展開 ————

人々がコンテンツに求めるのは、欲望を満たすための情報だ。人間の根源的な欲望、すなわち生命維持と繁殖、そのための衣食住、愛憎、権力、経済力、知識・知恵、娯楽などはせいぜい十指にたりて、歴史を重ねても変化がない。その無限の変奏曲が、数千年にわたるパブリッシングの「ネタ」であった。雑誌もこれに漏れない。美しく理知的なものからドロドロ・ギトギトした本音レ

ベルまで雑多な人間の欲望を、それぞれの雑誌タイトルごとの価値観から複数の記事にして一冊に束ねて販売してきた。デジタル化社会の読者は、従来の読者も含むより広範囲な情報受容者としてのオーディエンスとなる。しかし、特定の価値観から情報を編集・提供して対価を得るという雑誌の本質は変わらない。紙かスマホかといったインターフェイス、また、マルチメディア的表現か静止画かといったコンテンツの表現方法などは、雑誌とはなにかをつきつめたときには2次的な要素だ。

　本質は変わらなくてもデジタル化社会への対応はある。雑誌はそのコンテンツとブランドの拡張によってマネタイズするメディア・ビジネスに向かっている。雑誌がさまざまな課題を解決して発展するには、印刷物と広告の販売という閉じられた収益構造から、雑誌本誌と他部門の相乗効果でブランド価値を高め、従来の雑誌ビジネスに加えて、コンテンツやブランドから派生させた幅広く多角的な事業を展開することが鍵となる。

　大手出版社の事業多角化は、売上構成比率に反映している。講談社は2013年から2020年にかけて総売上が115%となったが、雑誌と書籍と広告をあわせた売上は89%から52%になった。集英社では同期で総売上は122%になったが、雑誌と書籍と広告をあわせた売上は85%から55%となった。収益多角化は雑誌、書籍、コミックなどのブランドやコンテンツが元となる。なかでも力強い牽引力となっているコミックはコミック誌に掲載され育てられる。拡張した収益源としては、映画・ゲーム・書籍・ドラマ・劇などへの原作供給、ネット上での広告収入、ライツビジネス、物販通販、他企業のオウンドメディア制作、リアルイベント、教育などがある。

　デジタル化の波に機敏に対応した出版社はマスレベルでのコンテンツの有無にかかわらず、収益構造の改革に成功している。それぞれが得意とする分野で雑誌ブランドのさまざまな拡張が見られる。『家庭画報』を発行する世界文化社の高級・高尚志向のカルチャー教室「セブンアカデミー」や、アウトドア・ファッション誌『GO OUT』が主催するオートキャンプ・フェスなどだ。

　雑誌が提示する価値観、物語や情報などコアとなるコンテンツが魅力的でマネタイズできるのなら、印刷物としての雑誌は必ずしも必要ではない。『ミモレ』のように印刷物としてのメディアを最初から持たずにウェブ上で展開する

雑誌もある。現時点では、印刷物の本誌を核として展開したほうがブランド形成はしやすいが、時間とともに雑誌は紙からデジタル・メディアに軸足を移していくと考えられる。

　公式ウェブサイトや SNS を本誌の宣伝としてとらえるのではなく、今後はデジタル部門のマネタイズを重視した総合的なメディア戦略が求められる。雑誌をとりまく環境の変化が先行したアメリカでは、2014 年に MPA（雑誌メディア協会）が「マガジンメディア 360°」を開始した。プリント版、デジタル版、デスクトップ／ラップトップ・ウェブ、モバイル・ウェブ、ビデオでの雑誌ブランドのオーディエンスを計数化し、広告媒体としてのプロモーションに取り組んでいる。

　限定的な市場では、あえて印刷物を前面に展開する戦略もある。『nicola』のような web サイトはあるがデジタル版を発行せず読み放題サービスにも対応していない少女向けファッション誌、付録が雑誌自体のおおきな魅力となっている学年誌、親が読み聞かせしやすい形態の幼児向け雑誌などだ。デジタルも含むブランド拡張で多角的な取り組みをしつつ、本誌の部数も倍増させた『ハルメク』のようなシニア向け雑誌もある。高齢化社会では、紙の雑誌を読むことに慣れた中高年齢者がボリューム層として存在している。残存市場ではあるが、印刷物のシニア雑誌も企画しだいで今後数十年は存続できそうだ。

（2）グローバル化とこれからの雑誌 ―――

　このように、各出版社は多角的な収益源を開発しているが、一般的には西洋諸国でも日本でも出版の利益率は数パーセントにすぎない。グローバル化した文化資本主義のなかで、出版産業が単体で存在し続けるには厳しい数字だ。いっぽう、メディア・コングロマリットの利益率は 2 桁になることも多い。資本主義的な帰結として、エンターテインメント企業は頻繁な M&A で組織構成を変えつつコングロマリット化している。それらの中核企業は映画、放送、新聞などさまざまだ。ウォルト・ディズニー・カンパニーは映画を核として、出版ではマーベルやディズニーパブリッシングワールドワイドを持つ。ソニーはゲームや映画、音楽、出版など多様な核を持つ。出版を出自とする例ではベルテルスマンや KADOKAWA を挙げることができ、とくに雑誌を中核とする例としては、『People』を発行するメレディス、『COSMOPOLITAN』を発行す

るハーストなどがある。国内の出版も今後はグローバル資本主義の利益追求志向は避けられない。

　出版産業のグローバルな環境変化の下で、雑誌はブランド拡張戦略をとりつつコンテンツメーカー・インキュベーターとなって、コングロマリット内のより利益率が高い他メディアへの原作やブランド供給源としての役割もはたすことになる。国内ではグローバル化が遅れていることでメディア・コングロマリットと意識されることが少ないが、新聞を核とするメディア・グループ傘下に中堅出版社が配置されシナジー効果を得てきた。また、ハースト婦人画報社のようにグローバルなコングロマリットの傘下に入る出版社もある。大手総合出版社は株の非公開、それと高利益率のコミックを擁するのでＭ＆Ａの対象にはなりにくい。むしろデジタル化がもたらしたイノベーションを我がものとして活用し、デジタルやライツ、海外進出など、おおくの子会社を束ねることで自身がメディア・コングロマリット化しはじめている。

　文化のグローバル資本主義化とは対極の流れもある。雑誌は産業で同時に文化だ。マス文化のニッチを埋めるように、特定の分野のカルチャー誌やファッション誌が、2010年代以降でも独立系の小出版社から印刷物として創刊されている。2020年には、アメリカで1980年代以降はじめてビニールのレコードがＣＤの売上を上回った。楽曲の魅力と同時にレコード盤自体への愛着に支えられて、売上額は少ないものの日本でもレコードが人気となっている。雑誌もおなじだ。限定された市場になりつつあるが、ニッチな印刷物の雑誌もまた読まれ続けるだろう。

課題と研究

課題 5-1　明治初期、新聞に比べて雑誌の特性が、広く認められるまでに時間を要した要因について考察してみよう。

課題 5-2　雑誌の電子・ウェブ化はこれまでの雑誌と読者の関係をどのように変えましたか。

課題 5-3　雑誌のどのような特性が、他メディアへ原作を供給するコンテンツ・メーカー、インキュベーターの役割をはたしているのか、考察してみよう。

研究 5-1　1980年～1990年代の雑誌の発展は出版界にどのような影響を及ぼしましたか。

研究 5-2　今後、雑誌が新しい文化を作るとすれば、どのようなものか、考察してみよう。

研究 5-3　デジタル時代に雑誌をブランドと捉えた時、どのようなビジネスと関係してくるか、考察してみよう。

文献

[1] Schiffrin, Andre, Words & Money, Verso, 2010
[2] 今田絵里香『「少女」の社会史』勁草書房、2007年
[3] 印刷博物館編『ミリオンセラー誕生へ！──明治・大正の雑誌メディア』東京書籍、2008年
[4] インプレス総合研究所『電子書籍ビジネス調査報告書』インプレス
[5] 大塚英志『『りぼん』のふろくと乙女ちっくの時代──たそがれ時にみつけたもの』筑摩書房（ちくま文庫）、1995年
[6] 岡満男『婦人雑誌ジャーナリズム──女性解放の歴史とともに』現代ジャーナリズム出版会、1981年
[7] 川井良介編『出版メディア入門　第2版』日本評論社、2012年
[8] 木村涼子『〈主婦〉の誕生──婦人雑誌と女性たちの近代』吉川弘文館、2010年
[9] 吉良俊彦『ターゲット・メディア主義──雑誌礼賛』宣伝会議、2006年
[10] 久米依子「少女小説──差異と規範の言説装置」、小森陽一・紅野謙介・高橋修編『メディア・表象・イデオロギー──明治30年代の文化研究』小沢書店、1997年

[11] 佐藤卓己『「キング」の時代——国民大衆雑誌の公共性』岩波書店、2002 年

[12] 佐藤卓己「雑誌メディアの成立」、柏倉康夫・佐藤卓己・小室広佐子『日本のマスメディア』放送大学教育振興会、2007 年

[13] 塩澤実信『雑誌 100 年の歩み——1874-1990　時代とともに誕生し盛衰する流れを読む』グリーンアロー出版社、1994 年

[14] 清水一彦「「若者の読書離れ」という " 常識 " の構成と受容」『出版研究』No.45、2014 年

[15] 清水一彦「雑誌市場の 2 重構造の変遷～雑誌史と印刷証明付部数からの分析～」『江戸川大学紀要』2019 年

[16] 城一夫、渡辺明日香、渡辺直樹『明治・大正・昭和・平成　日本のファッション　新装改訂版』青幻社、2014 年

[17] 続橋達雄「＜少女＞欄の作品」『児童文学の誕生——明治の幼少年雑誌を中心に』桜楓社、1972 年

[18] 電通メディアイノベーションラボ編『情報メディア白書』ダイヤモンド社、2015 ～ 2021 年

[19] 富川淳子『ファッション誌をひもとく』北樹出版、2017 年

[20] 中原雄太郎・松根格・平野武利・川畑直道・高岡重蔵・高岡昌生監修『『印刷雑誌』とその時代　実況・印刷の近現代史』印刷学会出版部、2008 年

[21] 永嶺重敏『雑誌と読者の近代』日本エディタースクール出版部、2004 年

[22] 難波功士『創刊の社会史』筑摩書房（ちくま新書）、2009 年

[23] 浜崎廣『雑誌の死に方——" 生き物 " としての雑誌、その生態』出版ニュース社、1998 年

[24] 浜崎廣『女性誌の源流——女の雑誌、かく生まれ、かく競い、かく死せり』出版ニュース社、2004 年

[25] 藤竹暁・竹下俊郎編著『図説 日本のメディア　新版——伝統メディアはネットでどう変わるか』NHK 出版（NHK ブックス）、2018 年

[26] 文部省『学制百年史』帝国地方行政学会、1981 年

[27] 文部科学省『日本の成長と教育』（昭和 37 年度版）

[28] 若桑みどり『戦争がつくる女性像——第二次世界大戦下の日本女性動員の視覚的プロパガンダ』筑摩書房、1995 年

[29] 『出版指標 年報』全国出版協会出版科学研究所

[30] 『出版年鑑』出版ニュース社

[31] 『マガジンデータ』日本雑誌協会

[32] 文化通信、新文化、時事通信、電通、メディア環境研究所、macworld、マイナビ、矢野経済研究所、CNN、campaign などのウェブサイト

第 **6** 章

マンガ

6.1 歴史 ［山森宙史］

6.1.1 はじめに

本節では、長く国内の出版産業において大きな規模と存在感を示し続けてきた「マンガの歴史」を概観していく。だがその際、私たちは「マンガ史」を記述することそのものをめぐる困難についてまずは自覚的である必要がある。マンガ研究者の岩下朋世が指摘するように、マンガの過不足ない「定義」や正確な「起源」を追い求めることは、それ自体が特定のイデオロギー性に強く絡めとられ、歴史記述のあり様を変えてしまうという特性を抱えているからだ[3]。つまり、「マンガの歴史」とは常に "正史" を相対化しようとする様々な軸の「歴史」がせめぎ合った状態に置かれているということを意識する必要がある。以上を念頭に置いたうえで、本節では「パブリッシング・スタディーズ」という文脈から、出版物・出版産業としてのマンガの歴史的変遷について概観してみたい。

6.1.2 明治・大正・昭和初期 (戦前)

なにを「マンガ出版物」の始まりとするかは大きく議論が分かれるところだが、ここでは現在の私たちにとってもなじみの深い「雑誌」や「単行本」、「新聞」といった出版形態との連続性を有する、近代的印刷技術や出版産業制度の確立以降をひとつの出発点として考えてみたい。

日本で最初の定期刊行された「漫画雑誌」は、1862 年にイギリス人チャールズ・ワーグマンによって創刊された『ジャパン・パンチ』と言われてい

る[16]。主に一枚絵形式の時局風刺漫画で構成された雑誌であり、同誌の出現はそれまで「漫画」を指す言葉として使われてきた狂画、鳥羽絵に新たに「ポンチ」の語を加える契機となる。このような雑誌ジャーナリズムの一ジャンルとして漫画雑誌を作る動きは国内の担い手にも波及し、『絵新聞日本地』（1872）、『団団珍聞』（1877）、『滑稽新聞』、『東京パック』（1905）『大阪パック』（1906）などの風刺漫画雑誌が次々と生み出された（図6.1）。ここからは、マンガが当時"最新"であった「雑誌」というメディア形式の社会的普及に一定の役割を果たしていたことを見て取れる。

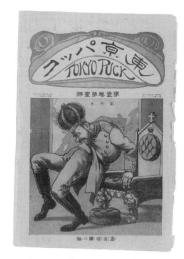

図6.1 『東京パック』1905年

　もうひとつ近代漫画の成立において欠かせないのが新聞というメディアである。中でも、1882年に創刊された時事新報は、今泉一瓢によるそれまでの鳥羽絵・ポンチ・狂画などの言葉を「漫画」の一語に統一する試みをはじめ、当時最新だった欧米式のキャラクターを用いた複数コマの漫画を世に送り出すなど、後の現代漫画の発展に大きな役割を果たした[16]。その流れは大正期にも引き継がれ、『東京朝日新聞』と『アサヒグラフ』誌に翻訳掲載され人気を博したアメリカのジョージ・マクマナス『親爺教育』や、報知新聞での連載後にその人気の高さから計6冊の単行本化がなされた麻生豊『ノンキナトウサン』といった、娯楽性に重きを置いた四コマ漫画という新たな表現形式を漫画にもたらすことになる[6]。

　このように、近代漫画は当初「大人の読物」という性格が強いメディアであったが、漫画という表現の認知が高まるにつれ、次第に子供向けの漫画もそこに加わるようになる。中でも大きな転換点となったのは1923年10月から東京・大阪朝日新聞に連載されて人気を博した織田小星・作、東風人・画「正ちゃんの冒険」のヒットであった。同作は連載後に再編集を施されて刊行された単行本が大きな成功を収めたことで、子供向け漫画が出版商品として成り立つ

ことを知らしめた。このような子供
向け漫画作品に力を入れる流れは既
存の少年雑誌にも波及し、大日本雄
弁会講談社発行の代表的少年誌『少
年倶楽部』において 1931 年より連
載され、連載後にハードカバーのク
ロース装貼函入りという当時では異
例の豪華本が大成功した田川水泡の
『のらくろ』シリーズへと結実する
（図 6.2）。

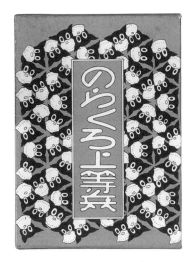

図6.2　田川水泡『のらくろ上等兵』1932年

　以降、大小様々な出版アクターが
子供向け物語漫画本出版に参入する
ようになる。中でも、一般書店以外
の多様な流通販路を持ち、大衆娯楽
本をはじめとした様々な出版商品を取り扱っていた赤本業者が子供向け物語漫
画本の社会的普及・拡散に果たした役割は大きく、中村書店の描き下ろし漫画
本シリーズ「ナカムラマンガ・ライブラリー」はその代表的存在と言える。こ
うして子供向け漫画出版は従来の風刺漫画や新聞漫画の下位ジャンルという位
置付けを脱し、ひとつの確固とした出版ジャンルとして立ち位置を獲得してい
った。そして、戦争により子供向け漫画出版は一部を除き停滞するも、その産
業的下地やノウハウが戦後引き継がれ、花開くことになる。

6.1.3　1945 〜 1970 年代初頭：マス産業化への道のり

　戦後、まずマンガ出版の主要な担い手となったのは、大手出版社の児童月刊
誌と赤本マンガ単行本である。前者は、1946 年創刊の光文社『少年』を筆頭
に、学童社『漫画少年』（1947）、など数多くの児童月刊誌が創刊され、1950
年代初頭までマンガの主要なメディアとなった。とはいえ、この時期の児童月
刊誌は教育的な配慮やマンガへの批判回避の目的からマンガに割かれるページ
数が少なく、小説や絵物語などの読物に多くのページが割かれる傾向があっ
た。そのため、このマンガの分量の少なさは雑誌に同梱された別冊の付録まん

が本によって補われていた。全ページマンガで構成された小冊子の体裁で、多い時には一誌あたり8冊以上つくこともあった。

　一方、赤本マンガは1947年頃から復活し、同年に手塚治虫が『新寶島』でデビューを果たしたことでも有名である。そのメディアとしての特徴において注目したいのは「描き下ろし単行本」という形式である。1冊あたり100頁前後で構成される赤本マンガ単行本は、長編作品を発表する上でも最適な媒体であり、その後のマンガ表現のスタンダートとなるストーリーマンガの可能性を模索する上でも最良の"実験の場"としての役割を果たした。赤本マンガ出版の中心が当初関西圏であったことや独自の流通ルートを有していた点を含め、戦後のマンガ出版はこうした「中央」の雑誌文化と「周縁」の単行本文化という二重性を有することで、常に「新たなマンガ」が生み出される土壌を形成していたのである[23]。そうした特徴は、赤本マンガが衰退し、1952年ごろから増加した貸本屋を主な流通先とする貸本マンガ単行本へと変容していく際にも引き継がれていた。例えばそのひとつが従来の子ども向けマンガには希薄だったシリアスな物語作りや生々しい人間描写、過激なアクションなどを採用した「劇画」（貸本劇画）の誕生である。そして、この劇画を通じて、マンガは子どもでも大人でもない「青年」という新たな読者市場を獲得することになる。

　1950年代後半のメディアとしてのマンガをめぐるもうひとつの大きな変化が週刊マンガ雑誌の誕生である。1959年の『週刊少年サンデー』（小学館）と『週刊少年マガジン』（講談社）の創刊を皮切りに、1960年代末までに現在も刊行され続けている代表的な週刊マンガ誌が数多く誕生した。「週刊誌」というメディア形式がマンガにもたらした変化は数多いが、やはり重要なのは、マンガという出版物を恒常的に大量生産可能なマスプロダクトへと変貌させた点であろう。「週」単位の連載による次号への「引き」を意識した物語作り、それに伴う連載の長期化と読者の継続的受容の習慣化は、マンガ作りの現場に作品の量的増加・需要増加に応えるためのプロダクション方式（分業方式）や原作者システムなどの新たなマンガ生産の方式を導入させることになった。とりわけ、新人作家の積極的起用や読者アンケートを用いた徹底的なマーケティング戦略を展開した集英社の『週刊少年ジャンプ』は、「制作機制上「つまらない」マンガが載ることのない少年雑誌」[5]として、「商品」としてのマンガの

精度を飛躍的に高めた。こうした洗練を通じ、マンガ出版物はそれまでの児童出版のサブジャンルという立ち位置を脱し、一出版ジャンルとして自律性を獲得するに至る。

自律した出版システムの内部では新たな出版の領域が派生的に生み出されるようになる。まず「少年」から「青年」へと成長していく週間少年マンガ誌読者の次の受け皿として、『ビッグコミック』（小学館）や『ヤングコミック』（少年画報社）に代表される、青年マンガ誌が1960年代後半に数多く誕生した。以降、

図6.3　白土三平『剣風記』1966年

国内のマンガ雑誌はクラスマガジン化を徹底し、特定のジャンルや趣味・嗜好に特化した雑誌を次々と派生的に生み出すようになる。

加えて、現在主流のマンガ単行本出版形態である「コミックス」の誕生が挙げられる。1966年、突如刊行レーベルに「コミックス」という名を冠した新書判形態のマンガ単行本出版物がマンガ出版の世界に仲間入りした（図6.3）。当初、これら新書判コミックスの多くは、雑誌掲載作品の再録でありながら、雑誌とは独立した出版企画として制作されていた。しかし、1967年に大手マンガ出版社が自社雑誌に掲載された作品を自社でコミックス化し、その際、自社雑誌の雑誌コードを用いて書籍の形態にもかかわらず流通制度上「雑誌」として流通・販売する「雑誌扱い書籍」という特性を付与したことで、「雑誌連載作品を再読するためのメディア」へと変貌する[28]。その後、他の大手マンガ雑誌もこの方式に追随しながら雑誌専属のコミックスレーベルを設け、1973年のオイルショックを契機に雑誌収益の赤字をコミックスで補填するという現在まで続くマンガ出版のエコシステムが確立する。こうして戦前から続いたマンガ雑誌とマンガ単行本の出版産業上の棲み分けは事実上消滅し、マンガは「雑誌メディア」としての社会的認知をひたすら高めていくようになる。

6.1.4 1970年代半ば〜1990年代半ば：黄金時代

　1970年代半ば以降になると、出版メディアとしてのマンガはそれまで以上に市場規模を拡大させ、成熟と多様化の度合いを高めていくようになる。1976年の『週刊少年チャンピオン』（秋田書店）の発行部数200万部達成など、大手マンガ誌は競うように部数を伸ばし続けていったが、こうした巨大な発行部数はその都度社会的関心を集め、いつしかマンガは「量」としての優位性にその出版物としての価値を求められるようになっていった。

　一方、このような大手出版社一極集中の出版環境において、その隙間を縫うように現れた新たな試みがアマチュアによるマンガ出版への参入だ。1975年に第1回が開催された同人誌即売会「コミックマーケット」を筆頭に、『ぱふ』などのマンガ専門誌の刊行を通じた少女マンガブームの牽引やエロ劇画誌『劇画アリス』に代表される「三流劇画」ブーム、そして大友克洋、いしいひさいちといった描き手を輩出するにいたったニューウェーブ・コミック誌の創刊など、熱心なマンガファンによる出版活動が活発化した。

　他にも1980年代を通して目立った動きのひとつに、筑摩書房、中央公論社、日本経済新聞社など、これまでマンガとは縁遠かった出版社の新規参入が挙げられる。とりわけ、80年代末から90年代にかけて新たなマンガ出版の担い手として頭角を現したのが角川書店だ。同社の進めるメディアミクス戦略によりマンガ出版はいつしかコンテンツを多極的に展開する上での一手法という性格を強めていくようになる。その他にも、ゲーム会社であるエニックス（現・スクウェア・エニックス）やマガジンハウス社や主婦の友社など様々な系統の会社がマンガ出版に参入していった。

　この時期のマンガ出版を取り巻く変化でもうひとつ見落とせないのが流通面での多様化である。今でこそ日常的な光景となっている一般書店のコミック売場が全国的に普及・定着していったのも1970年代半ばから80年代初頭である[28]。そして、そこからマンガ・アニメ専門店が派生的に誕生し、同時期に台頭したオタク文化の発展にとっても重要な役割を果たすようになる。また、80年代はマンガ雑誌の流通先として、コンビニエンスストアが大きな存在感を示すようになった点も見落とせない変化のひとつである。このように、1970年代半ばから90年代初頭は、マンガ自体の多様化に加え、その作り手や流通

環境が多様化した時代でもあった。

6.1.5　1996 年〜 2000 年代後半：停滞期

　1994 年末に『少年ジャンプ』誌が過去最高の発行部数となる 653 万部を記録するなど、戦後右肩上がりで成長し続けてきたマンガ雑誌だったが、1996年を境に年々発行部数・実売部数を落とし続け、2009 年には最盛期の半分までに落ち込むようになる [18]。

　その原因として、長期連載されていた人気作品の相次ぐ完結・連載終了や若者を取り巻くメディア環境の変容と情報接触の多様化、そしてマンガに限らず出版メディア・雑誌メディア全体の不振など、様々な要因が指摘されているが、その中のひとつとして 2000 年代初頭に問題視されたものに新古書店・マンガ喫茶などの二次流通市場の台頭がある。当時、これら二次流通市場の存在が、マンガ出版物の新刊市場に影響をもたらしているとして出版産業界全体から多くの批判が噴出した。しかし、裏を返せばそれは、すでに多くの読者とマンガ出版物との関わりがコミックスを中心としながら多様化し、長く続いたマンガ雑誌を中心とする出版体制が相対化されるようになったことを図らずも突き付けるものであった。このような変化を背景に、90 年代後半から 2000 年代にかけて、『ダ・ヴィンチ』（KADOKAWA）をはじめとしたコミックス情報に特化した情報誌が支持を受けるようになり、2005 年には戦後初めてコミックスの売上がマンガ雑誌の売上を逆転した。

　マンガ出版物もその商品形態を多様化させるようになる。とりわけ顕著だったのが、過去のヒット作や人気作をリニューアルして販売する手法だ。例えば、連載とコミックス刊行が終了してまだ日が浅い作品を、新規描き下ろしイラストや表紙を用いながら文庫版コミックスや完全版コミックスという形で新刊販売する手法や、過去の名作の人気回を抜粋し廉価版としてコンビニにて販売するコンビニコミックなどが挙げられる。また、2000 年代初頭からは、ファッション誌同様に特典付きの初回限定版コミックスや特装版コミックスの刊行も盛んになり始めた。

　一方、紙のマンガの苦境の背後で着実に進行していたのが、デジタル化の流れである。マンガのデジタル化の動きは既に 1980 年代頃から存在しており、

90 年代には CD-ROM 形式でのコンテンツ販売も登場していたが、急速に社会に浸透し始めたのは 2000 年代以降のブロードバンド環境の日常化と 3G ケータイの飛躍的な発展に端を発する。とりわけ注目に値するのが、アマチュアが個人ブログにおいて作品を発表し、インターネット上で口コミを介して人気が高まり書籍化されるという「WEB 発コミック」と呼ばれるジャンルが登場したことと、フューチャーフォン（ガラケー）向けの WEB コミック配信事業である「ケータイコミック」が次第に軌道に乗り始めた点である。いずれも現在の Twitter や Pixiv 等 SNS へのアマチュアによるマンガ投稿の文化やマンガアプリの隆盛のさきがけとなっているものである。

　このように、出版物・出版産業としてのマンガとは、各時代の文化的背景、メディア環境、そして市場ニーズに柔軟に対応しながら、そのメディアとしてのあり方を非一貫的で曖昧な形のまま成長させるという逆説的な "一貫性" を貫いてきた出版メディアだということが分かる。マンガ史とは、まさにこの「マンガとは一体いかなる出版メディアなのか？」という難問を今後も私たちに突き付けてくるだろう。

6.2　マンガ編集 [横手拓治]

6.2.1　編集という仕事

　美作太郎は編集について二つの定義を挙げている。広義として、「編集とは、人間の文化的創造物を、一定の意図のもとに、公表を目的として、特定の伝達媒体に適するように整序し、配列する機能」が示され、狭義として、「編集とは、一つまたは一つ以上の著作物またはこれに類する資料を、一定の編集方針にもとづく企画に従って入手（取材）し、これに整序・配列の手を加えて印刷その他の複製手段に付し、一定の出版物（書籍・雑誌）にまとめあげる仕事」と示される[22]。ここでいう広義の「機能」を具体化し、狭義の「仕事」に日々取り組むのが編集者なのである。

　編集者は語のごとく集め編む作業を行う者だが、その規定は存外難しい。出

版学を「密林」と譬えたのは寿岳文章であり[13]、このひそみに倣えば、出版の構成要素たる編集者を把握しようと試みる者は、やがて「密林の迷路」を踏み行く困難に突き当たるはずだ。編集者について「整備された一本の道」（コンセンサスを満たす定義）を見出すのはとびきりの難事といわねばならない。

もっとも編集者を捉える視点はこれまでも幾度か提出されており、例えば布川角左衛門は彼ら・彼女たちを調理師、演出家、建築家、庭師に通じる者と見立て、それぞれの面から特徴を描いている。[19]。ただここでも譬えを用いており、結局、そこから説明するしかない存在こそ編集者なのだろう。なおこれらのうち「庭師」は、昭和8年刊の著書で伊藤正徳が「編輯と庭造りとは、同じ心、同じ技巧を以てなされねばならない」「いゝ編輯者は常にいゝ植木師である」と書いたのを承けており[2]、新聞編集からの見方に重点がある。新聞制作は一大グループワークだが、これに比して出版はパーソナルな次元でコンテンツ制作が成される。「庭師」という譬えが出版に及ぶとしたら、両作業の実状から生じる差異は念頭に置く必要がある。新聞編集は公共空間における景観造りの一員、出版編集なら個人宅の庭造りを一人で行う者、といったイメージであろうか。

　整序された定義を難しくさせる理由の一つに、たえず矛盾に向き合うという編集仕事の特異性がある。芸術性と商業性の相克問題はよく指摘される。編集者は作品の出来映えに影響を与えつつ、商品としての出版物を市場に押し出す役割を最終的に担うわけで、ゆえに、作者の同伴者にして読者代表という複雑な立場にいる。福音館書店の松居直は編集者の在り方として、自身の内面に表現したいものを持ち、そのうえで制作へ主体的に取り組む姿勢を重視しつつ、一方で、「読者の側からの発想ができなければ編集者ではない」と明示する[20]。双方の平衡を意識できない編集者は、結局のところ著者と制作現場との単なる往還者に過ぎなくなる。それはメッセンジャーであって編集者ではない。読者の立場からときに作者に対峙してこそ編集者なのだ。

　大正10年から昭和7年まで『少年倶楽部』編集長を務め、同誌の黄金時代を築いた加藤謙一は、「のらくろ」を登場させた編集長として、また、戦後まもなく『漫画少年』を立ち上げ、多くの新人（後年高名となった作者がかなりいる）に発表の機会を与えた編集者としてマンガ史上有数の人物といえるが、

その加藤は、デビューまもなく人気を得て多産ぶりを示した手塚治虫にこう諭したという。「どんなことを描いてもいいけれど、子どもだけは裏切りなさんなよ」。締め切りに追われなぐり書きのようになっていた作品を見るに見かねての忠告だった。読者を忘れるな、である。「加藤さんのこの一言はこたえた」と手塚は述懐している[8]。

　編集者は作者の創作行為に深くかかわり、さまざまな困難と向き合う。それゆえ作者－編集者の関係の譬えとして、作者側から見て、「戦場」をともに疾駆する「戦友」同士というのがある（「線友」〔赤塚不二夫〕との表現もなされた）。ただいうまでもなく、編集者は表現する者ではない。舞台で光を浴び聴衆の耳や目にさらされるのを作者・作品とすれば、編集者は、舞台の袖に隠れながら一部始終を見つめ、己の仕事の結果を確認する存在なのだ。こうした黒衣性は編集者に求められる基本的態度にして職業倫理であり、あるいは美学ですらある。創作者とは絶対距離があり、その距離を推し量りながら創作行為に深く関与する。加えて編集者は、創造の場という、究極的には商業主義とは一線を画する「戦場」に常在しながら、出版社という商業組織の成員でもある。売れるか売れないかは、自身と、自身が属する編集部、ひいては会社の存亡に関わる。それゆえ彼ら・彼女たちは、市場動向を注視しデータを分析するなど近代的・合理的な思考と行動が求められる。その一方で、具体的な現場にあっては、意志・胆力・虚実皮膜といった前近代的・非合理な有方を以てことに対処する局面は珍しくないのだ。こうした綱渡り的な状況こそ、編集者の終わらない日常といわねばならない。大小さまざまな矛盾が揺らすあやうい吊り橋を、彼ら・彼女たちは今日も渡り続けている。

6.2.2　編集者の精神性──zeal と modesty

　箕輪成男は編集という仕事に大きく二つの領域があるとして、「企画編集（search editing）」および「原稿編集（copy editing）」を挙げている[21]。前者は企画立案と原稿入手の仕事を指し、後者は入手原稿を印刷可能な状態まで調整していく仕事である。前者は起動者（スターター）にして制作ラインの指揮者（コンダクター）であり、編集長や経営者など限られた人物がこの領域を担っている出版現場は少なくない。後者は出版技術者というべきで、本の制作過程に関わる職人的作業者といえ

る。

　もっとも出版編集の仕事に工場ラインのような役割分担はどだい無理であり、とりわけマンガ編集においては、平編集部員に至るまで前者・後者ともに行う場合は少なくない。企画の最終決定や媒体の方向性策定等の権限は編集長や経営者が持つのは通例としても、テーマやプロット、キャラクター設定、コマ送りの具体といった「原稿をゼロから生みだす」根幹作業に、編集者が複雑な関与をするのは、むしろ現場の常態といってよい。

　学習マンガで活躍した伊東章夫は、『なかよし』編集長時代の牧野武朗について、「むっつりした顔で、「下絵」のネームから細かい線まで、赤鉛筆で自ら徹底的に直す。その「添削」を経て、初めて「清書」を描くことが出来た」と証言している。牧野は「テーマや筋立てを言う前に、ネームの直しをしっかりしないといいものは出来ないからです」とその理由を説明している[25]。牧野はのち『少年マガジン』『少女フレンド』を創刊して軌道に乗せ、戦後における講談社マンガ路線の基を築いた出版人として知られるが、編集長時代にあってなお、平編集者の役割ともいえる作業に専念していた様子が知れる。企画立案・著者折衝・原稿入手に加え、徹底した「ネームの直し」を平編集者にまで妥協なく強いる「牧野流」は後年も一貫しており、晩年の門下生だった本稿筆者も洗礼を受けた。

　ゼロからの立ち上げという冒険的・野心的な事業に取り組む一方で、虫眼鏡で細部を凝視し修正を重ねていく、象眼師のごとき繊細な工程に専心する——編集者はこれら両像を一身に抱き併せねばならない。しからば、矛盾に取り囲まれ、両像であることを強いられる彼ら・彼女たちは、どういった駆動力に支えられているのか。それこそが zeal（熱意）なのだ。

　大正期を中心に『中央公論』で活躍した滝田樗陰は総合雑誌の編集者だが、主要な活動領域に文芸があったのは、夏目漱石、森鷗外、芥川龍之介などの作品を世に出したことでも知られている。マンガと文芸は編集スタイルが似通っており、樗陰の例はマンガ編集を考察するうえでも多少の参考になるはずで、ここで紹介しておこう。滝田樗陰の死にさいして書かれた嶋中雄作の追悼文に次の箇所がある。「雑誌編輯者にとって最も必要なものは熱である。聡明も見識も必要には必要だが、熱の前には殆ど無力である。」[11]内面から湧き上がる

zeal こそ編集者樗陰のエネルギーであった。世に出してみなければわからない ものにとことん惚れ込み、乗り気ではない著者を引っ張り出すには、ひたむき に猪突する勇気が要る。これを支えるものは zeal であり、樗陰はその塊だと いうわけだ。もっとも zeal は適量をコントロールできるものではない。たえ ず過剰になる。樗陰の大口たたき（ビッグマウス）はときに無神経なハンマーと化し、あるいは 偽善に映った。夏目漱石は樗陰の言動に閉口し、立腹することもあったのが知 られている。吉野作造は初対面のさい、「人を煽（おだ）てるやうな所もあり又人を馬 鹿にしたやうな気味もあり、」「一寸失敬な奴だと腹では思った」という[11]。 徳田秋聲は回顧のなかで、「瀧田君も熱情的の人であつたゞけに、ずゐぶん遠 慮会釈のない点もあつて、ちよつと露骨な云為（うんゐ）〔言葉と行為〕もなかつたとは 言へないけれど、一度は怒つても誰もそれを不快に思ふものはなかつた」と述 べている[17]。もっとも三者は三様に編集者樗陰の才能を認めていたし、いく ぶん腹を立てつつも、結局は彼の慫慂に応じて『中央公論』に作品を寄せてい る。

　時代を戦後へと進め、続いてあるマンガ編集者の事例を挙げてみよう。『週 刊少年マガジン』の第三代編集長で、「巨人の星」「ゲゲゲの鬼太郎」などを世 に送った内田勝について、宗左近は「熱意と闘志と実行力と知恵」の人と評し た[11]。その内田時代の『少年マガジン』編集部員の在りようについて、『無用 ノ介』の作者さいとう・たかをは次のように回顧する[11]。「熱のあること、他 社とは比べもんになりませんわ。（中略）軌道に乗るまでは、ここはこう変え てはどうか、あそこはこうしてはと、よう言うてきます。マンガに、ほんまに 生命をかけてますな、あそこの編集者たちは」。『少年マガジン』編集部自体が zeal 集団だったわけで、領袖内田はその指揮官にして模範を示す者であった。

　ただし、zeal は駆動エネルギーにはなり得ても、創作者の内奥と対話するに は、全く対照的な才もまた必要なのが編集者といえる。それは modesty（奥 ゆかしさ）とでもいうべき態度である。『ニューヨーカー』編集長ウイリアム・ ショーンは、同僚編集者ボブ・ガーディの追悼文で、「激しい自己主張の時代 にあって、彼は表に出ようとしなかった。荒々しい時代にあって、彼は優しか った。騒々しい時代にあって、彼は物静かに話した。他人の作品を完璧の域に 到達させることに自分なりの歓びを見出した」と記している[9]。

エッセイ「編集者に捧げる」にこの箇所を引用した高橋源一郎は、「かれら
は、(中略) 毎晩、深夜まで電話をかけ、いつ終わるとも知れない推敲作業に
つきあい、「もう書けない」と (弱気に、時には居丈高に) ぐちをこぼす作者
を一枚ごとに激励し、タイトルや出だしやプロットや結末をアドヴァイスし
(なかには作者の代わりに自分で書いてしまう編集者もいるらしいが)、判読し
難い文字・誤字・脱字・うそ字を考古学者のような手つきで通常の人間的表記
に変えてくれる得難いアレンジャーでありマネージャーでありコーディネータ
ー」であると記す[15]。これらの対応を重ねていくためには、modesty の豊か
さが生みだす細かい気配りや配慮が不可欠なのはいうまでもない。

　もっとも編集者の場合、modesty は受け身の作法ではない。仕事相手への
関心の強さと観察眼の深さを前提とした、実は積極的な態度とみてよいのだ。
田河水泡から「のらくろ」の執筆権を継承した山根赤鬼は、学童社に通った若
き日に、編集長加藤謙一からこう助言されたのを覚えている。「赤鬼君の漫画
はジッとしている。もっと動かせ。君がわが社へかけこんで来るように」[8]。
会社に来る赤鬼青年はいつも足早だったという。相手に合わせた説得能力は無
神経では発揮されない。やはり modesty が前提となり、zeal とともにそれを
持ち合わせなければ、編集者の仕事は質の高いものにならないのである。

6.2.3　編集長の役割

　出版物の生成に関わる編集者像を本稿ではさまざまな視点から見てきたが、
ここで編集長という存在に目を向けてみよう。編集部員と編集長とは根本的な
違いがあり、編集長でしかできないリーダーとしての役割がある。それは前述
した「企画編集 (search editing)」に特化した役割と言い換えてもよい。コン
セプト (全体を貫く基本的な観点・考え方) の提示と、これに基づく編集部運
営であって、指揮の対象は次の 3 項に大別できる。

(1) 作者の選定と作品の方向性策定　───

　編集長はどういった作者を起用し、どういった傾向の作品を誌面に載せるか
の方針を策定し、これに基づく一貫したラインナップの形成を目ざさねばなら
ない。方針は端的であるのがよいとされる。『少年画報』編集長・金子一雄は
「マンガ三原則」──ストーリーがわかりやすい、善人悪人の区別をハッキリ

させる、善が栄え悪は滅びる——をうち立て、その集大成として「赤胴鈴之助」を世に送った。また、『少年ジャンプ』の躍進を支えたコンセプト「友情・努力・勝利」はよく知られているが、これは同誌創刊編集長・長野規が『少年ブック』編集長時代に設定したマンガづくりの基本線である。シンプルなこの方針は誌面に統一感を生みだすために効果を発揮した。

　1960 年代初頭、『少年サンデー』に先行されたライバル『少年マガジン』は、「大人の鑑賞にも堪えうる作品」の掲載を目差して編集活動を集中させた。そこから「あしたのジョー」「無用ノ介」など有力マンガが生まれている。こうした方向性は編集長牧野武朗が明確に言語化したわけではないが、その指揮による梶原一騎の起用や貸本系マンガ家の登用は、結果的に青年読者向けの作風を誌面に導入することになり、雑誌の存在感を高校生・大学生・社会人層にも高めていく。1968 年に『早稲田大学新聞』で、「右手にジャーナル、左手にマガジン」（『朝日ジャーナル』と『少年マガジン』が必携雑誌）との見出しまで登場することになったのは、編集長の運営力の賜といえよう。

（2）作品個々の採否と連載コントロール ―――

　編集会議を主催し部員のプレゼンや部員同士の論議はふまえるものの、掲載や打ち切りに関して最終的な判断をくだすのは編集長の責任であり、役割である。「編集長は、イエスかノーかをはっきり言わなければなりませんね。そのためには、自分なりの原則、物差しをもっていないと言えません」と、前記した内田勝は述べている[11]。

『少年ジャンプ』の長野は、連載継続か打ち切りかを読者アンケートの結果で決める方針を提示し、これを貫いた。アンケート重視はそれ以前もマンガ編集界で実施されていたが、長野はそれを徹底し、アンケート至上主義ともいわれるシステムをつくりあげたことで知られている。

（3）運営体制・制度面の整備 ―――

　編集長は編集上の責任者であるとともに、編集部の管理職でもある。それゆえに、制作システムや作者管理、経費関連の事項について指導力を発揮する場合は少なくない。月刊ペースから週刊ペースに移行する 1960 年代初頭の少年マンガ誌にあって、制作時の作業効率を高めマンガを質量両面で維持する方策として、『少年マガジン』の牧野は、マンガに原作を付ける「原作・作画分離

方式」を導入した。原作者プラス作画家のマンガはそれまでもあったが、牧野が導入した方法はテーマ、キャラクター設定、プロットなどマンガの構成全体を編集が主導する徹底したもので、「原作付きプロデュース方式」ともいわれた。これによって編集者は、「マンガ家の先生の原稿を押し戴く」立場を超え、「作者とともに作品を成す者」へと身を転じていくのである。

　なお作者管理については、『少年ジャンプ』の長野が導入した専属契約制度がよく知られている。マンガ家を囲い込む厳しい内容だが、一方で「育成制度」的な側面があり、この方式を前提に編集者は、売れるマンガ家にするため運命共同体となり作者を懸命に育てようとするわけだ。

　なお、これら編集長の役割を全うするために必要な技法やセンスは、一般編集者にとっても無縁ではない。すぐれた編集者は、編集長の発想や判断もまた、時に応じてできうる者であり、そういった人物こそ、重要な「編集者としての仕事」を果たせるのである。

　マンガ編集を念頭に編集者の在りようを述べてきた本稿だが、「密林」のなかの迷路は、どうやら、未だ整備にほど遠いといわねばならない。とはいえ本稿は、続く探検家が足を踏み入れるための、小さな地理案内くらいにはなれたのではないかと思う。編集者は矛盾の迷路を逞しく歩む。それはいつの時代でも変わらないであろう。

6.3　電子コミック

[村木美紀]

　2019年の第19回マンガ大賞において、『彼方のアストラ』(篠原健太) が大賞を受賞した。同作はウェブコミック配信サイトの『少年ジャンプ＋』で連載していた電子コミックであったことが大きな話題となった。マンガ賞でいうならば、Pixivと日本出版販売が「webマンガ総選挙」を行い、雑誌『ダ・ヴィンチ』とniconicoが創設した「次に来るマンガ大賞」には「webマンガ部門」が設けられており、紙媒体とは別枠の審査であることからも、その驚きが理解できよう。今日では電子コミックの台頭が著しい。

　本節では「電子コミックと物質性」、「電子コミックの市場」、「電子コミック

の利用実態」、「電子コミックの特徴」の4つの観点から電子コミックを概観する。

6.3.1　電子コミックと物質性

　電子コミックは新しいようで、今日までに目まぐるしく進化しているコンテンツの1つである。操作性で言うならば、電子書籍が登場したころにはページをめくる感覚を損ないたくない一定の読者のために、紙を繰る感覚やページをめくる音を付けていたこともある。しかし、スマホの普及に伴って、端末を持つ片手だけでも操作が可能な縦スクロールでページを送ることができるようになった時には大きな関心を集めた。現在ではサイトやアプリによるものの縦スクロール／横スクロール、ページが進む方へのクリック、ボタン操作、フリックでのいずれかおよび複数の操作が可能となっている。つまり何の端末で読むのか、どのような操作方法で読むのかという選択肢があるのが電子コミックである。このことはメディアの物質性からも特徴的であると言える[16]。書物では「コンテンツと媒体の物質性が結合」しており、これまで紙という固定された媒体で、ページレイアウトも含め固定されたコンテンツを読むものという物質性が存在した。マンガにおいてはページを区切るコマ割り、視線の導線、ページにおける1コマ目と最終コマの見せ方、見開きページの使い方等、ページ自体が作者によって作りこまれるものである。しかし電子コミックであれば、読書端末としての媒体—デバイスを選択することが出来るし、アプリやサイトを選ぶことで、操作性も選べる。また縦スクロールで提供しているコンテンツでも『BOOK☆WALKER』のようにページごとに表示するものもあれば、『めちゃコミック』のように1コマずつ表示するものもある。同じコンテンツであってもどのサイトやアプリで読むかによって形が異なる。このように電子コミックは物質性から見ても発展的でユニークなものなのである。

6.3.2　電子コミック市場

　次に、電子コミックの市場を確認しておく[24]。出版不況と言われる中にあっても、マンガの売上は増加している。もともと低迷していた紙媒体の売上が増加したことはもとより、電子コミックの売上は紙媒体を超えるほどとなっ

た。2020年はコロナ禍におけるSTAY HOME中に読者を獲得したこと、『鬼滅の刃』をはじめとする人気タイトルの販売が好調であったことがその理由として指摘されている。

実際に、紙のコミックとコミック誌を合わせた販売金額が2020年から見て前年比13.4％増の2,706億円、電子コミックは前年比31.9％の3,420億円と増加率が高い。

紙と電子のコミックの推定販売金額は前年比23.0％増の6,126億円であり、3年連続で増加している。これまで最も好調であった1995年の5,864億円をも超えることとなった。調査開始の1978年から最高値の市場規模で、出版市場全体に占める割合は37.9％にも及ぶことも付け加えておきたい。

2019年度からは、紙のコミックの販売金額を電子コミックがついに逆転することとなった。2019年度は紙が2,387億円に対して、電子が2,583億円、2020年度は紙が2,706億円に対して、電子が3,420億円であった。ただし、紙媒体ではリアル書店等で新刊本が売れるのに対して、電子コミックは既刊本が売れていることが明らかになっており、その需要は異なる。

電子書籍市場を見た時には、市場の拡大と電子書籍に占める電子コミックの割合が特徴的である。

電子書籍市場は経年で大幅な増加傾向にある。直近の2019年度から2020年度で見てみると3,750億円から4,821億円と28.6％増、電子コミックでは2,989億円から4,002億円と33.9％増であった。

電子書籍のジャンル比率では、コミックが圧倒的多数であることがわかる。2020年度で83％が、2019年度で79.7％が電子コミックであった。2020年度の

表6.1 マンガ市場販売金額推移[24]

単位：億円、％

		2014	2015	2016	2017	2018	2019	2020	前年比
紙版	コミックス	2,256	2,102	1,947	1,666	1,588	1,665	2,079	124.9％
	コミック誌	1,313	1,166	1,016	917	824	722	627	86.8％
	小計	3,569	3,268	2,963	2,583	2,412	2,387	2,706	113.4％
電子コミック（電子コミック誌含む）		887	1169	1491	1747	2002	2593	3420	131.9％
	合計	4,156	4,437	4,454	4,330	4,414	4,980	6,126	123.0％

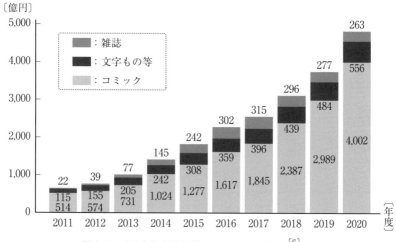

〔億円〕

	雑誌
	文字もの等
	コミック

図6.4　電子書籍市場規模のジャンル別内訳 [6]

増加率には目を見張るものがある。

　今何が起こっているのか、利用実態を確認してみたい。

6.3.3　電子コミックの利用

　電子書籍の利用状況が報告されている[6]。「電子コミック・マンガアプリ」の 2021 年の利用状況を見てみると「日常的に読む」18.3％、「たまに読む」17.9％で、「あまり読まない」12.9％、「全く読まない」50.8％と、「あまり読まない」と「全く読まない」を足した読まない派が多い。2020 年も同様であり大きな変化は見られない。

　しかしながら、これは世代と性別による違いがあり、「日常的に読む」と「たまに読む」を足した読む派では、10 代から 40 代の利用が高く、男性よりも女性の方がより利用していることがわかった。女性の 10 代は 50.1％、20 代は 50.7％と過半数が読んでいる。基本的に年代が下がるごとに利用が上がっている状況にあった。

　読んでいる電子コミックの形態では 1)「無料で連載されているもの」が 80.1

---

1)　同項目は最新の 2021 年版には記載が無かったため、2020 年版 [4] を参照した。

％、次いで「全巻・全話が無料公開されているもの」38.1％、「冒頭の巻や話が無料公開されているもの」35.8％であった。「無料」が大きなポイントの1つとなっているようである。女性の30代から60代のみ、「冒頭の巻や話が無料公開されているもの」が「全巻・全話が無料公開されているもの」を上回っており、マンガアプリ等の「無料」や「試し読み」が効果を発揮しているということであろう。

　読む頻度についても電子コミックの特徴が顕著になっている。電子コミックは、「1日に複数回」が17.9％、次いで「1日に1回」と「読まない」が13.5％で続く。これは読む層で言うと、1日1話無料、毎日配信、曜日替わりで配信等のサービスの状況と合致する。また、電子コミックは比較的どの頻度も選択がなされており、好みのサイトやアプリの更新頻度に影響を受けていることも考えられる。

　それに対し、電子書籍（文字もの）や電子雑誌では「読まない」が半数近くを占め、次いで「月に1回以下」、「月1回くらい」が多い。読むスタイルが大きく異なることが明らかである。

　読んでいる電子コミックのジャンルでは「男性向けコミック」と「女性向けコミック」が群を抜いている。有料／無料の違いも見られない。

　マンガの中でこれほどまでにジャンルを細分化するのであれば、「異世界転生系」や「悪徳令嬢系」のようなくくりがあってもいいのでは、と考えるほどに、近年は「なろう系」をはじめとした小説のコミカライズが盛んである[2]。これらは現状では「男性向けコミック」や「女性向けコミック」に含まれている。

　実際のところ、『サイコミ』では「俺の異世界マンガ賞」が、ニコニコ漫画 × ComicWalker では「異世界コミック大賞」（一般向け／女性向け）があり、「異世界転生系」の作品が求められている。コミックシーモアの「みんなが選ぶ！！電子コミック大賞」の中には「異世界部門賞」も設けられており、「異世界転生系」の注目のほどがうかがえる。

---

2)　「なろう系」とはweb小説「小説家になろう」に投稿された作品や、そこでの人気作に似た要素を持つ作品のことを指す。なお、「悪徳令嬢系」は基本的に転生することから「異世界転生系」に包含されることも多い。

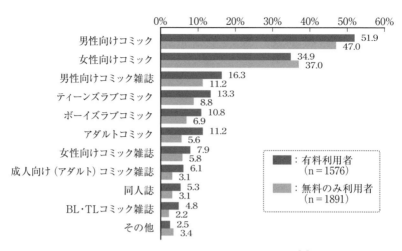

図6.5　読んでいる電子コミックのジャンル[6]

　利用している電子書籍サービスやアプリの Top40 には、『スマートニュース』や電子書籍全般のものも含まれるが、半数以上がマンガ関係で占められている。上位にランクインしているのは、『LINE マンガ』27.8%、『Kindle ストア』26.2%、『ピッコマ』23.8%、『少年ジャンプ+』15.9% と続き、それ以下は、ほぼ似たような利用率で並んでいるのも特徴的である。それぞれ利用者がいるということであろう。年代や性別ごとに見てみると、マンガ専門のサイトやアプリは 10 代女性がよく利用している。特に『LINE マンガ』48.9%、『ピッコマ』37.5%、『pixiv コミック』20.5% が人気である。また、『少年ジャンプ+』、『マンガワン』、『マガポケ』、『マンガ UP！』は男性の方が利用しているが、他のマンガサイトやアプリは総じて女性の利用が高い。『LINE マンガ』、『ピッコマ』、『pixiv コミック』、『comico』、『コミックシーモア』等。

　それら利用しているサービスやアプリを知ったきっかけは、「インターネット上の広告」24.3%、「インターネット上の記事」19.9%、「アプリ内の広告」18.6%、「アプリストアの検索」16.3% と続く。複数のサービスやアプリがTVCM を行っているが、「TVCM」は全体で 7 位の回答であった。

(1) 無料の電子コミック ————

　無料のマンガアプリやサービスの利用率は、2015 年度 26.1% 、2016 年度

28.6％、2017年度27.6％、2018年度28.4％と、これまではほぼ横ばいの数値であった。ところが、2019年度には37.6％、2020年度には37.3％と、10％近くも急増しており、マンガアプリ広告市場が活発であることが理由として考えられる。その市場は2014年度には14億円であったのが年々増加し、2018年度には167億円、2019年度には210億円、2020年度には260億円、2021年度予想では280億円にも及んでいる。認知度の向上に伴って、利用も増加している。

(2) 有料の電子コミック ————

　購入・課金したことがある電子書籍ストアやアプリでは「Kindleストア」が35.0％と突出しており、2位の「楽天Kobo電子書籍ストア」は15.0％であった。『コミックシーモア』、『DMMブックス』と続く。8位の「Kindle Unlimied」は読み放題が魅力の、いわゆるサブスクリプションモデルである。

　ストア型と呼ばれる電子書店のモデルには、電子コミックでは個別課金モデル、月額課金モデル、定期購読モデルがある。

　個別課金モデルは、読みたいと思ったコンテンツを都度購入するもので、1冊単位、1話単位、シリーズ等複数巻セット等がある。

　定期購読モデルは電子雑誌を対象としているもので、紙雑誌の定期購読と同様の仕組みである。例えば『週刊少年ジャンプ定期購読』がこれに該当し、特定のタイトルに限定されるものの、コンテンツはアーカイブされ、いつでも読めるというメリットがある。

　月額課金モデルでは、利用者が一定額を毎月支払ってポイントを購入し、そのポイントでコンテンツを都度購入するというものである。『コミックシーモア』や『めちゃコミック』等多数がこのモデルに該当する。

　14位の「Renta！」は、個別に都度課金をするもので、一定期間が経過するとコンテンツが読めなくなるというレンタルモデルである。有料利用者の不満点の調査では「購入した電子書籍が永続的に読めるか不安」に感じる利用者が29.0％とトップだったことから、レンタルモデルのニーズはやや劣るのかもしれない。しかしながら同調査で「価格が安くない」22.5％が2位だったことを考えるとレンタル型は比較的安価であるというメリットもある。

　メディア型モデルは無料マンガのビジネスモデルで、『少年ジャンプ＋』や

『マンガワン』のような出版社によるもの、『comico』や『マンガボックス』のようにオリジナルのボーンデジタル作品の無料連載等がある。ただし、続きの話を早く読みたい、順次公開する際に期間終了で読めなくなってしまった部分を読みたい、という場合に課金が生じる。それでも時期が来るまで待つ、ポイント還元やチケットを使って無料で読むことも可能である。

6.3.4　電子コミックの特徴と今後の展望

　現在電子コミックを提供しているのは、出版社によるもの、書店によるもの、コンテンツ提供会社によるものがあり、売上は年々増加傾向にある。前述した利用実態調査と同様に、どこかのひとり勝ちというよりは数値上は比較的同等で、まんべんなく利用されていることが分かる。順位は利用実態と売上で順位が相当異なっているため、売上が高い先は広告収入がそれほど多いと言うことであろうか。

1位	Kindle	15.0%
2位	めちゃコミック	12.5%
3位	コミックシーモア	11.7%
4位	LINEマンガ	9.1%
5位	Renta！	7.7%

　電子書籍を購読する端末は、「スマートフォン」が85.0%で、次点の「タブレット」22.0%と比べても圧倒的に支持されている。電子書籍の不満点の4位

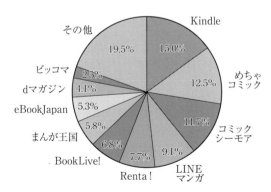

図6.6　電子コミック市場シェア：矢野経済研究所推計 [26]

回答が「画面が小さいため読みにくい」となっているが、その身近さからいつでもどこでも読めるのがよいのであろう。

電子書籍の満足度では「大変満足」13.1％、「満足」52.9％が「不満」3.5％、「大いに不満」1.7％に大差をつけている。興味深いのは無料のみ利用者の「大変満足」9.4％、「満足」49.5％より、有料利用者の方が「大変満足」18.1％、「満足」57.3％と、より満足度が高いことである。利用しているサービスやアプリで良い点の1位が「無料の作品が多い」42.9％とは、やや乖離が感じられる。しかしながら「読みたい作品が多い」27.9％、「毎日楽しめる」24.8％、「操作性がいい、読みやすい」24.7％からも電子書籍を有料／無料のそれぞれの範囲で楽しんでいる現状がある。有料利用者に限定すると「料金が安い・料金体系がいい」が3位回答であり、コストパフォーマンスの良さを感じていることが分かる。

スマホで気軽に、無料のコンテンツを、1日複数回（複数話）読むという無料利用者の姿、有料だけど読みたい作品が多く操作性も良いため満足しており、スマホがメイン端末ながらタブレットも使用しつつ毎日楽しんでいるという有料利用者の姿が見えてくる。

電子コミックがその物質性から解放されたことにより読者のスタイルが多様化しており、メディアミックスが盛んなことからも今後はメディアの垣根が変化したり楽しみ方が融合していくのかもしれない。

課題 6-1　普段よく読むマンガのジャンルが、いつどのようなメディアから始まったか調べてみよう。

課題 6-2　赤塚不二夫のいう「線友」とはどのような意味か、考察してみよう。

課題 6-3　『出版指標 年報』や『電子書籍ビジネス調査報告書』を閲覧し、マンガに関する最新の統計データを確認してみよう。

研究 6-1　作家や作品だけでなく、マンガにまつわるどのような「歴史」あり得るか、その意義も含めて考察してみよう。

研究 6-2　マンガ編集者が黒衣でなければいけない理由について考えてみよう。

研究 6-3　いくつかの異なるサイトから電子コミックを閲覧し、サービスや操作性の違いについて検証してみよう。

文献

[1]　赤塚不二夫『赤塚不二夫が語る 64 人のマンガ家たち』立東舎、2017 年

[2]　伊藤正徳『新聞生活二十年』中央公論社、1933 年

[3]　岩下朋世『少女マンガの表現機構——ひらかれたマンガ表現史と「手塚治虫」』NTT 出版、2013 年

[4]　インプレス総合研究所『電子書籍ビジネス調査報告書 2020』インプレス、2020 年

[5]　瓜生吉則「〈少年－マンガ－雑誌〉という文化」、井上俊編『現代文化を学ぶ人のために　全訂新版』世界思想社、2014 年

[6]　落合早苗、インプレス総合研究所『電子書籍ビジネス調査報告書 2021』インプレス、2021 年

[7]　小野耕世『長編マンガの先駆者たち——田川水泡から手塚治虫まで』岩波書店、2017 年

[8]　加藤丈夫『「漫画少年」物語——編集者・加藤謙一伝』都市出版、2002 年

[9]　ギル，ブレンダン『「ニューヨーカー」物語——ロスとショーンと愉快な仲間たち』常盤新平訳、新潮社、1985 年

[10]　澤村修治『日本マンガ全史』平凡社、2020 年

[11]　塩澤実信『雑誌をつくった編集者たち』廣松書店、1982 年

[12]　清水勲「マンガの源流をたどる」、吉村和真編『マンガの教科書——マンガの歴史がわかる 60 話』臨川書店、2008 年

[13]　寿岳文章「出版学の骨格」『出版研究』No. 1、1970 年

[14]　関谷武裕・安陽・玉川博章「編集・流通の視点から（日本マンガ学会第 18 回大会シンポジウム　デジタル時代のマンガ）」『マンガ研究』vol. 25、2019 年

［15］高橋源一郎『ジェイムス・ジョイスを読んだ猫』講談社、1987 年

［16］玉川博章「出版における書物の物質性をめぐって――電子書籍・装丁／ブックデザイン・マンガ」『マス・コミュニケーション研究』87、2015 年

［17］徳田秋聲「等分に全力的な人〜瀧田樗陰追憶記〜」、『徳田秋聲全集』第 20 巻、八木書店、2001 年

［18］中野晴行『マンガ産業論』筑摩書房、2005 年

［19］布川角左衛門「編集とは何か」『出版研究』№ 5、1974 年

［20］松居直「編集者論のためのノート」『出版研究』№ 5、1974 年

［21］箕輪成男『出版学序説』日本エディタースクール出版部、1997 年

［22］美作太郎「編集論序説」『出版研究』№ 5、1974 年

［23］山森宙史『「コミックス」のメディア史――モノとしての戦後マンガとその行方』青弓社、2019 年

［24］「コミック」『出版指標 年報　2021 年版』全国出版協会・出版科学研究所、2021 年

［25］「少年週刊誌誕生 3」『読売新聞』連載「マンガ 50 年」2009 年 3 月 19 日掲載

［26］「電子書籍」『2021 年デジタルコンテンツ市場動向調査』矢野経済研究所、2021 年

［27］『出版研究』№.1・№.2・№.5・№.30、1970 年・1971 年・1974 年・1999 年

［28］『出版指標 年報 2013 年版』全国出版協会・出版科学研究所、2013 年

第 **7** 章

デジタル・コンテンツ

7.1 動画 ［公野勉］

7.1.1 動画の起源と機能

　動画は静止画の連続である。1895 年開発のシネマトグラフを起源とする。「画が連続する事によって"動態記録"としての価値を持つ」のが動画メディアであり、その情報伝達力において他のメディアを圧倒した。特に「情感」「情緒」という抽象的なイメージの視覚からの入力は、音響メディアとも強く結束する事で、出版物をドラマ化・物語化する機能を生んだ。

7.1.2 動画の文法

　ルネッサンス期を起源として、カット（1 枚の画）をコマとし、編成によって情報を伝達する、漫画というメディアは既にあった。20 世紀には紙芝居もあったが、"紙の上の画"をプラットフォームとした物語や情報の発信・受容環境は、20 世紀初頭迄には確立されている。

7.1.3 物語・報道情報の媒体としての動画

　映像文法はテキストの文脈を踏襲しているが、それは情報の伝達の過程そのものがテキストの語義によって組成される為、でもある。故に出版、新聞と肩を並べるまでに映像が進化できたのは、視覚からの多数の動態情報（風景からの数多くの情報。日時、登場人物、そしてサウンド等）の同時受容を可能にした為だ。物語としてのドラマも同様に、「ひと目で受容できる情報量」が感動を生む事から、映画やテレビドラマの飛躍的な量産と市場を生むことになった訳である。

7.1.4 動画メディアの現状

　2021年現在、動画の世界はパラダイムシフトが起きており、評価が困難な状態にある。具体的にはマジョリティの交代だ。1960年代まで映像娯楽の王者だった映画は、その地位を1970年代に一旦、テレビへと譲った。しかし1970年代へ入って、テレビ局の映画事業への進出が常態化し、映画がテレビのソリューションの一部となる事で、図らずも映画はまた娯楽の首位へと返り咲いていた（図7.1）。ところが、である。2010年代、SNS（Social networking

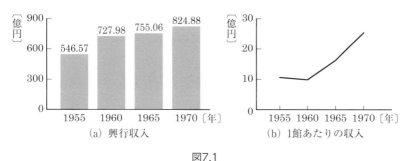

図7.1
一般社団法人日本映画製作者連盟（最終閲覧日2021年3月16日）
http://www.eiren.org/toukei/data.html

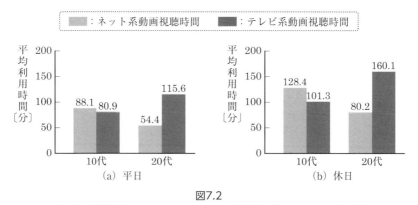

図7.2
令和元年度情報通信メディアの利用時間と情報行動に関する調査報告書
第2章2-2動画系メディアの比較（2020年9月掲載、最終閲覧日2021年3月16日）
https://www.soumu.go.jp/main_content/000708015.pdf

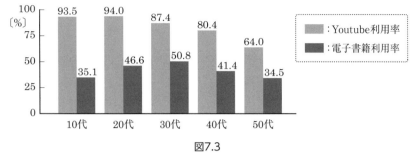

図7.3

ソーシャルメディアラボホームページ「2021年4月更新!ソーシャルメディア最新動向まとめ」
(2021年4月1日掲載、最終閲覧日2021年5月1日) https://gaiax-socialmedialab.jp/post-30833/
マーケジン「電子書籍市場、2019年度は3,473億円に　Kindleの後を追うサービスは?」
(2020年8月24日掲載、最終閲覧日2020年5月16日) https://markezine.jp/article/detail/34132

service）と SVOD（定額制動画配信サービス：Subscription Video on
Demand Service,）が登場する。今や 10 代と 20 代のオーディエンスの視聴メ
ディアの主体は、テレビから PC やスマートフォン、タブレットへと移遷した
（図 7.2）。大量の資本投下を受けた大型作品が新作として配信され、一方では
個人がスマートフォン等で撮影・発信した低クオリティ・廉価の映像が、マス
のレビューを受ける。前者はサブスクリプションを選択した、限定した顧客に
だけ提供する配給的リテール（届け先を限定して配布・販売するという意味）
のシステムを採る Netflix 等であり、後者はテレビのポピュリズムから発生し
ていた多くの制約を排し、「面白いもの」という純粋な需要を追求した結果、
逆にポピュリズムを体現し、今や 10 代 20 代を中心に覇権を握りつつある
Youtube 等である（図 7.3）。"コンテンツの消費増"という意味において、電
子出版のサブスクリプションシステムもほぼ同様の現象が起きており、さらに
投下される時間の性質（ビジネス・教育・娯楽・時間つぶし等）も SNS・
SVOD と同質である。コンテンツ供給の上で、動画と出版の決定的な違いは
ますます無くなってきており、問題はデジタルであるが故の課題である。

7.1.5　動画メディアの問題点

　デジタル化は閲覧に飛躍的な随意性を与え、同時に容易な複製・加工も実現

し、著作権的な問題が発生している[1]。さらに情報の捏造によるジャーナリズムの信用度の低下も発生した。また匿名アカウントによるコンテンツへの評価を超えた誹謗中傷も容易になり、社会の酷薄化や人間関係の稀薄化も生んだ[2]。通来、出版における報道機能を考えた場合、校閲も含めた何重ものチェック機能が働いていた。しかし、コンテンツが大量消費されるデジタル環境下は、チェックよりも出力が優先される。誤字・脱字の校閲どころか、その領域の知識を得ていない記者により、執筆と同時にチェックされないままネット上にアップされ、報道メディアとしての信頼性は揺らいでいる。

動画メディアは加工難だったが、デジタルの進化は動画の捏造の増加を生んだ。古くは政治的事件の報道映像の加工であったり、イベントでの演出をさも現実のようにCG加工したり、演出上の経緯で人物を消去したりなどである。

技術と機器の高性能化・廉価化は真贋評価をより困難にした。これらを整理すると、大きく以下の問題が挙がる。

a) 簡便な制作技術の獲得によって発生する法理的・道義的問題
b) 簡便な映像表現の一般化によって発生する制作技術の停滞の問題
c) コマーシャリズムとの乖離と密着

最初に a)「簡便な制作技術の獲得によって発生する法理的・道義的問題」だ。アクセシブルな技術拡播に伴い、社会反動的現象も生まれた。ひとつは安易な制作による人権侵害等、違法性の拡大である。リベンジポルノ等、肖像権や被侵害可能性を持つ者の同意の無い映像がネット上で拡散されて、歯止めをかける事は困難な状態だ。デジタルガジェットの利用にもっとも習熟している

1) 産経ニュース「「るろうに剣心」などスキャン、「自炊」代行業者を逮捕 1200人から750万稼ぐ」（2016年11月30日掲載、最終閲覧日2021年5月2日）https://www.sankei.com/west/news/161130/wst1611300086-n1.html
産経ニュース「人気アニメなど違法公開の疑いで男逮捕」（2019年4月15日掲載、最終閲覧日2021年5月2日）https://www.sankei.com/affairs/news/190415/afr1904150012-n1.html
2) 日本経済新聞「木村さん宅から遺書化、「テラスハウス」出演巡り、SNSで中傷投稿相次ぐ。」（2020年5月26日掲載、最終閲覧日5月5日）https://www.nikkei.com/article/DGXMZO59532350V20C20A5CC1000/

はずの若年層ほどリテラシーに疎く、油断する傾向にある。また稚拙な制作力であっても内容によっては、投稿コンテンツによって未成年が莫大な収益を上げ得、従来の労働構造の破壊や税務の問題も広がっている[3]。

　次に b)「簡便な映像表現の一般化によって発生する制作技術の停滞の問題」である。現在、確立されている映像文法は、先人たちによって歴史的に積算され、同時にオーディエンスによって承認される事で成立してきた。これらは徒弟制度と高い参加難易度による伝習性の低さから、狭小ながらも価値のある産業技術として承継されてきた経緯がある。しかしながら徒弟制度は a) の「簡便な制作技術の獲得」によって意義を失い、参加難易度についてもいまやスマートフォンによって誰もが制作能力を持ち得る。取り扱いが手間だったフィルム撮影の映画よりもずっと簡便で、軽機動のビデオ・プロダクションであったテレビ局の凋落（図7.4）がそれを物語る。
　SNS や配信による売上も破格と言えるほどに急上昇しており、原価率は各

---

3)　2017 年、Youtube に実装されたスーパーチャット（投げ銭）機能によって 1 億円以上を稼ぐ配信者が相次ぎ、世界累計獲得数トップ 10 中 7 人が日本人。悪質な収益化も発生し、2015 年 5 月には「三社祭でドローンを飛ばす」とした配信者を逮捕。動画を投稿、閲覧者が現金付与できるシステムで、収入を得ていた。日本経済新聞「V チューバー、雑談で 1 億円　投げ銭世界トップ 3 独占」（2020 年 11 月 17 日掲載、最終閲覧日 2021 年 5 月 28 日）https://www.nikkei.com/article/DGXMZO66281130W0A111C2TJ1000/
サンケイビズ「ドローン飛行予告、15 歳少年逮捕　浅草・三社祭妨害容疑」を逮捕」（2018 年 5 月 17 日 掲 載、 最 終 閲 覧 日 2021 年 5 月 20 日 ）https://www.sankeibiz.jp/express/news/150522/exc1505220800001-n1.htm

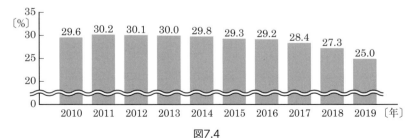

図7.4
中野明.2020『放送業界の動向とカラクリがよくわかる本』秀和システム

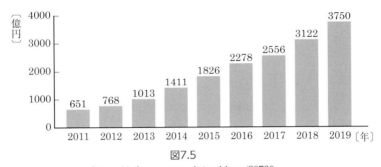

図7.5
https://rtbsquare.work/archives/30730
UUUMホームページ「業績ハイライト」https://www.uuum.co.jp/ir-highlight

テレビ局と比較しても最も低い（図7.5）。生産性（リリースされる作品本数）
も増加した。しかし、そうなればハイリスクな高額製作費は資本から倦厭される。SVOD は映画を凌ぐほどの製作費をセールスポイントとするが、SNS 映像の場合、特定の発信者（ランク上位の Youtuber のような）以外の一般ユーザーから発信される映像のクオリティや製作費は概して低い。それは「厳格な映像文法・伝習された伝統技法」等の歴史的蓄積から離れ、AI に依存して容易に製作・表現されたものだ。これまで厳しい観客の審美眼を突破し、大衆の支持を得る為に資本を投入し、血道を上げて獲得してきた映像の認証基準は、既に SNS の個人発信の映像においては瓦解した。"伝統性"と"芸術性"から離れ、飽くまでサイト上の"射幸性（偶然を楽しむ娯楽性）"に特化しているのが現在の個人発信の SNS 映像だ。評価と反比例した、芸術・人技の後退だとも言える。

　最後に c)「コマーシャリズムとの乖離と密着」だ。映像は映画としての誕生時、興行によって直接的に資本同収を行った。ニュース映画とテレビの登場により、広告が付与されたのが戦後の主な放送映像のビジネスである。放送では広告代理店がこの構造を管理し、放送枠を保全して値付け、営業、番組と共にコマーシャル映像の企画と制作を一元化して執り行っていた。

　しかしながら現在、この構造が解体され始めた。映像は現在、磁気テープと言うマテリアルな媒体から脱し、データ主体となり、加工や流通・発信が在宅でも可能となった。その結果、地上波にバンドルされていたコマーシャル産業

も、広大なデータの海洋であるインターネットへと移遷しつつあり、そこでも先述のように大資本を背景としない個人発の廉価コンテンツが、アフィリエイト（閲覧数に応じて広告料が支払われるシステム）によって、高い収益力と広告発信力を持ち得るようになった。このアフィリエイトとコンテンツの内容が基本的に接続しない関係——これがコマーシャリズムとの「乖離」である（※とは言え、視聴傾向によってアフィリエイトの内容は変わる）。これまでは広告料提供者の商品傾向や性質に沿うよう代理店が映像制作を管理していたが、これが分離し始めたのだ。

　無論、代理店等の高い資本ソケット機能を持つ企業はここに目をつけている。現在は Youtuber に対して直接コマーシャル資本を提供し、マネジメントをして本格的に広告タレント化を企図するケースも増えた[4]。これが新たなるコマーシャリズムとの「密着」である。この場合は代理店が商品にまつわる内容のコンテンツを Youtuber に作成させる訳である。

　これら a) b) c) の問題のうち、特筆したいのは b) c) だ。b) c) の問題は端的に言って「投下資本と収益性のバランスが悪い（低資本による高収益）」という点に尽きる。従来、集約型労働で高資本の典型とも言えた映像製作が、少ない人工（にんく）（作業に必要な員数単位）で成立する事により、労働の滞留や偏重、失業等の問題が発生し、特定の製作者へ利益が集中し、従事者の収益差は拡大する。卸売事業者等の流通フィルター排除される。

　出版では流通のみならず、印刷や製紙事業者も大きな打撃を受けた。本屋の経営難も広く知られてきた。ユーザーにとって単価が下がるのは僥倖と同時に、労働者の収益機会を奪う事でもあるのだ。気配による株式取引のように博打性はさらに強くなり、喪失する資本リスクも高くなる。

7.1.6　動画メディアの将来像
　動画は出版から発した伝達性やソリューションを核とし、拡大した。講談な

---

4)　UUUM ホームページ「吉本興業と UUUM の資本提携に関するお知らせ」(2020 年 4 月 28 日掲載、最終閲覧日 2021 年 5 月 4 日) https://www.uuum.co.jp/2020/04/28/49308

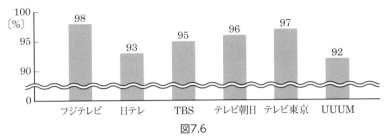

図7.6

電子書籍ビジネス調査報告書2020（最終閲覧日2021年3月16日）

https://research.impress.co.jp/sites/default/files/2020-08/500995_sample.pdf

どの"物語コンテンツ"が、映画やドラマのドラマツルギーの基点となった事は間違いなく、アニメーションも漫画と言う出版領域と並走してきた。動画メディアの意義は、出版的原点から発した大衆性・アクセス随意性だ。嗜好性の多様化とアクセス随意性を前提とした現在の動画には、以下の現象が挙げられよう。

- 嗜好性の多様化 → オーディエンスを選択する流通形態でとなっており、資本と収益のバランスを崩す可能性を持つ
- アクセス随意性 → 法律・社会的問題を内包する

　記録物、創造物、プラットフォームとしての出版メディアの普遍性は、電子出版の伸長率（図7.6）からも明らかだ。よって動画メディアの上記現象への向き合いは出版に倣えるだろう。さらに現象に対する、本節の課題は以下の通りだ。原点への回帰と産業の拡大はこの課題の解決次第ではないか。

7.2 文字 [宮下義樹]

7.2.1 文字

(1) 文字とは ───

　文字とは言語に結びついて、それを表現するための記号である。情報伝達の

手段として文字は古くから使用され、古くは紀元前 3400 年頃のメソポタミア文明による楔形文字や紀元前 3200 年頃、古代エジプトのヒエログリフ等が確認されている。文字以前にも 20000 年前のスペイン、ラスコー壁画のように絵で情報の保存と伝達ができたが、文字の発明で抽象的にしか伝えられない部分を一義的に伝達することや、絵で表現できない概念の伝達が可能となった。

(2) インターネットと文字

1962 年にインターネットの元祖として ARPANET が開発されたが、そこで初めて通信されたのは login という文字であった。インターネットでは絵や音といった文字以外の情報も通信できるが、そうしたものは持つ情報量は文字とは比較にならないくらい大きい。特に初期におけるインターネットでは通信速度や通信費用の問題から文字によるやり取りが中心であった。

7.2.2　電子書籍

文字によるデジタルコンテンツの代表として電子書籍を上げることができるが、日本における最初期の電子書籍は 1985 年の『最新科学技術用語辞典』（三修社）といわれている。当時はインターネット環境が普及していなかったこともあり CD-ROM 媒体であった。また、PC を必要とせず携帯が可能なデータディスクマン（1990）等も発売されている。こうした専用機の流れは現在の電子辞書機へとつながっている。

インターネット環境が普及してきた 1990 年代後半になって凸版印刷の「BookPark」（1997）光文社の「光文社電子書店」（1997）といったインターネットを利用した電子書籍サービスが誕生してきた。ただしこの時期の電子書籍は PC 向けということもあり、文庫本を気軽に持ち運ぶというように書籍を楽しむとはいかず、2002 年で 10 億円程度の規模しかなかった（インプレス『電子書籍の市場規模の推移と予測』2011）。

1998 年に NTT ドコモによる i モードの提供が始まると、競合会社との競争等もあり、携帯電話（フューチャーフォン）を通じてのデータ通信が比較的低額で可能となった。そのため、携帯電話による通信を利用したコンテンツ販売が活発化し、2009 年の電子書籍市場は 650 億円まで成長し、その 9 割が携帯電話向けによるものであった。

その後、アップル社のスマートフォン「iPhone」（2008）やタブレット「iPad」（2010）の普及もあり、気軽に持ち運び可能な端末での時間の過ごし方として電子書籍が大きな役割を果たすようになっている。

7.2.3 デジタルコンテンツとビジネス

(1) 市場規模 ───

　日本における紙の出版市場は 1996 年に 2 兆 6536 億円とピークを迎えたが、以後は漸減し、2020 年には 1 兆 2237 円となっている。一方で、電子書籍市場は増進し続け、2020 年は 2019 年比 28％増で、3931 億円となっている（全国出版協会『出版指標 年報 2020 年版』2020）。未だ紙の出版の割合が大きいが、電子が増え、紙が減っていく傾向は続いていくと思われる。この流れから紙の雑誌を休刊してオンライン化へ移行することや、紙とオンラインのハイブリット型も増えてきている。

　特に、速報性が要求される雑誌や新聞といったメディアにおいてインターネットによるオンライン化の恩恵が高いと言われている。

(2) サブスクリプションの発達 ───

　デジタルコンテンツの利用において、従来はそのコンテンツを指定しての買切り [5] やレンタルといった手段が主流を占めていた。しかし、インターネットを通じてのデジタルコンテンツ流通は実物を必要としないため、コンテンツのつまみ食いが容易になっている。そのため、「d マガジン」（https://magazine.dmkt-sp.jp/）や「ブック放題」（https://bookhodai.jp/）のような定額での読み放題サービス（サブスクリプション）が発達してきている。

　サブスクリプション方式は再読をあまりしない一回性の読書でパフォーマンスを発揮するため雑誌のサービスも多く、また、一冊のみならず複数の書籍の

---

5)　買切りというものの、デジタルコンテンツは有体物ではないため所有権が存在せず、サービスが存在する限りでの運営者との間における債権としての利用権に過ぎない。電子書籍配信サイトがサービス停止をした場合に以後の利用を求めることもできないし、配信コンテンツに法的な問題等が存在し配信停止となった場合にコンテンツの受領は不可能になり得る。2009 年にAmazon.com は George Orwell の小説「1984」を再販権を持たない出版者を通じて販売していたため小説購入者に無断で当該作品の遠隔削除を行い返金作業を行っている。この点は紙の書籍を所有している場合と異なる。

比較が必要な場合や、書籍の一部のみが必要な場合に、書籍を一冊ごと買わなくても済むため、実務書のサブスクリプションサービスも意義を増している。

（3）無料サービスと有料サービス ————

　日本の全国紙と言われる朝日新聞、読売新聞、毎日新聞、日本経済新聞、産経新聞を始めとして、新聞社は紙での発行と共にウェブサイトも運営している。サイトは無料でも利用できるが無料では一部の記事しか読めない、過去記事検索機能等が使えない等といった機能制限が存在する。

　新聞社に限らず有料コンテンツと無料コンテンツを提供し、無料コンテンツを有料コンテンツへの導線としているサービスは多く存在する。

（4）UGC ————

　インターネットは情報発信が他媒体と比べて比較的低コストとなるため、企業等ではない利用者によるコンテンツ作成と発信が活発に行われていた。こうして作られたユーザー作成コンテンツ UGC（User Generated Contents）も大きな意味を占めている。

　UGC はブログ、日記、小説、掲示板の書き込み等多種多様なものがあり、インターネット上で広く公開されている。UGC は無償で閲覧できるコンテンツも多いが、それをビジネスに利用すると手段も取られている。

　従前は出版物を出版するためには、企画を立てて執筆を依頼したり、持ち込み原稿を基に出版したりする等が考えられていたが、出版社による売り上げ予測を立てて出版することが原則である。売り上げ予測は出版社の経験等に基づくものであり客観的な指標はあまりないといえる。

　しかし UGC を基に出版化をする場合、既に投稿されその注目度がある程度可視化されているため、人気が出そうなコンテンツという予測ではなく、既に人気があるコンテンツの出版が可能になるといえる。当然、無料と有料のコンテンツの差や媒体の違いもあるため常に成功するわけではないが、一定の客観性を持つことが可能であるため、近年は UGC を出版コンテンツにする事案も増えてきている。無償コンテンツを有償化することに意味があるのかという問題もあるが、書籍化にあたりオンライン上のコンテンツの削除を行ったり改稿を行ったり挿絵を入れたりの付加価値を着けたり、あるいは作者への応援のためのファンアイテムとしての意味も持ち、また、コンテンツ閲覧者以外へのア

ピールも含めて、ある程度の集客力が確保されているようである。

　UGC 小説の出版化の最初期として、美嘉『恋空』がある。2005 年、携帯電話ウェブサイトの「魔法のｉらんど」（https://maho.jp/）に投稿された小説であるが、サイト内 book ランキングで 160 日連続の首位を獲得し、2006 年に書籍化（スターツ出版）され 2010 年には上下巻合わせて 200 万部を突破したといわれている。

　UGC の文字ベース投稿サイトとして多種のサイトが存在しているが、例えば小説投稿サイトとして「小説家になろう」（https://syosetu.com/）、「アルファポリス」（https://www.alphapolis.co.jp/）、「カクヨム」（https://kakuyomu.jp/）等が存在する。それぞれのサイトでは投稿コンテンツの書籍化の紹介や、運営サイトによる書籍化が提示されており、「カクヨム」上だけで 2020 年の商用化作品を 184 点紹介していることからこうしたビジネスモデルが一般化しているといえるだろう。

　尚、上記小説投稿サイト作品の大部分は青少年を対象とした「ライトノベル」といわれるものであるが、ライトノベルはコミカライズ化やアニメ化も多くなされている。前述の電子書籍の伸びの中で電子書籍コミックは前年比 31.9% 増と非常に成長率の高い分野であり、デジタルコンテンツビジネスと UGC 小説を基にしたマルチメディア展開の相性は高いものといえる。

　UGC の商用化の流れはコンテンツ投稿サイトに限定されたものではない。2019 年から漫画家きくちゆうきの Twitter アカウント（https://twitter.com/yuukikikuchi）で投稿され Twitter でのトレンド世界 1 位を記録した漫画『100 日後に死ぬワニ』は 2020 年に書籍（小学館）として出版され 35 万部を突破したとの発表があり、2021 年には映画化もされている（上田慎一郎『100 日間生きたワニ』東宝）。

　UGC のビジネス化は出版化だけではなく、オンラインコンテンツのまま行うこともある。デジタルコンテンツそのものの販売である。古くはメールマガジンという形で有料購読者を募るサービスも存在したが、今はメールにとどまらない形でのサービスも多く存在する。「note」（https://note.com/）はコンテンツ投稿サイトであるが、コンテンツ投稿者はその投稿コンテンツを無料にすることもできるし、有料にすることもできる。こうしたサイトは他にも「ファ

ンティア」（https://fantia.jp/）や「Kindle direct publishing」（https://kdp.amazon.co.jp/ja_JP/）、「BOOTH」（https://booth.pm/ja）等多くのものがある。

（5）UGC の境界線 ───

　上記販売型 UGC になると通常の商業コンテンツとの境目が不明になってくる。『100 日後に死ぬワニ』にしても投稿者が漫画家であることから UGC の枠組みに入るのか疑問な点もあるが、twitter 上での投稿で人気が高じ出版化されたという事情から UGC の例として説明をした。ただし投稿前から出版化が決まっており、twitter への投稿は広告宣伝に見えない形での広告宣伝、いわゆるステルスマーケティングであるという主張もあり、それが正しいならただの商業出版と変わらないともいえる。

　ステルスマーケティング疑惑について一部ネット上で炎上があったが、これは無名である UGC を読者間の口コミで人気を作り上げたという前提が、プロの広告宣伝による仕込みであったということでひっくり返り、一部読者に「騙された」「作られた人気に乗っかるなんて馬鹿らしい」という気持ちを生じさせたと考えられる[6]。

　日本ではステルスマーケティングを直接規制する法律は存在せず景品表示法等の現行法で対処しているが、アメリカでは連邦取引委員会（FTC）が FTC 法の解釈ガイドラインを策定し、一定の場合に推薦者と販売者の関係を公表しなくてはならないとしている。こうした規制は『100 日後に死ぬワニ』の事案とは異なり、インフルエンサーがお勧め商品を紹介するような場合が対象であるが、単なるインターネット利用者であったユーザーが、財産を産み出すメーカーにもなり、その境界線は薄れてきている。

7.2.4　文字コンテンツの今後

　文字コンテンツはインターネットの初期においては、コスト問題でそれしか使えないという形で発展してきた。それが通信技術の発達で写真も音声も動画も苦労することなく流通することが可能となった。

---

6)　新山勝利「「100 日後に死ぬワニ」が電通案件とは考えにくい 3 つの理由」ダイヤモンドオンライン 2020.3.25（https://diamond.jp/articles/-/232705）

1998 年にサービス運用を開始した「クックパッド」（https://cookpad.com/）は料理のレシピ投稿サイトとして有名だが、2020 年の月間利用者数平均が 2016 年と比較すると 1000 万人近く減少している。この原因として、レシピの動画化に乗り遅れたという指摘がある[7]。

　近年利用者が増えている SNS の「TikTok」（https://www.tiktok.com/）や「instagram」（https://www.instagram.com/）では画像や動画の投稿がメインとなっており、文字をあまり必要としないサービスである。

　文字を使わざるを得なかった環境から、どんな表現でも手軽に可能となっている時代に移行している今、文字であることが必然性を持つコンテンツが文字コンテンツとして要求されているといえるだろう。

7.3　音声 　　　　　　　　　　　　　　　　　　　　　　　　　［大尾侑子］

7.3.1　出版と「声の文化」

　2020 年、世界的な新型コロナウイルスの感染拡大に伴う自宅時間の増加によって、YouTube などのインターネット動画配信サービスにアップロードされる読み聞かせ動画や朗読コンテンツが大きく取り上げられた。テレワークや家事、育児に忙殺される保護者にとって、ほんの束の間でも "子どもの相手" を代理してくれる「音声」コンテンツの恩恵は計り知れない。しかし、問題となったのは、その多くがオンライン使用の許諾を得ていない、いわば著作権侵害に該当する違法コンテンツであったことだ。マンガや書籍をスキャンし、ネット上にアップロードすることの違法性が議論されてきた反面、朗読や読み聞かせのような出版物と「声」を取り巻く権利問題については、これまで強い関心が寄せられてこなかった。もちろんコロナ禍によって明るみに出たのは、音声コンテンツをめぐる権利の問題だけではない。私たちが改めて気付かされた

---

7)　「クックパッドの凋落、利用者 1 千万人減で赤字転落…人気のクラシルと真逆の方向」Business Journal（2020.6.8）（https://biz-journal.jp/2020/06/post_161220_2.html）

のは、読書とは私的な黙読という狭く閉ざされた静寂の場にのみ生起する営みではないこと、そして「出版」とは活字が躍る紙媒体だけを対象とする知的営為ではないという事実である。多くの読書研究が論じてきたように、読書／出版には「声（音声）」という要素が密接に関わっている。たとえば英文学者・哲学者のウォルター・オングは、「声の文化」から「文字の文化」へ、さらに電子メディアという「二次的な声の文化」へという見取り図を提示し、「声」と「文字」はコミュニケーション技術だけでなく、人々の思考方式と深い関係にあることを指摘した。また文学研究者の前田愛は近代化と活版印刷への移行に伴い「家」を中心とした読み手と聞き手による共同体的読書から個人的な読書へ、さらに音読による享受から黙読による享受へと、読書の様式が変化したことを論じている。本章は出版をルーツとした音声コンテンツの歴史的な展開を踏まえて、サブスクリプションサービス（定額制）によってユーザーを拡大している「オーディオブック」を中心に、出版と音声が取り結ぶ関係性について考えていく。

7.3.2　音声コンテンツの歴史

　オーディオブックという「新しいメディア」の登場以前にも、これに類似するメディアはいくつも存在した。例えば、1950 年代末から普及した「録音図書」は、情報取得が困難な障がい者に向けて出版物を音訳（※文字や図表などの情報を音声化するもの）したもので、初期には日本点字図書館によってオープンリール式の 7 インチテープによる制作が進められた。その後、記録媒体の変化にともない、1970 年代後半からカセットテープ、CD、電子ファイルと形式を変えながら利用され続けている（なお、録音図書には「アクセシブルな情報システム digital accessible information」という国際標準規格が定められている）。

　同じく 1950 年代末に登場したのが、薄い録音盤「ソノシート」である。株式会社朝日ソノラマなどを中心に、シートに録音した読み上げ音声や音楽を雑誌の付録として発売する動きがみられた。なかでも 1967 年に角川書店が発行した、俳優らによる朗読音声を録音したソノシート付きの『カラー版 世界の詩集』は、同社のメディアミックス戦略の先駆けともいえる試みだった。この

ほかカセットテープが普及した 1980 年代には、朗読や音楽をカセットテープに収録した「カセットブック」が登場し、テープとセットにした出版形態が広がりをみせた。さらに CD の普及にともない、人気俳優の朗読 CD が通信販売される動きなども見られた。細かい活字を読まずとも作品世界に没入できる朗読コンテンツは、高齢者や視覚障害を持つ人にも親しみやすく、有名俳優による朗読、落語や漫談、怪談話といったジャンルの多様化は、のちに登場する「ドラマ CD」（※漫画・アニメ・ゲームなどを原作に、キャラクターボイスを担当する声優の音声のみが収録された媒体）へと通じるものであった。

7.3.3　オーディオブック市場の現状

　このように「出版」と「音声」は、けっして無関係のものではなく、メディア史的に振り返れば極めて近しい関係にあることがわかる。出版をルーツとする音声コンテンツのなかでも、スマートフォンやストリーミングサービスの普及にともない世界的にユーザー数を拡大しているのが、オーディオブックである。2010 年代末頃から、IT 産業ではブルーオーシャン戦略の一環として、ユーザーが持つ "耳のスキマ時間" をいかに奪取するのかが重要な課題とみなされてきた。Spotify や radiko. などのラジオアプリ、また音声 SNS 等と同じく、オーディオブックもこうした潮流のなかに位置づけられる。

　コロナ禍による自宅時間の増加が後押しするかたちで、オーディオブック市場は成長を続けており、MDB　Digital Search の市場規模調査によれば、2021 年には 140 億円、2024 年には約 260 億円への成長が見込まれるという [8]。実際に、2018 年から聴き放題のサブスクリプションを導入したオトバンクは、自社が提供する「audiobook.jp」の会員数が 2021 年 6 月に 200 万人を突破したことを発表した。同社は娯楽コンテンツのみならず、知識習得ニーズにも対応すべく「耳での学び支援」への取り組みにも注力している。すでに講談社現代新

---

8)　株式会社日本能率協会総合研究所・MDB　Digital Search の市場規模調査（2020 年 1 月 9 日リリース）。同調査によるオーディオブックの定義は、「声優やナレーターが朗読した書籍、講演・話芸などをコンテンツ化し、音声データ自体を商品として Web で提供しているサービス」のこと。ユーザーの内訳は 30 〜 40 歳代がとくに多く、利用者の過半数が移動中に利用していること、また三大都市圏では通勤電車内、三大都市県外では自動車の運転中の利用が多いと伝えている。

書のポッドキャスト制作・配信を開始しているほか、2021 年 6 月には株式会社 KADOKAWA と提携し、角川新書をオーディオブック化するプロジェクトを開始した。このようにオーディオブックは知識習得ツールとしても嘱望されているのである。

7.3.4　事例としての Amazon Audible

(1)「読書」をめぐる革新性　———

　では紙の本に比べてオーディオブックにはどのような特徴が見られるのだろうか。Amazon が提供するオーディオブック「Audible（オーディブル）」を例に、アプリに実装されている機能についてみていこう。2021 年 6 月現在、Audible は米・英・独・仏・豪・日・伊・加・印・西の 10 カ国で展開している。AppStore の説明書きには、「◆ Audible の特徴」として次のような記述が見られる。

> Amazon のオーディオブック Audible なら、約 40 万冊もの本をプロのナレーションで聴くことができます。しかもオフライン再生 OK。スクリーンを見る必要がないため、目が疲れることもありません。かさばる本の持ち運びも不要です。まずは無料体験。（中略）
> ・いつでもどこでも本が聴ける
> ・スマホを取り出しづらい通勤電車で。
>
> ・ドライブ中の BGM がわりに。＊（＊安全のため、運転者はアプリを走行中に操作しないでください。）
> ・両手がふさがる家事や作業の合間に。
> ・ジムでのワークアウトやランニング中に。
> ・お休み前のリラックスタイムに。
> ◆こんな方におすすめ
> ・忙しくて読書の時間がとれない。
> ・限られた時間を有効に使いたい。
> ・文字を読むことが難しい。

　これら公式のキャプションは出版研究が看過しえない極めて重要な論点を提示している。それはまずもって、Audible が紙の本（＝「かさばる本」）の物理的制約性だけでなく、スマホや PC、タブレット端末などで「読む」電子書籍の課題すらも克服するもの（＝「スクリーンを見る必要がない」）として、みずからを高付加価値化しているからだ。

Audible に限らず、オーディオブックは既存のメディア——紙の本と電子書籍——それぞれが持つ限界や課題を参照し、それに意図的に言及することを通じて、自らの利便性や価値を裏付ける「新しいメディア」としての側面を持つ。その「新しさ」を示すように、Audible は従来の電子書籍と比べても多くのデバイスに対応可能であり、スマートフォンデバイスから IoT（Internet of Things モノのインターネット）への拡張が最大の特徴といえる。

例えば Amazon が提供する Kindle 対応デバイスは、スマートフォン（iPhone）やタブレット端末（iPad）に限定されてきたが、一方 Audible はスマートウォッチ（Apple Watch）にも対応しており、手首に巻き付ければワークアウト中であっても Audible のライブラリにアクセスすることができる。またスマートスピーカーの「Amazon Echo」にも対応しているため、Alexa（アレクサ）デバイスを使った「（聴く）読書」も可能である。事前に Alexa アプリに Amazon アカウントでログインしておけば、逐一スマートフォンを手に取ってアプリを開き、再生する手間も不要だ。「アレクサ、本（オーディブル）を読んで」「アレクサ、この章をスキップして」「アレクサ、もっとゆっくり読んで」——。この一言で、「読書」が始まる。"いつでもどこでも本が聴ける"という Audible のキャッチフレーズは、1 日 24 時間、これまで本を読むことが不可能だったあらゆる時間に「読書」が浸潤し、従来の読書行為に限定されないオーディエンスの新たな実践 - 体験がすでに存在することを鮮やかに示してみせる。

(2) 場所／ヒトをめぐる新たな選択肢 ————

つぎに Audible に実装されている、①オフライン再生機能、②コンテンツの検索条件という二点に注目しよう。前者はスマートフォンというモバイル端末を前提にインターネット環境やデータ通信制限等を気にせずに利用ができるため、電波が不安定な場所や通勤、通学中などの地下鉄などで重宝する。逆に言えば、Audible は通信環境が不安定な移動時間の利用（＝「ながら聴き」）を前提にとして、この機能を実装していると考えられる（図7.7）。実際に Audible が公表した 2020 年の会員利用動向調査結果は、利用シチュエーションの 40% が「通勤・通学」時間であることを示している。なおオーディブルは個々の作品の"読了"にかかる再生時間が明記されているため、ユーザーは

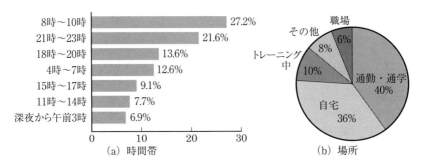

図7.7 「オーディブルをもっとも利用する時間帯、場所」
（出典：Audible, Inc.2020年9月〜10月実施、日本の会員の利用動向調査結果）

読み終わる（聴き終わる）までの時間を想定しやすく、「一ヶ月あれば往復の通勤時間で夏目漱石の『こころ』が読める」といったスケジューリングがしやすいというメリットもある。

　また後者の検索条件については、本の〈タイトル〉、〈著者名〉検索に加えて、〈ナレーター〉検索ができる点が最大の特徴だろう。通常、読者には「誰の／何の作品を読むのか」という選択肢が与えられるが、オーディオブックの場合は、合成音声か？　あるいはプロのアナウンサー、俳優、声優による朗読か？　など、本を「誰の声で聴くか」という選択肢が読書経験に介在してくる。こうした選択可能性は、ひいては「誰の声を聴くか」という選択の余地をユーザーに用意する。これをアニメに置き換えて考えてみよう。あるユーザーが「どのアニメを観るか」を決定する際、その因子として作品の知名度、ランキング、話題性、原作者や作家、監督などのほか、「この声優がCV（キャラクターボイス）を担当している」という声の要素がある。ここでは〈この声優の声が聴きたい → この作品を観る〉という、ある種の転位が生じるのであり、「声」がかならずしも「作品／作家」に従属するものではないことを示している。より抽象的に言えば、近代以降の出版／文学界でゆるぎない位置を閉めてきた〈作品＝テクスト〉や〈作家〉という二つの要素に対して、新たに〈ナレーター／声〉という変数が浮上し、前者の特権的な位相を撹乱するという事態が生じうる（／じている）ということだ。

(3) 再現される「紙」の身体作法 ───

　紙の本を読む経験と「聴く読書」の経験は、身体的な実践の水準でもさまざまな差異がみられる。その最大の相違点は目を使うか／耳を使うかという点にもとめられるが、忘れてはならないのは紙の本の読書が手を使う行為であることだ。カバーや帯を触り、装幀を眺め、ページをめくり、付箋を貼り、書き込みをするといった、一見すると瑣末な行為がそれにあたる。風呂に持ち込めば紙がふやけ、コーヒーをこぼせば茶色いシミができ、しばしば紙で指を切ってしまうとき読者は本が「紙」という物質であることを再確認する。

　出版研究という視点から無視できないのは、Audible に代表されるオーディオブックが、こうした「紙」にかかわる慣習や文化、規範を輸入し、それをデジタルメディアで再現していることだろう。たとえば、Amazon audible には「スピード調整」「秒送り／秒戻し」「付箋 PDF 資料の閲覧」「ブックマーク」「リスニング履歴の記録」といった機能が実装されている。これらはいずれも精読、読み返し、付箋、ドッグイヤーなど、紙の本をベースとした実践をオーディオブック上で再現することで、「聴く」という身体実践を「読む」という慣れ親しんだ経験へと引き寄せ、組織化させる工夫となっている。なお、Audible の再生速度は「0.5 倍〜 3.5 倍まで 0.1 倍単位で選択可能」（2021 年 6 月時点）となっており、このサービスがユーザーからもっとも高く評価されているという（前出調査より）。

7.3.5　「音声」コンテンツの展望と課題

(1) 権利をめぐる課題 ───

　最後に出版をルーツとする「音声」コンテンツにかかわる課題を整理しておきたい。第一に、冒頭でも触れたとおり YouTube 等にアップされる読み聞かせや朗読コンテンツをはじめとする UGC（user generated contents）の著作権問題である。新型コロナウイルスの感染拡大に伴う外出自粛により激増したコンテンツのなかには、多額の広告収入を得る無許可動画が多数存在したことで波紋を呼んだ。こうした動きに対して、日本児童文学者協会は「絵本は作家が心血を注いでつくった作品であり、著作権で保護されている」と警鐘を鳴ら

すとともに、事前に出版社に許諾を得るよう呼びかけた[9]。

　一方、著作権が消滅した文学作品や掲載許可が得られた作品を掲載するインターネットの電子図書館「青空文庫」は、外出自粛期間にサイトへのアクセスが増加（2020年4月には10万を超え、5月には21万セッションへ）し、童話作品を中心に、読み聞かせや朗読へ活用されている。「青空文庫収録ファイルの朗読配信について」というページによれば、サイト内に収録されている著作権保護期間満了作品は事前の許諾なく有償、無償問わず利用可能で、保護期間中の作品であってもクリエイティブ・コモンズ・ライセンスが付されたものならば自由利用が推進されている。このような取り組みの周知を含め、引用元である出版物の著作権をいかに保護し、啓発活動を行うのかという点も「音声」コンテンツを論じるうえで無視できないだろう。

(2) 読書習慣とリテラシーをめぐる課題 ───

　第二に、オーディオブックをはじめとする「聴く読書」文化を俯瞰的に眺めたとき、「読み書き能力（リテラシー）」や"書物を読みこなす能力"とされる「読書力」（『精選版　日本国語大辞典』）に与えうる正負の影響である。文部科学省生涯学習政策局青少年教育課の調査報告書、「子供の読書活動に関する現状と論点」[10] によれば、小学生・中学生の不読率が比較的低い（小学生4%、中学生15.4%：いずれも平成28年、全国学校図書館協議会、毎日新聞社「学校読書調査」による）反面、高校生の不読率は57.1%と高い水準にある。高校生が本を読まない理由として浮上したのは、「他の活動で時間がない／他にしたいことがあったから」という可処分時間の制約性、および「ふだんから本を読まないから」という読書習慣の欠如であった。そこで同報告書は、課題解決への糸口として、①発達段階に応じた読書習慣の形成、②高校生が読書をするようになるきっかけ作り、そして③地域や学校間における読書活動推進の取り組みの差を縮小させることを強調している。

　こうした実態を踏まえるならば、オーディオブックは子どもの読書習慣に対

---

9)　日本児童文学協会HP「【緊急報告】「読み聞かせ動画」のアップロードには許諾が必要です!」http://jibunkyo.main.jp/index.php/s/yomikikase

10)　https://www.mext.go.jp/b_menu/shingi/chousa/shougai/040/shiryo/__icsFiles/afieldfile/2017/08/15/1389071_005.pdf

して、どのようなメリット、デメリットをもたらすだろうか。まずメリットとして考えられるのは、読書習慣をめぐる家庭や地域、学校間の環境格差縮小に寄与する可能性である。課金性のアプリに限らず、許諾を得た YouTube 動画等であれば若年層でも手が出しやすい。これらの「聴く」行為が「本を読むこと」への心理的な障壁を下げ、書物への関心を育むこともあるだろう。また最大の利点としては、視覚障害者や発達性ディスレクシア（Dyslexia：読み書き能力に著しい困難を持つ識字障害）の児童に向けた読書支援というアクセシビリティ向上が挙げられる。

とはいえ懸念点がないわけではない。デメリットとして想定しうるのは、やはり読み書き能力に対するネガティブな影響だろう。音声コンテンツは確かにプロの声で心地よく作品を受容することができるが、あくまでもそれは「能動的な読書行為」に対する「受動的な聴取行為」という性質を——少なくとも現時点では——免れない。こうした受動性が旧来的な意味でのリテラシーや「読書力」に、どのような正負の影響を与えうるのかについては検討を要する。

7.3.6　「聴く読書」と読みの作法

紙の本の読書には、ながらく多読や精読、速読などさまざまな「読み方」があるとされてきた。書物の媒体が音声メディアに代替されるとき、これらの「読み」の作法にはどのような影響が見られるのだろうか？　前述のようにオーディオブックには紙の本を踏襲した付箋機能やハイライト機能が存在する。しかし、それが実際に紙の本に付箋を貼り、あるいは線を引き、書き込みをするといった身体的な行為を代替しうるのかと問われれば、現段階で明確な回答はない。また「精読」や「多読」という経験を、オーディオブックは組織化できるのかという点も今後の課題だろう。たとえば 1.25 倍、1.5 倍速での再生といった倍速聴取により、多くの作品を「読む」ことができたとしよう。アプリユーザーのアカウント上には"読了"した「本」がずらりと並ぶはずだ。しかし、それは果たして「たくさん読んだ」という多読経験を担保するのだろうか？　あるいは再生速度を 0.7 倍速で聴取することを通じて、私たちは「耳で精読」することができるだろうか？　こうした論点を挙げるだけでも、「紙」と「音声」それぞれに情報取得や処理にかかわる向き不向きがあることが分か

る。これらの疑問や課題に本格的に取り組むには、オーディオブックが今後、広く社会に普及し、「聴く読書」をめぐる「読者＝ユーザー」の経験が一定程度蓄積されることを待たねばならないだろう。それまでに出版研究ができることは、「出版ルーツの音声コンテンツ」をいかに論じうるか、隣接する研究領域と手を取り合いつつ、方法論や史料整備も含めて、準備を進めていくことだろう。

課題 7-1 嗜好性の多様化に対して動画メディアは、メディアビジネスとして採算性をいかに得るか、考察してみよう。

課題 7-2 文字という表示形態が持つメリットはなんだろうか、考察してみよう。

課題 7-3 ユーザーの視点に立って、オーディオブックを利用する際の具体的なシチュエーションを想像してみよう。

研究 7-1 動画メディアにおける法的・社会的問題に関するリテラシーの重要性を、考察してみよう。

研究 7-2 自動翻訳技術の向上は、文字コンテンツにどのような影響を及ぼすでしょうか。

研究 7-3 オーディオブックによる「聴く読書」は、子どもの読書習慣にどのような影響を与えるでしょうか。

文献

[1] オング, ウォルター『声の文化と文字の文化』桜井直文・林正寛・糟谷啓介訳、藤原書店、1991 年
[2] 前田愛『近代読者の成立』岩波書店、2001 年

第 **8** 章

読者へ届ける

8.1　書店

［牛口順二］

8.1.1　概況と歴史

　出版界で「書店」といった場合、通常は新刊書籍を扱う書店を指す。最近はオンライン書店の存在感も高まり、実店舗を構える書店を「リアル書店」と呼んで区別したりする。本節ではオンライン書店を含めて取り扱うが、特に注記がない場合は「リアル書店」を指すものとする。

　全出版物に占める書店の売り上げシェアは6割を占めるが、その数値は減少傾向にある。最盛期2万2千軒を超えていた店舗数も実際に営業している店舗は1万店を切ったのではと推計されている。

　日本の書店の特徴として、書籍だけでなく雑誌やコミックが一緒に店頭に並んでいることがあげられる。欧米等では別ルートで販売されるものが併売され、これが書店数の多い理由ともいわれていた。様々な読者層、年齢や嗜好の違う客が地域に遍在する書店を共有する、まずはそんな書店のあり方の変化と現状について概観する。

(1) 近代書店の誕生 ───

　民間で書物を商う書肆と呼ばれる商人が誕生したのは江戸時代初期の京都とされ、その後、大坂、江戸へと拡がる。当時の書肆は小売りだけでなく出版・印刷、卸問屋を兼ね、他の版元の出版物も古書も扱っていた。これらが集まって「本屋仲間」という同業組合が作られるが、これは出版権と販売権を守ることが目的であった。明治になり、本屋仲間も廃止され新たな組合へと改組されるが、近代の書店はこの流れとは別のところから生まれる。

近代活版印刷の導入など製作技術の革新に伴い大量化・迅速化が進み、製作、販売、輸送の新たなシステムが作られる一方、和・漢学から洋学への変化は、それに対応できない著者とその繋がりも断ち切っていく。製作から販売までを兼業していた従来の書肆は活字印刷と洋本化への変化に対応できず、明治前半までに創業した書肆の大半は消滅していく。一方、1869年（明治2年）創業の丸善など近代書店が登場し、新聞・雑誌や教科書の供給・取次などから専業書店となる事例も増えていく。依然として兼業店も多く、書店だけが本を売るということになるのは、戦時統制下に日本出版配給株式会社（日配）の下に出版流通が統合されてからだった。計画配給を実現させるために書店の廃業・休業が促される過程で本の販売が書店に限定されていく。

　戦時下の空襲で都市部の多くの書店は店舗を失い、一方、焼け跡に誕生した闇市では露店での書籍販売も活況を呈した。こうした露店は1951年にGHQの指示により姿を消し、日配解体後の取次も始動しはじめる。

　1950年代の街の読書装置として一定の位置を占めたのが貸本屋である。まだ豊かさとは遠い時代に開業や利用の手軽さから活用されるが、1960年代以降、出版流通の「正常化」と共に衰退していく。

(2) 書店の大型店舗化とチェーン店化 ───

　戦後の経済成長とともに書店数の増加が始まる。1960年当時、「日本書店商業組合連合会」（日書連）の前身である「日本出版物小売業組合全国連合会」の加盟書店は7916店であったが、1985年には1万3千店を超え、組合未加入店を加えると2万店を超える書店が存在した。整備された流通システムの下、さしたるスキルがなくとも開店できることから全国的に商店街や学校の近くには普通に書店がある風景が一般化する。

　その後の書店の変貌として、まず店舗の大型化があげられる。書店の適正規模が20坪といわれ100坪を超える店は大型店と呼ばれていたが、1964年に紀伊國屋書店の新宿本店（当時600坪）が出現し1970年代に入ると多くの大型店が登場する。背景には新刊書籍点数の増加と売り上げ規模の拡大がある。年間の新刊発行点数は1970年代には2万点を超え、80年代に3万点、90年代に4万点と増えていく。流通書籍の総点数は60万点を超え、それらを多く店頭に在庫することが大型店の役割として1000坪を超える店が増え、21世紀に入

ると 2000 坪を超える店舗も登場する。

　こうした大型化とともに多店舗を展開するチェーン店化が進展する。現在、書店売上の上位はこうした企業化したチェーン店が占める。全国的に店舗を展開するナショナルチェーンと地域を限定して展開するリージョナルチェーンがあり、店舗形態も大型店を中心に主要都市やターミナル駅周辺などに展開するタイプと、中規模店を中心に多店舗展開するタイプがある。多店舗運営のノウハウを提供しフランチャイズ展開を行う例も増加し、他業種から資本力のある企業が書店に進出する例も増える。

（3）郊外型書店と「街の本屋」の衰退 ————

　書店の立地も変化する。1975 年の愛知県の三洋堂書店の出店が嚆矢とされる郊外型書店は、自家用車の普及に合わせロードサイドに広い店舗と駐車場を用意できることから 80 年代に増加してくる。反対に地方都市を中心とする古くからある商店街の衰退は、そこに出店する地元書店、特に個人書店の後継者問題も絡めた閉店、廃業を招き「街の本屋」が減少していく。

　1998 年の大規模小売店舗立地法（大店立地法）により、それまであった大規模小売店舗法（大店法）が廃止され、大型店の進出規制の緩和がなされる。この時期は、拡大を続けてきた出版業界の販売額がピークを越え、現在に至る長期低落が始まった時期とも重なっている。シェアの維持を図る取次間の取引書店獲得競争とも相まって開店・増床ラッシュを招くが、明らかに市場の状況を無視した過剰出店も多かった。この結果、販売額が減少していくなか、しばらくの間、書店数は減少するが総床面積は増加するという現象が続くのだが、やがてチェーン店による不採算店の整理、撤退が始まり、総床面積も減少に転じる。既に地元書店は廃業しており地域に書店がなくなるという事態も招くことになる。かつては出版物の売上の 75~80％を占めた書店のシェアは減少しつづけ 60％を切る水準となった。

（4）コンビニエンスストアでの出版物販売 ————

　1970 年代末から始まったコンビニエンスストア（CVS）での出版物の取り扱いは、雑誌を中心に拡大を続け、21 世紀初頭には約 5000 億円、出版物全体の 20％近くを占めた。雑誌売り上げを経営の中核としていた小規模書店は、その影響をまともに受けることになる。

その後CVSでの出版物販売は雑誌売り上げ全体の縮小に伴い減少傾向となり、現在では1300億円弱、シェアも10%を切る一方、小口配送先数の拡散という結果だけは残り、出版物の物流問題に禍根を残すことにもなった。そこで改めてコンビニ併設型書店などの試みも進められている。

(5) オンライン書店の抬頭 ————

1990年代半ばに誕生したオンライン書店は、インターネットの普及とともに売り上げが拡大しつつある。2000年に米国アマゾンが日本法人によるサービスを提供するとともに、新規参入も年々増え続ける。売り上げ規模は最大手のアマゾンが情報未開示のため推計値ではあるが、紙の書籍において2000億円を超え、シェアも15%を超えたとされる。

オンライン書店のメリットとしては、①自宅、職場などスマホやインターネットに接続できる環境があれば、どこからでも利用でき、②24時間営業しており、③重い書籍を自宅など指定した場所に届けてくれ、④豊富な商品情報と幅広い品揃えで、⑤比較的短期間で入手できること、があげられる。

商品情報は書名、著者名などから検索できるほかに、購入や閲覧履歴からおすすめの本を提示するリコメンドサービスがあり、読者によるレビューもある。電子書籍や古書なども併せて検索して購入することも出来る。直接内容の確認ができないといったデメリットも、電子書籍の普及と合わせ本文の一部を「試し読み」できるタイトルも増えており、インターネット通販全体の伸長と合わせ、今後も拡大していくと思われる。

(6) 古書店の変貌 ————

新刊書と古書の流通の分離により、長らく書店との棲み分けがなされていた古書業界であるが、1990年代に入り、比較的新しい本を買い取りクリーニングを施して販売する「新古書店」と呼ばれる業態が登場する。未熟練スタッフでも運営可能な買い取りシステムやフランチャイズ展開により店舗が急増し、一般読者との接点も拡大することで書店と市場が重なるようになった。現在は従来型の古書店も含め在庫データのオンライン検索と通販により新刊書市場との融合と競合関係を深めている。

8.1.2　読書装置としての書店

　読書は書店の店頭で始まっている、ともいわれる。出版物の流通機構の一部としての書店とは別に、図書館などと共に読書装置[11]のひとつとしての書店について考察を加えたい。書店は図書館とは異なりあくまでも営利を目的とした商業施設である。しかし、本という商品の持つ公共性から、他の商店とは違うものとしてイメージされてきた側面もある。書店は、読者に一体何を提供してきたのか

(1)　書店の空間構成　————

　書店は基本的に展示産業であると認識されてきた。流通体制の問題もあり、それぞれの店が提供する空間に依存する面が大きい。現在、我々が目にする書店の空間イメージは、多くの書籍がタイトルの表示された背表紙を見せて書棚に並んでいる姿だろうか。だが、こうした書店の空間構成は、洋本と呼ばれる形に製本された書籍が主流となり従来の和本の占める比率が1割以下となった1900年代（明治30年代）以降に形成されたものだ。

　行商人が客の元を回る時代から、書肆が店舗を構え店員が客との会話によって必要な本を取り出してくる「座売り」とよばれるスタイルを経て、土間に据えられた書棚を客が巡り歩いて自分で選ぶようになる。このことは棚に並べられた本から客が自分で本を選ぶという読者層の誕生と表裏一体の関係にある。1890年代以降、出版月評、出版評論などの登場で読者が出版情報を入手できるようになり、「あるはずのもの」として書籍が求められるようになるが、それを探す先は長らく店頭在庫であった。

　どのように棚に本を配列するのか、そこに客と共有されるルールが必要になる。そのルールのひとつとされたのが「本の分類」である。「わかることとは分けること」といわれるように、古来、知識の体系化、内面の構造化が試みられてきたが、そうした人間の知識から生み出されてきた書物に対しても、何らかのルールによって分類することが行われてきた。

　日本でも「日本十進分類法」（1929年第1版）に先行していくつかの分類体系が図書館で採用され、流通側でも「東京書籍出版営業者組合書籍総目録」（1893〔明治26〕年））では二十門の分類が採用されている。現在も図書コードの一部には分類情報が組み込まれ書店での棚入れに利用されている。

但し、書店の棚の分類は、必ずしも統一された基準によって分類されている必要はなく、「文脈棚」など十進分類法的な考えとは異なる棚構成を売りにしている書店もある。書店空間の動的平衡、並んでいる書籍の中身は入れ替わっても持ち続ける空気感。馴染みの書店の居心地の良さは、そうしたルールが店と客で共有されていることから生まれるといわれる。

　書店の空間は書棚だけで構成されている訳ではない。多くの書店は入り口近く、あるいは書棚の前などに「平台」と呼ばれるスペースを用意している。本の表紙を見せ、話題の書籍、売りたい商品が目に留まりやすくなるように客への訴求性を高めるように工夫されている。同じような展示方法は雑誌棚や一部の書棚で、表紙を見せる「面陳」と呼ばれる置き方によっても実施されている。

　円本ブームの中で高まった商業主義が書店空間の広告宣伝の場としての性格を強めたといわれ、三省堂書店は1930〔昭和5〕年に宣伝担当を置き、店内の特設売場やコーナー作りを充実させ、1929〔昭和4〕年に新築された東京堂にはショーウィンドウとギャラリーが設置された。

　こうして必要な本を入手するため以外に、通りすがりに気楽に立ち寄り、何か面白いものとの出会いを求めるという書店の両側面が形作られてきた。

(2) 品揃えと配本

　空間の工夫とともに、小売店が店舗をどう作っていくかで重要なのは商品構成である。本来、どんな商品を仕入れて店頭に並べるかが各店舗の特色になるのだが、書店の場合は若干事情が異なる。書店の品揃えは、仕入れることではなく、配本されるところから始まるのである。

　読者からの注文（客注）以外に、ベストセラーや定番商品、フェア用の商品の補充注文などはあるものの、希望した部数が入荷するとはいえず、思い通りの品揃えが出来るとは限らない。事前に新刊情報を元に仕入れることは稀で、入荷して始めてどんな本が出版されたかを知ることも多い。入荷した本を検品し、分類し、店頭に陳列する。一方で、返品期限をチェックしながら動きのない本を返品する。送品された本が自店に合わないと判断した場合、そのまま返品することもある。つまり何を仕入れるかではなく、何を残すかで大部分の棚は構成されているともいえる。

　本という商品は極めて多品種であり、新刊書は一日平均200冊以上出版され

る。品揃えも最低限の量が必要であり、小規模な店でも通常のアイテム数は万の単位になる。返品可能な委託配本によって常に新しい商品が供給されてくることは書店にとっても便利ではあった。だが、こうした取次の新刊配本システムに品揃えを頼らざるを得ない書店が「金太郎飴書店」と揶揄されるなど、没個性が批判の対象とされてきたことも事実である。

8.1.3　出版不況後の書店業界の動きと展望

　1990 年代後半から出版界は未曽有の不況に突入した。書店業界もその影響を受け経営環境が厳しくなる中で、さまざまな対策が講じられる。

（1）すすむ兼業化 ─────

　売上の補填と利益率改善の観点から取扱商品・サービスの多様化が進む。CD/DVD、文具、雑貨などの販売、あるいは各種検定試験などの受付業務などは一般化し、取次もこれら商品の仕入れを支援する。ヴィレッジバンガードのように書籍と雑貨の売り場を融合させた店も登場し、新刊書店では敬遠されることの多かったバーゲンブックや古書などの併売も、期間限定のフェアや特設売場の設置などの事例から広まってきた。

　カフェを併設し、ギャラリー、イベントスペースを用意して、定期的な講演会・トークショーなどの開催によって集客を図ることも行われる。まずは読者を育てよと、絵本の読み聞かせの会、ビブリオバトルのようなイベントで読書推進活動の支援に取り組むことも増えている。

　学校や図書館などを対象とする法人向けの外商活動も多様化し、学術情報のデジタル化に対応したデータベースやオンラインジャーナルの契約仲介、設備や備品の納入、さらに目録データの製作から閲覧業務などの業務に加え図書館の運営全般を受託するケースも増えている。

（2）空間デザインとイベント化 ─────

　長らく書店は生活に必要な情報を得るための重要な場所であった。が、情報の多くがネット情報などで入手できるようになり、本から得られる情報は情報源の一つにすぎなくなる。そこで、あえて「本好き」が意識されるようになり、そういう時代の書店のありかたが追求されるようになる。

　2010 年代に「夢の本屋」「美しい書店」などをタイトルに持つ「本屋めぐり

本」が登場し、国内でも豊富な品揃えというよりも展示方法含めた斬新な空間作りによって、「個性的な書店」に行くこと自体がイベント化されるような店作りが話題になる。

元々、限られた学術書や専門書、特定の著者の本など目的買いされる場合を除き、実は本は代替可能な商品でもあった。しかも読んでみるまでは自分にとっての価値はわからない。それは情報がたくさんあったとしても同じ。そこで、むしろ与える情報を少なくし選択肢を限定した上で、なおかつ自分の判断で選択した「偶然の出会い」を演出する、たとえば書名を隠して冒頭の一文や文中のワンフレーズだけで選ぶ「覆面文庫本」「ほんのまくら」といった展示企画が、多少のアレンジを加えて展開されている。

また、限られた場所でしか手に入らない本。その本を手に入れるために、その場所に行くことを求めるといったコンセプトの販売形態も登場する。

従来のマンガ喫茶やブックカフェに加え、読書空間を提供する入場料付き書店や宿泊施設なども登場し、読書装置としての書店像が拡張される。

(3) 個人書店の再生

目的買いの本の入手はオンライン書店や大型書店に任せて、別のかたちで本との出会いを演出するような個人書店の開業事例が徐々に増えている。

長らく、書店の開業、特に個人の新規開業がないことが業界の活力が失われている証左とされてきた。実際、書店開業のハードルは高く、取次との契約時に預ける保証金（信認金）は月商見込み額の2～3か月が必要とされ、利益率が低いことから相当の月商見込みが必要であり、結果としてかなりの資金準備が求められた。取次との契約により開業のノウハウ等の支援は受けられるが、商品調達の多くをその配本システムに依存することとなり、自分の気に入った店作りが出来ず、個性が出せないといった不満もあった。身の丈にあった規模で始めることが困難な業種になってしまっていたのである。

それが、書店経営に対する考え方が変化し、小規模店運営のノウハウや流通ルートも整備されてきた。品揃えに関しては古書併売や雑貨小物などの販売に頼る例が多かったが、最近は小規模調達に対応した新刊書の仕入れ先も多様化し、直仕入れを受け入れる出版社も増えてきた。こだわりの品揃えに、カフェを併設したり、イベントの開催、SNS等による話題作りなどを絡めながら、

住宅地にひっそりと開店することも可能になった。

米国での「独立系書店の健闘」が話題になるなか、日本ではこうした個性的な小規模書店を「独立系書店」と呼ぶことが多い。

(4) 書店の専門性とは？ ─────

情報源が多様化した中で、街の読書装置として書店が果たす役割はなんだろうか。「与えられること」があたりまえになってしまった現在の情報環境で、本そのものの情報とは別に、「本と出会うリテラシー」を提供することのできる場所である必要があるのではないか。

「個性的な書店」が増えてきたことは歓迎すべき傾向ではあるが、本屋や本棚はブランディングの道具になるといった考えで話題作りが先行し、本来の「個性」が失われる危険もある。

出版業界再編への大きな動きも見えるなか、書店業界として取り組むべきことの課題に人材育成がある。図書館を含め、本と読者を仲介する「人」の役割が経済原理の中で軽視されてきた。「書店は空間、本屋は人」といった人がいる。無人店舗が現実になりつつある中で、リアル小売店における人の役割を考える時、出版物を商う店舗である書店は試金石になりうる。そのためにも、本の販売で食べていけること、本との出会いの場を提供することでビジネスが成立しうる構造改革も目指されなければならない。

8.2　図書館 [野口武悟]

みなさんは、図書館と聞いて、まず思い浮かぶ図書館は何だろうか。大学生なら通学する大学の図書館かもしれないし、編集者であれば地域の図書館や国会図書館かもしれない。このように思い浮かぶ図書館が人それぞれということは、それだけさまざまな種類の図書館があることを意味している。

8.2.1　図書館の種類

図書館の種類は、大きく5つに分けられる。すなわち、①国立図書館、②公共図書館、③大学図書館、④学校図書館、⑤専門図書館の5つである。このほ

か、公民館に設けられ公共図書館に類する機能とサービスを提供する公民館図書室や、個人宅などを開放して取り組む私設のミニ図書館といえる文庫活動も各地に見られる。

　①国立図書館については、日本では「国立国会図書館法」（1948年制定）に基づいて国会図書館のみが設置されている。ただし、東京・永田町にある本館のほかに、京都・精華町に関西館、東京・上野公園に国際子ども図書館、各中央省庁などに支部図書館を有するため、実際には複数の図書館が存在するように見える。国内の出版物を網羅的に収集する「納本制度」が採用されている点が他の図書館との大きな違いである。また、国際子ども図書館を除くと利用が18歳以上の人に限られている点も特徴的である。

　②公共図書館は、「公共」の名が示す通り、地域にあってすべての人々が利用可能な図書館である。「図書館法」（1950年制定）に基づき設置されている。同法によれば、公共図書館は利用者の教養、調査研究、レクリエーション等に資することを目的としている（第2条）。公共図書館は公立図書館とイコールであると思われがちであるが、少数ながら私立図書館も設けられている。その数は、公立図書館が3,297館（うち、都道府県立図書館が58館）、私立図書館が19館である（2020年度）。

　③大学図書館は、学生及び教職員の教育と研究に資するために大学に設けられた図書館である。設置根拠は「大学設置基準」（1956年制定）であり、大学に図書館は必置である。短期大学と高等専門学校を含めた高等教育機関に設けられた図書館を総称して大学図書館と呼ぶこともある。近年は、近隣の住民などにも利用を開放したり、周辺にある複数の大学図書館でコンソーシアムを形成したりして、サービスの強化を図るケースもある。2020年度現在、大学図書館は国公私立大学あわせて1,670館（うち、短期大学の図書館170館、高等専門学校の図書館61館）設けられている。

　④学校図書館は、小学校、中学校、高等学校とそれに相当する教育を担う義務教育学校、中等教育学校、特別支援学校に設けられた図書館である。「学校図書館法」（1953年制定）により必置となっている。小学校だけでも学校図書館は全国に19,525館ある（2020年度）。学校図書館は、長らく読書活動の拠点という視点のみで捉えられてきた。しかし、近年、学校図書館を活用して授業

改善に取り組むことが国の定めた「学習指導要領」において求められるようになり、さまざまな授業での活用が進みつつある。

　⑤専門図書館は、企業等に設けられ、その企業等の専門とする主題の出版物等を中心に収集し、利用者に提供する図書館である。利用者はその企業等に属する人が中心であるが、一部は外部の人にも利用を開放している。出版社の社内に設けられた図書室、資料室等も専門図書館である。法律による縛りはないので、その実数を厳密に掴める統計はないが、主要な専門図書館が自主的に加盟して「専門図書館協議会」（https://jsla.or.jp/）を組織している。広い意味では、地方議会の図書室や、点字図書館なども専門図書館に含めることができる。

8.2.2　図書館の社会的意義と機能

　そもそも、図書館とは、「人間の知的生産物である記録された知識や情報を収集、組織、保存し、人々の要求に応じて提供することを目的とする社会的機関」と定義できる。ここでいう「知識や情報」の記録媒体としては、図書や雑誌、新聞といった印刷メディアのみならず、CDやDVD等の視聴覚メディア・電子メディア、オンラインデータベース等のネットワーク情報資源など多岐にわたる。図書館によっては、手書きの文書類、美術品や模型といった実物資料なども扱う。とはいえ、図書館が扱う「知識や情報」の記録媒体の中心は、印刷メディア、なかでも図書であることは言うまでもなく、それが図書館という名称にも表れている。図書館が扱う図書を中心とした「知識や情報」の集合体を蔵書と呼ぶことが一般的である。ただし、近年は扱うメディアの多様化を反映して、博物館などと同じくコレクションと呼ぶことも増えてきた。

　このコレクションを軸に考えると、図書館には、さまざまな「知識や情報」の収集、整理（組織化）、保存、提供という機能がある。「納本制度」がある国立国会図書館を除くと、収集にあたってはどの図書等を収集するかを判断する選択（選定）という作業が必須となる。整理（組織化）は、収集した図書等をコレクションに組み込むプロセスで、分類、目録、装備等の作業が行われる。図書館の種類を問わず、分類は「日本十進分類法」、目録は「日本目録規則」によることが一般的である。保存に関して、国立国会図書館を除くと、コレクションのすべてを永久保存する図書館は稀である。保存スペースが有限である

ことや利用者のニーズに応じたコレクションの見直しなどの理由による。提供については、館内での閲覧や館外への貸出がまず想起されるが、これら以外にも種々のサービスがなされている。

こうした機能を担う図書館の成り立ちははるか古代にまで遡る。近代的な図書館は、日本においては明治維新後の 1872 年に設置された官立「書籍館」が最初とされる。

もちろん、図書館は、コレクションがあれば成り立つわけではない。コレクションを収める施設、そのコレクションを使う利用者、コレクションを構築・管理するとともにそれらを利用者とつなぐ職員（司書）の存在が欠かせない。とはいえ、図書館を他の公共施設と分かつうえで重要なのは、やはり利用者のニーズを充たすコレクションの存在と、それを基にした各種のサービスの提供に他ならない。

なお、図書館の職員に関する公的な資格としては、「図書館法」に基づく司書と司書補、「学校図書館法」に基づく司書教諭の３つがある。これらの資格は大学の所定の授業科目や文部科学大臣委嘱の講習を受講することで取得できる（司書補は講習のみ）。

8.2.3　図書館のサービス

図書館は、その有するコレクションをベースに、施設、職員をも活用して、利用者にさまざまなサービスを提供し、利用者の読書や情報活用を支えている。図書館が提供するサービスは、大きく４つに類型化できる。具体的には、①所蔵する図書等のコレクションそのものを利用してもらうためのサービス、②コレクションを活用しながら調査や課題解決を支援するサービス、③図書館そのものの一層の利用を促進するためのサービスがあり、これに大学や学校といった教育機関に付属する図書館では④各種の講習やガイダンスも行われる。

①としては、すでに述べた館内での閲覧や館外への貸出をまず挙げることができる。これらは、図書館における最も基本的なサービスといえる。また、予約やリクエスト、複写などのサービスもここに含まれる。

②としては、レファレンスサービスや課題解決支援サービス等がある。レファレンスサービスは、利用者による調査や情報入手を支援するサービスであ

る。課題解決支援サービスは、2000年代以降に注目されるようになったサービスで、利用者の生活課題の解決を関係機関等とも連携を図りながら支援するサービスである。ビジネス支援サービス、医療健康情報サービス等がよく知られている。

③としては、各種イベントの開催、「図書館だより」やウェブサイトを通しての広報等がある。そして、④としては、図書館利用ガイダンス、情報検索講習等がある。

いずれのサービスにおいても、図書館同士や他機関との連携・協力を図ることで、内容の一層の充実が可能である。

8.2.4　出版と図書館の関係

すでに述べたように、図書館が構築するコレクションの中心を占めるのは、図書等の印刷メディアであり、その大半は出版物ということもできる。このことからも、出版と図書館が密接に関わっていることがわかるだろう。

ところが、両者は密接なあまりに「当たり前」の存在になり過ぎて、十分に相互理解を図ってこなかったきらいもある。例えば、図書館の職員（司書）は、新刊の情報を掴んでいる人は多いが、その新刊がどのようなプロセスを経て図書館へと至っているのかを理解している人は少ない。ある出版関係者が「図書館の人は、本が天から降ってくるとでも思っているのだろうか」と嘆いていたが、実に言い得て妙であった。一方で、出版界なかにも、図書館を無料の貸本屋程度にしか捉えていない人が少なくないのではないか。やはり相互に学び合い、理解を深める機会が必要だろう。

図書館が収集する図書等は、どのような方針や基準のもとに選択（選定）されているのか疑問に思っている人がいるかもしれない。この方針や基準は、公共図書館の場合、「資料収集方針」と呼び、各図書館の責任のもとに作成し、ウェブサイト等で公開することが一般的である。日本図書館協会が1954年に採択した「図書館の自由に関する宣言」では、「図書館は、成文化された収集方針を公開して、広く社会からの批判と協力を得るようにつとめる」としており、多くの図書館がこれを実践している。宣言では、図書等の選択（選定）と収集の際の留意すべき点として、次の5点を挙げている。

① 多様な、対立する意見のある問題については、それぞれの観点に立つ資料を幅広く収集する。

② 著者の思想的、宗教的、党派的立場にとらわれて、その著作を排除することはしない。

③ 図書館員の個人的な関心や好みによって選択をしない。

④ 個人・組織・団体からの圧力や干渉によって収集の自由を放棄したり、紛糾をおそれて自己規制したりはしない。

⑤ 寄贈資料の受入にあたっても同様である。図書館の収集した資料がどのような思想や主張をもっていようとも、それを図書館および図書館員が支持することを意味するものではない。

これら5点は多くの図書館の「資料収集方針」に反映されている。

ところで、この宣言の冒頭には、「図書館は、基本的人権のひとつとして知る自由をもつ国民に、資料と施設を提供することをもっとも重要な任務とする」との一文が掲げられている。その根底には、「知る自由は、表現の送り手に対して保障されるべき自由と表裏一体をなすものであり、知る自由の保障があってこそ表現の自由は成立する」との考えがある。この点においても、表現の自由（＝出版活動）と知る自由（＝図書館活動）は表裏一体の密接な関係にあることが確認できよう。

本章の前節では書店を取り上げたが、書店も図書館も出版物を読者に直接手渡す役割を担っているという意味においては同じである。しかし、実際には、出版物を書店は「販売」し、図書館は「閲覧」ないし「貸出」すという大きな違いがある。このことが、ときに出版界と図書館界の両者を巻き込んでの議論に発展することがある。例えば、「公共貸与権」をめぐっての議論や、「一定期間の貸出猶予」をめぐっての議論がある。前者は、一部の著者や出版社から、図書館における「貸出」サービスは、無料で不特定多数の人に何度も貸出すことで本来「販売」されていれば得られていたであろう利益を逸失させるものとして、その逸失利益を補償する制度設計の必要性が提起されたものである。具体的には、ヨーロッパ等のいくつかの国ですでに導入されている「公共貸与権」を日本の「著作権法」にも新たに設定し、図書館から「貸出」された出版物（－著作物）の著者が、「貸出」による逸失利益の補償を図書館設置者に要

求できるようにしようとするものであった。これに対して賛否両論が起こり、日本書籍出版協会と日本図書館協会合同での実態調査も行われるなど、2000年代前半を中心に議論が盛り上がった。一方、後者も、主張の背景は「公共貸与権」を求める意見と共通するが、一部の著者や出版社から、図書館によって収集された新刊の図書は一定期間（6か月や1年など）の「貸出」を猶予してほしいとの要望が提起された。出版直後の最も売れるタイミング（6か月〜1年）は図書館での「貸出」を待ってほしいという主張である。これに対しても、2010年代半ばに議論が盛り上がった。いずれの議論も1つの結論に帰結したわけではなく、今後も再燃する可能性はある。しかし、こうした議論は、出版と図書館の相互理解を進める絶好のチャンスと捉えることもできる。次節で取り上げるように、人々をいかに読書に誘うかは出版にとっても図書館にとっても共通する喫緊の実践課題であり、両者の相互理解のもとでの強力なタッグが期待される。

　ちなみに、書店と図書館の関係はどうなのだろうか。図書館で選択（選定）した図書等を地元の書店から購入して収集するところもあるし、図書館の目立つところに新刊が展示されることで書店での新刊販売にプラスに働くという報告もある。また、近年は、公共図書館と書店が一体的に運営される施設が各地に散見されるようになった。両者一体化による相乗効果を期待してのことだろう。

8.2.5　電子図書館の登場と普及

　2020年初頭からの新型コロナウイルス（COVID-19）の国際的な大流行（パンデミック）のなかで、日本でも数度にわたる「緊急事態宣言」が発令され、図書館は休館や利用制限を余儀なくされた。この間、利用実績を大きく伸ばしたのが図書館に行かなくても手持ちの端末（コンピュータ、スマートフォンなど）で電子書籍等が利用可能な電子図書館（のうちの電子書籍サービス）である。例えば、パンデミックの初期段階である2020年3月期でも、前年同月比255％増、4月では同じく423％増、5月では同じく526％増などと利用実績は驚異的な伸びを示している（サービス事業者の1つである図書館流通センター発表）。また、電子出版制作・流通協議会（以下、電流協）の調べでは、電子図書館（のうちの電子書籍サービス）を提供する公共図書館は、2020年10月

1 日時点で 111 館だったが、半年後の 2021 年 4 月 1 日時点では 201 館になり、半年で 90 館という急速な普及を示している。

電子図書館は、「資料と情報を電子メディアによって提供すること。とりわけネットワークを介して提供することをサービスの中心に据えて、従来の図書館が担ってきた情報処理の機能の全体または一部を吸収し、さらに高度情報化社会の要請に呼応した新しい機能を実現させたシステム」と定義できる。現状として電子書籍サービスとイコールのように認識されがちであるが、それにとどまるものではない。先の定義も踏まえ、電流協では、電子書籍サービスをはじめ、電子ジャーナルサービス、データベースサービス、音楽配信サービス、デジタルアーカイブ、学術機関リポジトリなどを含む広い概念として電子図書館を捉えている。もちろん、図書館のウェブサイト上で提供される目録検索サービス（OPAC）も、電子図書館のサービスの一部といえる。

そもそも、電子図書館という用語の登場は、1990 年代前半にまで遡ることができる。その後、既存の図書館に属さない、まったくのボランティアベースで運営される電子図書館として「青空文庫」が登場したのは 1997 年のことであった。このころから、インターネットの普及とも相まって、国立国会図書館や大学図書館では電子図書館のサービスの導入や拡充が進んでいった。一方で、公共図書館や学校図書館では、遅々として進まなかった。しかし、公共図書館では、COVID-19 のパンデミックがひとつの転機となり、いま急速に導入が進みつつある。学校図書館も同様の状況である。

では、公共図書館と大学図書館に絞って、電子図書館の現状を見てみよう。公共図書館と大学図書館の現状については、電流協が毎年調査を行っており、その 2020 年の調査結果は図 8.1 の通りである。大学図書館においては、「電子書籍」「電子ジャーナル」「データベース」「学術機関リポジトリ」の 4 つのサービスが導入率 95 ％を超えており、COVID-19 のパンデミックにあって図書館が休館せざるを得ない状況下にあっても、かなり充実した電子図書館のサービス提供が可能であった。一方の公共図書館は、すでに述べた通り、各サービスともに、導入が進む途上にある。

ところで、電流協の調査では、電子書籍サービスに関わって電子書籍コンテンツについての課題を公共図書館と大学図書館にたずねている。その結果、課

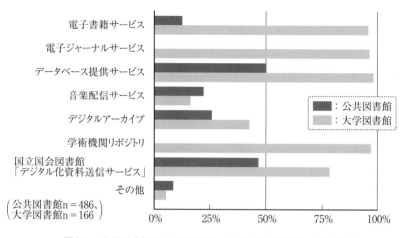

図8.1 公共図書館と大学図書館における電子図書館の現状比較

題の上位にあがるのは、公共図書館も大学図書館も、「新刊コンテンツが提供されにくい」「提供されるコンテンツが少ない」「コンテンツの価格が高い」である。近年の電子書籍の出版動向を考えると、これら図書館側が考える課題を全面的には首肯しかねるが、この背景には電子書籍をめぐる出版界と図書館界の認識や理解のズレがあるように考えられる。

8.2.6 図書館はどこへ向かうのか

興味深いことに、「近いうちに電子図書館がメインになって、リアルな図書館はいらなくなる」という意見を持つ学生が司書の資格取得を目指して図書館学を学ぶ学生のなかにもいる。しかし、本当にそうなるだろうか。確かに、今後、公共図書館や学校図書館においても、電子図書館の導入は間違いなく進んでいくであろう。とはいえ、紙に印刷された出版物があり続ける限り、図書館はそれらをベースとしたコレクションを構築し、すべての人々の読書を通しての知る自由を保障し続ける責務がある。

出版が紙か電子かの二者択一ではないのと同様に、図書館についても、リアルな図書館と電子図書館を対立軸で捉えてはならない。リアルな図書館と電子図書館が融合し、紙とデジタルの両方のコレクションを提供できるハイブリッドな図書館が近い将来においては当たり前の姿になっていくのではないだろうか。

8.3 読者と読書 [野口武悟]

　出版物は、読者に届けるために生み出されるといっても過言ではない。「販売」の形をとるか、「閲覧」ないし「貸出」の形をとるかの違いはあるが、出版物を読者に届ける際に直接手渡す役割を担うのが、本章の第1節で述べた書店と、第2節で述べた図書館である。

8.3.1　読者

　読者とは、一般には、主に図書や雑誌に新聞も加えた印刷メディアを読む人のことを指す。そして、読むことを読書という。近年は、読書の対象に、電子書籍等を含めるか否かで議論があるが、詳しくは次項に譲る。

　個々の読者を考えたとき、より具体的には本書の読者であるあなた自身を考えたとき、何をどう読むかは個人の自由であり、誰にも干渉されたくないものであろう。何を読んでいるかを他者に知られたくない読者もいる。これらの点から、読者にとっても、「表現の自由」及び「図書館の自由」（前節参照）はきわめて重要といえる。当然ながら、「思想及び良心の自由」や「学問の自由」などの日本国憲法に保障された基本的人権とも不可分である。

　このことから、読者が読書に求めるニーズは、実に多様である。例えば、いまここに 10 人いたとして、「いますぐに読みたい本のタイトルやジャンルを挙げてください」とたずねたら、おそらく答えは十人十色だろう。図書の出版は、「多品種少量生産」と言われることがある。「多品種」は、著者（書き手）の多様さの表れであるが、同時に、読者（受け手）の多様なニーズを充たすためでもあるということができる。

　なお、読者については、複数のアプローチから研究が取り組まれている。それだけ多面的な概念であるということもできる。例えば、読者の識字などのリテラシー（能力）に焦点を当てた研究、読者の性差や年齢差、社会階層差に着目した研究、読者の歴史的な変遷を追う研究などである。

8.3.2　読書の定義、対象、形態

　読書については、前項において、読むことと書いた。これは、国語辞典や百

科事典にも同じように書いてある。一方で、国語教育や読書指導等の読書に関わる分野の専門事典をひいても、読書そのものの詳細な定義は書かれていないことが通例である。当たり前過ぎて書くまでもないということなのだろうか。実は、そうではない。読書には、いろいろな要素が複雑に絡み合っていて、それをうまく定義することが容易ではないのである。後述する読書の対象や形態を考えると、読書を定義することが一筋縄にはいかないことが理解できると思われる。とはいえ、ここではひとまず、読書を出版物の内容を読者なりに受け止めることとしておこう。本書の読者であるみなさんだったら、読書をどう定義するだろうか。

　読書については、それに特化した法律が制定されている。「子どもの読書活動の推進に関する法律」（2001 年制定）と「文字・活字文化振興法」（2005 年制定）である。では、これらの法律に読書の定義があるのかといえば、そうではない。ただし、読書の意義の一端が説明されており、参考になる。「子どもの読書活動の推進に関する法律」では、子どもの読書について、「子どもが、言葉を学び、感性を磨き、表現力を高め、創造力を豊かなものにし、人生をより深く生きる力を身に付けていく上で欠くことのできないものである」（第2条）とする。また、すべての国民を対象とした「文字・活字文化振興法」では、読書を含めた「文字・活字文化」について、「人類が長い歴史の中で蓄積してきた知識及び知恵の継承及び向上、豊かな人間性の涵養並びに健全な民主主義の発達に欠くことのできないもの」（第1条）とする。これらの説明からは、読書が読者個々人の QOL（quality of life 人生の質）の維持と向上のみならず、文化の創造と継承、社会の形成と発展など、あらゆる人間活動の基盤となっていることがわかるだろう。

　さて、みなさんは、読書といったときに、どこまでをその対象と範囲として捉えているだろうか。前項の冒頭に触れたように、図書や雑誌、新聞等の印刷メディアは対象に含まれると捉える人が多いだろう。ただし、印刷メディアでも、漫画本や学校の教科書はどうだろうか。これらになると、読書の対象に含むと捉える人とそうでない人が分かれそうである。全国学校図書館協議会と毎日新聞社が共同で毎年度実施している「学校読書調査」では、読書の対象と範囲から「教科書・学習参考書・マンガ・雑誌やふろくをのぞく」として読書の

実態を調査している。国が行う読書調査でも、ほぼ同様の対象と範囲で実施されている。では、漫画本を読むことを読書の対象に含めないのだとしたら、その行為は読書と区分けして何と呼ぶべき別の行為なのだろうか。また、近年、急速に普及が進む電子書籍や電子ジャーナルも先の調査では読書の対象に含めていないが、やはり何と呼ぶべきなのだろうか。今のところ、これらの問いに定まった答えはない。このように、読書の対象と範囲は、誰にとっても一定不変に捉えきれるものではないことがわかる。

　読書といったときに、みなさんがイメージする形態（スタイル）はどのようなものだろうか。おそらく「黙読」をイメージする人が多いのではないだろうか。しかし、「黙読」だけを読書の形態と固定的に捉えることはできない。例えば、オーディオブックはその内容を聴く形で受け止めるが、これも読書の一つの形態である（「聴読」）。また、視覚障害者のなかには点字の出版物の内容を指で触れながら読む。もちろん、これも読書の一つの形態である（「触読」）。さらには、出版物の内容を声で読み上げながら読み進める「音読」という読書の形態もある。歴史的には、「黙読」が定着するのは近代における学校教育、なかでも国語教育の普及と深い関わりがあるとされる。学校教育を通して“読書＝「黙読」”というイメージが形成され定着していったと見ることもできよう。

　読書、とりわけその能力の習得に学校教育が果たす役割は大きい。なぜならば、私たち人間は、聞く・話す能力は自然習得するが、読み・書きとその理解能力（これを識字という）は自然習得しない。つまり、教育の成果として習得する能力なのである。学校教育制度の整わない開発途上国において、人々の識字率向上が課題となっているのはこのためである。日本においては、寺子屋が発達していた近世（江戸時代）から同時代の他国よりも庶民の識字率は高かったとする指摘がなされている（それに異を唱える研究成果もある）が、識字率が確実に向上したのは明治時代以降の義務教育制（国民皆学）になってからと言って間違いない。

8.3.3　読書の実態

　ところで、みなさんは「不読」という言葉を耳にしたことがあるだろうか。子どもの「不読率」が話題になることもしばしばである。この「不読」という

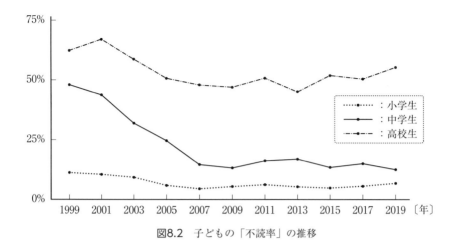

図8.2　子どもの「不読率」の推移

概念は、前項で触れた「学校読書調査」などで用いられているもので、1か月間に1冊も読書しない状態を指している。このときにいう読書の対象と範囲も、前項で述べた通りで、「教科書・学習参考書・マンガ・雑誌やふろくをのぞく」、紙に印刷された図書である。

　では、子どもの「不読率」はどれくらいなのだろうか。「学校読書調査」の結果からここ20年の推移をまとめると、図8.2のようになる。

　図8.2からは、小学生の「不読率」は10％前後で推移し、中学生も2000年代半ば以降は10％台半ばで推移している。一方で、高校生の「不読率」は、50％前後で高止まりしている。このことから、子どもの「不読」という言説の実態は、高校生以外には必ずしも当てはまるわけではない。中学生における「不読率」の改善は、2001年の「子どもの読書活動の推進に関する法律」の制定以降の行政による子どもの読書推進施策や、学校における「朝の10分間読書」などの読書推進運動が功を奏した可能性が高い。このことが高校生に対しては必ずしも有効なアプローチとはな

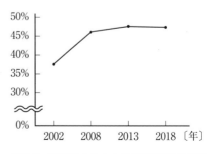

図8.3　18歳以上の人々の「不読率」の推移

っていない。

　高校生で高止まった「不読率」は、それ以降の年齢層においても同様の傾向にあることが文化庁による「国語に関する世論調査」から明らかとなっている（図8.3）。

　「不読」は、小学生や中学生よりも、高校生以降、むしろ成人のほうが深刻である。しかし、読書の対象と範囲に、漫画本や電子書籍なども加味したら実態は違ったものになるとの指摘は少なくない。

　各種の読書調査は、「不読率」のように、読書の「量」を調査することをメインにしている。しかし、そこからは見落とされてしまう読書の実態があるのではないかとの疑問も呈されている。つまり、読書の「質」も問うべきではないかとの主張である。例えば、数学者の新井紀子は、数学の問題が解けない人のなかには問題文が読み取れていない人がいるのではないかとの疑問から、2015年に「リーディングスキルテスト」を開発し、中学生や高校生など約2.5万人に調査を行っている。その結果、義務教育である「中学校を卒業する段階で、約3割が（内容理解を伴わない）表層的な読解もできない」などの深刻な実態を明らかにしている。日本では、ながらく義務教育の卒業率と日本人の識字率をイコールと捉えてきた。それゆえに、読めることを前提に「量」のみに着目した読書調査が定着してきたといえる。

　その前提が成り立っていないのだとしたら、各種の読書調査はどうあるべきなのだろうか。読書の実態を「量」と「質」の両面から把握できるように、調査のあり方を問い直す時期にきているのかもしれない。そもそも、学校教育、なかでも国語教育の改善も待ったなしといえそうである。

8.3.4　読書への誘い

　読書をするかしないかは個人の自由である。とはいえ、読書の意義を考えれば、読書はしないよりしたほうがよい。もちろん、読者が増えれば、出版界にとっても図書館界にとっても、うれしいことである。だからこそ、人々を読書に誘うべく、出版界や図書館界は、さまざまな働きかけをしている。読書への誘いは、出版界、図書館界に共通する実践課題なのである。

　こうした働きかけは、子どもを対象としたものが多くなりがちである。しか

し、高校生以上の年齢層への働きかけも重要である。よく大人は子どもに「本を読みなさい」という。その大人が日常的に読書をしていないのだとしたら、何と説得力のないことであろうか。「子どもは大人の背を見て育つ」というが、ぜひ子どもに身近な大人が読書する姿を日常的に見せてあげたいものであるし、それが子どもにとっては何よりの読書への誘いである。

　注意したいのは、「不読」と読書調査でカウントされている人のなかには、自由意思で読まないのではなく、障害等の要因で読みたくても読めない人もいるということである。2019 年には「視覚障害者等の読書環境の整備の推進に関する法律」（読書バリアフリー法）が制定された。出版物のアクセシビリティを高め、読みたくても読めない人を減らしていくことも、これからの出版界、図書館界に共通する実践課題として意識していきたい。

課題と研究

課題 8-1　本と出会うための手段としてのリアル書店とオンライン書店それぞれの長所と短所を考察してみよう。

課題 8-2　「納本制度」の社会的意義について考察してみよう。

課題 8-3　自分にとっての読書の意義を考察してみよう。

研究 8-1　選書の基準を整理し、第三者の介在可能性を考察してみよう。

研究 8-2　公共図書館と大学図書館では、デジタル化に大きな差が生じている要因を考察してみよう。

研究 8-3　「読書」とは何かを考察してみよう。

文献

[1] 新井紀子『AI vs. 教科書が読めない子どもたち』東洋経済新報社、2018 年
[2] 植村八潮・野口武悟・電子出版制作・流通協議会『電子図書館・電子書籍貸出サービス 2020——With/After コロナの図書館』樹村房、2020 年
[3] 内沼晋太郎『これからの本屋読本』NHK 出版、2018 年
[4] 尾崎秀樹・宗武朝子編『日本の書店百年——明治・大正・昭和の出版販売小史』青英舎、1992 年
[5] 小田光雄『ブックオフと出版業界——ブックオフ・ビジネスの実像』ぱる出版、2000 年
[6] 小田光雄『書店の近代——本が輝いていた時代』平凡社（平凡社新書）、2003 年
[7] 塩見昇編著『図書館概論　五訂版』日本図書館協会、2018 年
[8] 柴田信『ヨキミセサカエル——本の街・神田神保町から』日本エディタースクール出版部、1991 年
[9] 柴野京子『書棚と平台——出版流通というメディア』弘文堂、2009 年
[10] 辻山良雄『本屋、はじめました——新刊書店 Title 開業の記録』苦楽堂、2017 年
[11] 永嶺重敏『モダン都市の読書空間』日本エディタースクール出版部、2001 年
[12] 日本図書館情報学会用語辞典編集委員会編『図書館情報学用語辞典（第 5 版）』丸善出版、2020 年
[13] 日本読書学会編『読書教育の未来』ひつじ書房、2019 年
[14] 能勢仁『本と読者をつなぐ知恵——読者のニーズを満たす書店の姿　新装版』出版メディアパル、2005 年
[15] 福嶋聡『希望の書店論』人文書院、2007 年
[16] ペトロスキー、ヘンリー『本棚の歴史』池田栄一訳、白水社、2004 年
[17] 湯浅俊彦『書店論ノート——本・読者・書店を考える』新文化通信社、1990 年
[18] 『オンライン書店大論争——インターネットか？街の本屋か？　別冊本とコンピュータ 2』2000 年
[19] 『書店経営指標　2020 年版』日本出版販売、2020 年

索引

執筆者紹介 （掲載順）

塚本晴二朗 (つかもと・せいじろう)　　　序章

1961 年生まれ。日本大学法学部新聞学科教授。日本大学大学院法学研究科博士後期課程満期退学。博士（コミュニケーション学）。日本出版学会会長（2019 ～ 2021 年度）。おもな研究領域は、ジャーナリズム論。そのなかでも規範理論的（倫理学的）研究。

駒橋恵子 (こまはし・けいこ)　　　1章1節

東京経済大学コミュニケーション学部教授。上智大学文学部新聞学科卒業、慶應義塾大学大学院経営管理研究科修了、東京大学大学院人文社会系研究科博士課程修了。博士（社会情報学）。出版社勤務を経て研究者の道へ。専門は広報論とメディア・コミュニケーション。

石川徳幸 (いしかわ・のりゆき)　　　1章1節

1981 年生まれ。日本大学法学部新聞学科准教授。日本大学大学院法学研究科政治学専攻博士後期課程修了。博士（政治学）。ジャーナリズム史を専攻し、言論の党派性に関する研究をおこなっている。

磯部　敦 (いそべ・あつし)　　　1章2節

1974 年生まれ。奈良女子大学研究院人文科学系教授。中央大学大学院文学研究科博士後期課程単位取得退学。博士（文学）。奈良県を事例とした近代地方出版史への史料論的アプローチ、そして地方出版史の記述のありかたについて研究している。

中村　健 (なかむら・たけし)　　　1章2節

1974 年生まれ。大阪公立大学図書館勤務。同志社大学文学部文化学科文化史学専攻卒業。新聞社を経て現職。戦前の週刊誌研究および大衆文学・新聞小説研究。メディアの特性や編集がどのように作品の成立や受容とむすびつくのかを考察している。

中西秀彦 (なかにし・ひでひこ)　　　1章3節

中西印刷株式会社代表取締役。1994 年『活字が消えた日』で活版から電算への変化を記述。その後、出版史に関連した印刷技術史および、電子出版に関する著述や研究をおこなう。2013 年集大成した『学術印刷の技術変遷論考』で大阪市立大学博士（創造都市）。

藤井建人 (ふじい・たけと)　　　1章3節

公益社団法人日本印刷技術協会研究調査部長。書店と出版制作会社の経営管理を経て現職。関心テーマは、本のまちづくり、デジタル印刷とメディア社会、出版、新聞、フリーペーパー、ウェブなども含めたメディア経営のビジネスモデル分析。中小企業診断士。

田上雄大 (たのうえ・ゆうた)　　　2章1節

1988 年生まれ。日本大学危機管理学部専任講師。日本大学大学院法学研究科博士後期課程単位取得退学。ウクライナ憲法に関心をもつ。

阿部圭介（あべ・けいすけ）　2章2節

1976 年生まれ。一般社団法人日本新聞協会勤務。東洋大学大学院社会学研究科博士後期課程満期退学。新聞協会では『新聞協会報』『新聞研究』の編集などに携わり、2016 年からは博物館事業部に配属され日本新聞博物館で勤務。メディア・アカウンタビリティー・システム等に関心をもつ。

宮下義樹（みやした・よしき）　2章3節・7章2節

1978 年生まれ。洗足学園音楽大学非常勤講師。日本大学大学院法学研究科博士後期課程単位取得退学。著作権法を研究分野とし、メディアにおける法のあり方にも関心をもつ。

本間理絵（ほんま・りえ）　3章1節

玉川大学文学部非常勤講師。筑波大学図書館情報メディア研究科後期博士課程満期退学。NHK 出版にて教育・語学系テキストや書籍編集に携わった後、2021 年退職。出版と放送のメディアミックス、出版のデジタル化に関心がある。

牛口順二（うしぐち・じゅんじ）　3章2節・8章1節

1954 年生まれ。東京大学文学部東洋史学専修課程卒業。株式会社紀伊國屋書店にて営業推進本部長、関連企業担当役員等を歴任。学術情報流通や電子図書館等に携わった後、退職。経験を踏まえ、出版流通史、読書史を読み直している。

堀井健司（ほりい・けんじ）　3章3節

慶應義塾大学出版会勤務。社会科学系の研究書、学術誌の編集に従事。総合研究大学院大学文化科学研究科日本文学研究専攻博士後期課程単位取得満期退学。近代日本の出版文化、出版論に関心がある。

横手拓治（よこて・たくじ）　4章1節・6章2節

1960 年生まれ。淑徳大学人文学部教授。千葉大学人文学部卒業。中央公論社・中央公論新社を経て現職。編集そして販売・広告等も含めた出版側の判断や志向が著者・著作物に及ぼした影響を研究している。筆名澤村修治で『唐木順三』他。

森　貴志（もり・たかし）　4章2節

1974 年生まれ。梅花女子大学文化表現学部准教授。早稲田大学第一文学部卒業、北海道大学大学院文学研究科博士後期課程単位取得退学。玉川大学出版部などを経て現職。出版メディアの表現様式に関心をもち、おもに文芸書、学術書、絵本におけるコミュニケーションについて研究する。

林　智彦（はやし・ともひこ）　4章3節

1968 年生まれ。株式会社有斐閣勤務。早稲田大学政治経済学部政治学科卒業、リーズ大学修士課程修了。1993 年に朝日新聞社に入社し、出版部門で雑誌記者、書籍・雑誌編集者として働く。その後、「WEB新書」編集長を経て、2021 年より現職。紙と電子をまたいだ出版の経験から、出版の DX を主要テーマに研究をしている。

富川淳子（とみかわ・あつこ）　5章1節

跡見学園女子大学文学部現代文化表現学科教授。法政大学大学院経営学研究科修士課程修了。マガジンハウスほか２社の出版社に勤務し、計６誌の編集長を務める。2010 年から現職。ファッション誌と社会の関係および MIE（Magazine in Education）として雑誌編集授業の教育効果を研究する。

中川裕美（なかがわ・ひろみ）　5章2節

1978年生まれ。岐阜聖徳学園大学非常勤講師。名古屋大学大学院文学研究科博士課程満期修了。おもな研究対象は、近現代の子ども向け雑誌。近年は、マンガ・アニメに描かれた表象から、現実社会におけるジェンダーやエスニシティ問題について研究している。

清水一彦（しみず・かずひこ）　5章3節

1957年生まれ。文教大学情報学部メディア表現学科教授。一橋大学卒業。朝日新聞社、マガジンハウスを経て現職。出版コンテンツが社会的記憶を形成する過程分析と、MIE（Magazine in Education）が主要研究分野。

山森宙史（やまもり・ひろし）　6章1節

1987年生まれ。共立女子大学文芸学部専任講師。関西学院大学大学院社会学研究科博士後期課程満期退学。博士（社会学）。おもに戦後マンガ出版の産業的特徴や出版流通との関係、「コミックス」をはじめとするマンガの出版形態のメディア特性に関心。

村木美紀（むらき・みき）　6章3節

同志社女子大学学芸学部メディア創造学科准教授。愛知淑徳大学大学院文学研究科図書館情報学専攻、大阪市立大学大学院創造都市研究科都市情報学専攻修了。大阪市立大学大学院創造都市研究科都市情報学専攻博士後期課程単位取得満期退学。修士（図書館情報学）（都市情報学）。研究テーマはヤングアダルトのメディアと読書。大学では「マンガ文化論」等の授業を担当。

公野　勉（くの・つとむ）　7章1節

1967年生まれ。文京学院大学経営学部教授。日本大学大学院政治学研究科修士課程修了。映画会社日活取締役、東京大学大学院情報学環特任准教授を経て現職。邦画とマーチャンダイジング特撮の産業史と労働力移遷、占領から発する戦後メディアの組成に関心をもつ。

大尾侑子（おおび・ゆうこ）　7章3節

1989年生まれ。東京経済大学コミュニケーション学部准教授。東京大学大学院学際情報学府博士後期課程満期退学。博士（社会情報学）。桃山学院大学社会学部准教授を経て現職。専門は歴史社会学・メディア史。戦前昭和の軟派出版史研究、および白ポスト調査を行っている。

野口武悟（のぐち・たけのり）　8章2節・3節

1978年生まれ。専修大学文学部教授、放送大学客員教授。筑波大学大学院図書館情報メディア研究科博士課程修了。博士（図書館情報学）。専修大学文学部専任講師、准教授を経て現職。出版物や図書館サービスのアクセシビリティに関心をもつ。

編集後記

　本書は、「はじめに」でも触れられているように、日本出版学会「会長プロジェクト」によって生まれた出版物である。第12代会長である塚本晴二朗氏によって発案された。ここでは、その企画と編集の経緯をかんたんに記しておきたい。

　序章で提示されているアンケート結果をふまえ、出版企画委員会が構成された。委員は、磯部敦、牛口順二、大重史朗、玉川博章、中川裕美、野口武悟、平松恵一郎、堀井健司、森貴志各会員（五十音順）である。出版企画委員会では、プロジェクトの趣旨にあった書籍を刊行するまでの検討をおこなった。会長からは、「パブリッシング・スタディーズとはいかなる学問であり、日本出版学会とはいかなる学会であるのかが明確になるものであること」、「出版論等のテキストとして日本出版学会会員を含む多くの出版関連講座をお持ちの方々にとって、使い勝手のいいものであること」の2点が目論見であるとされた。

　書籍のコンセプトについては、委員によってオンラインで数度にわたって議論された。専門書か、論集かなど、さまざまな案が出されたが、「概説書」という方向となり、具体的な内容が検討された。そして、目次が決まったのち、執筆者が学会内で公募され、それぞれの関心にしたがい、分担が決まった。

　ちょうど企画立案から執筆、刊行まではコロナ禍であり、本書に関する全体での研究会などはおこなわれなかった。各章に配された「コーディネーター」と呼ばれる担当者と各執

筆者によって、章ごとに内容が詰められた。なお、各章のコーディネーターは、1章が石川徳幸、2章・7章が塚本、3章・4章が森、5章が石川・塚本・森、6章が玉川、8章が牛口・野口の各会員である。

　本書は概説書とはいえ、すべての内容を網羅しきれているとはいえない。また、各執筆者に自由に書いていただいため、その個性もあるだろう。読者のみなさまには、そこから論点や問題点を見いだしていただき、それぞれの出版研究、パブリッシング・スタディーズにつなげていただければ幸いである。

　　　2022 年 2 月

　　　　　　　　　　　出版企画委員を代表して　森　貴志

パブリッシング・スタディーズ

2022 年 4 月 30 日　初版第 1 刷発行

著　者　　日本出版学会 編
　　　　　ⓒ The Japan Society of Publishing Studies, 2022

発行所　　株式会社 印刷学会出版部
　　　　　〒 104-0032　東京都中央区八丁堀 4-2-1
　　　　　TEL 03-3555-7911　FAX 03-3555-7913
　　　　　http://www.japanprinter.co.jp/
　　　　　info@japanprinter.co.jp

印刷・製本　三美印刷株式会社
装丁　　　　大貫伸樹

Printed in Japan

ISBN978-4-87085-242-6

関連書籍のご案内

出版研究 52

日本出版学会（編集・発行）
印刷学会出版部（発売）

A5判・220ページ
定価2860円（本体2600円＋税）

■論文
「ライトノベル」が生まれた場所
　── 朝日ソノラマとソノラマ文庫　　　山中智省
ヘイトスピーチ解消法の問題点
　── 法の下の平等の観点から　　　　　田上雄大
「直筆原稿」のメディア論
　── 作家／プロレタリア的身体の痕跡を炙り出す
　　　　　　　　　　　　　　　　　　　大尾侑子
■ 研究ノート
江戸の実用書「小謡本」の編集
　── 鱗形屋・蔦屋の事例を通して　　　原 八千代

バックナンバーや目次は、日本出版学会のホームページをご参照ください。
https://www.shuppan.jp/